AF535252

Flower A. Newhouse

Christus-Bewusstsein und der Weg zur inneren Weisheit

FLOWER A. NEWHOUSE

CHRISTUS BEWUSSTSEIN
UND DER WEG ZUR INNEREN WEISHEIT

(Gesammelte Werke, Band 2)

Aquamarin Verlag

1. Auflage 2010

Voglherd 1 • D-85567 Grafing

Titel der amerikanischen Originalausgabe:
The Collected Works Vol. II

Deutsche Übersetzung: Dr. Edith Zorn

Umschlaggestaltung: Annette Wagner
Druck: Bercker • Kevelaer

ISBN 978-3-89427-538-9

Inhalt

Vorwort

Es gibt viele Fragen in Bezug auf unser Leben und unseren Ursprung, die uns bewegen. Wir suchen nach Antworten, um diese Dinge verstehen zu können. Worin besteht der Sinn unseres Erdendaseins? Wie verhält es sich mit den inneren Welten? Wer sind unsere unsichtbaren Helfer – Engel und Meister? Der zweite Band der *Gesammelten Werke* von Flower A. Newhouse wirft Licht auf viele dieser Fragen. Flower, die sich an ihre vergangenen Leben erinnerte, lässt uns an ihren Einblicken und den inneren Lehren Christi teilhaben. Zu ihren Inkarnationen zählten ihre Schulung unter Pythagoras und ihr Leben in der Familie Jesu. Sie gehörte zum inneren Kreis seiner Anhänger.

In ihrem vergangenen Leben besaß sie die Fähigkeit, Engel und die jenseitigen Welten klar zu erkennen. Ihr Auftrag war es, den Menschen das Engelreich nahezubringen und in ihnen eine stärkere Liebe für Christus zu entfachen. Diese christliche Mystikerin, die von 1909 bis 1994 lebte, verfügte über eine außergewöhnliche Gabe, verbunden mit einer bemerkenswerten Integrität. Sie nutzte diese Gaben im Dienste Christi, indem sie *Questhaven Retreat* gründete, ein Zentrum für christliche Mystik, sowie die *Christward Ministry*. Dort hielt sie ihre sonntäglichen Vorträge und wöchentlichen Unterrichtsstunden, schrieb Bücher und lehrte mit großer Überzeugung und Inspiration die von ihr erlebte Wahrheit. Sie bereiste die Welt und hielt Vorträge in den Vereinigten Staaten und in England. Bei dem vorliegenden Buch handelt es sich um den zweiten Band einer fortlaufenden Sammlung über die tieferen Aspekte ihrer Lehren, die sie im Laufe von sechzig Jahren in ihren Reden und Schriften darlegte.

Die *Gesammelten Werke* beinhalten eine Zusammenstellung

der Lehren und Erfahrungen Flowers. Der erste Band behandelt die christliche Mystik und den direkten Weg zu Gott sowie die inneren Wirklichkeiten. Der zweite Band befasst sich mit der esoterischen Lehre. Flower offenbart uns die unserer Existenz zugrundeliegenden Wahrheiten, die uns erkennen lassen, dass jeder Mensch ein sich entwickelndes Wesen darstellt, hinter dem eine göttliche Absicht steht. Der Begriff *esoterisch* bedeutet verborgen, geheim oder von nur wenigen verstanden. Die Geheimlehren entstammen der Quelle aller Weisheit und sind seit undenklichen Zeiten von erhabenen Adepten an ihre aufnahmebereiten Schüler weitergegeben worden. Die Aufgabe der Meister ist es, diese lebendige Wahrheit zu entschleiern und uns für den Evolutionsgedanken, die Realität übersinnlicher Fähigkeiten und der jenseitigen Hierarchien zu öffnen. Flower war in der Lage, diese Unterweisungen bewusst aufzunehmen, die sie an jene weitergab, die dafür bereit waren. Für diesen Wissensschatz, der uns durch ihre Schriften und Vorträge zuteil wurde und der unsere eigene Bewusstheit fördert, sind wir unsäglich dankbar.

Viele dieser Wahrheiten mögen allgemein anerkannt sein, während andere vielleicht fremd anmuten. Daher ist es wichtig, offen und unvoreingenommen an die Lektüre heranzutreten und herauszufinden, was im Inneren widerhallt, oder mit Flowers Worten: *Erhebe den Blick zu den Sternen, denn es gibt unendlich vieles über dir, um ihm entgegen zu streben. Verharre nicht allzu lange auf deiner Fährte. Strebe aufwärts.*

Phyllis Isaac

1

Der Wert der esoterischen Lehre

Jeder einzelne Wahrheitsaspekt besitzt seine Bedeutung und seinen Stellenwert. Wir können keinen übergehen, ohne Gefahr zu laufen, einen Kompromiss einzugehen. Viele Menschen sind sich der siebenfachen Ausgießung der Wahrheit nicht bewusst, die uns nicht nur auf einer, sondern auf sieben Ebenen erreicht. Wir sollten den Segen der ganzen Wahrheit anstreben und uns für alle ihre Facetten öffnen, um geerdet zu sein und Weisheit und Harmonie zu erlangen. Gottes Absicht besteht darin, das Leben durch Vielfalt zu bereichern und nicht, es auf einen einzigen Entwicklungsweg zu beschränken.

Nicht nur die Vielzahl der Religionen verwirrt den Wahrheitssucher, sondern mehr noch deren auffallende Unterschiedlichkeit. Einige Glaubensführer verstärken diese Verwirrung, indem sie ihre Philosophie als die einzig wahre hinstellen.

Die Botschaft der orthodoxen Kirchen veranlasst Menschen dazu, Verpflichtungen einzugehen, was die christliche Charakterbildung fördert. Solche Kirchengruppierungen bezeichnet man als *exoterisches* Christentum. Bei eingehender Betrachtung ihrer Lehre entdecken wir vieles im Hinblick auf die Größe Christi. Sie enthält zwar erstrebenswerte Moralprinzipien, gibt aber keine befriedigende Antwort auf die Frage, warum wir auf der Erde sind. Im Grunde genommen zielt sie darauf ab, die tiefere Wahrheit zu verschleiern oder zu vereinfachen, vergleichbar mit der Verwendung von Gleichnissen in früheren Zeiten.

Ein weiterer Wahrheitszweig äußert sich in dem psychologischen oder wissenschaftlichen Aspekt, der vieles über uns selbst aussagt. Wir erfahren den Hintergrund für unsere Motivationen sowie unsere Handlungs- und Verhaltensweise. Auf philosophischer und idealistischer Ebene zeigt sich die Wahrheit umfassender und unpersönlich. Ralph Waldo Emerson und andere, die ähnliche Philosophien vertraten, repräsentieren diesen Aspekt.

Die Metaphysik bildet einen Wahrheitszweig, der sich in erster Linie mit dem Einfluss des Verstandes beschäftigt. Sie lehrt, kreativ und konstruktiv zu denken und ablehnende oder negative Bewusstseinszustände zu meiden. Das Studium der Metaphysik soll dazu beitragen, Wissen und mentale Beherrschung zu erlangen und sich mit den allgemeinen Aspekten, weniger mit der speziellen Lebensaufgabe und der Bedeutung unseres Erdendaseins zu befassen. Es kann zu großem Wissen führen, doch es mangelt an der Erfahrung. Man kennt die Theorie, aber ihre Anwendung fehlt.

Eine weitere Stufe wird als mystische Ebene bezeichnet. Die christliche Mystik weckt im Menschen die Sehnsucht nach *Gotteserkenntnis*, nicht durch den Glauben, sondern aus erster Hand, aus dem unmittelbaren Kontakt. Sein Streben nach stärkerer Gottesvereinigung wird eine größere Hingabe bewirken, tiefere Einblicke gewähren und somit sein Bewusstsein erhellen. Diesen Zustand zu erreichen, führt zu innerem Frieden, zu Transformation und Freude.

Die *christliche Esoterik* bildet eine Synthese des Vorangegangenen, ergänzt durch den eigenen Wahrheitsbereich im Hinblick auf den Göttlichen Lebensplan und die Frage, inwieweit wir unser Leben mit ihm in Einklang bringen können. Diese Lehre enthüllt die lebendige Wahrheit, indem sie Einblick in unsere Evolution, die übersinnlichen Fähigkeiten und die überirdischen Lebensordnungen gewährt.

In der Schule lernen wir die Grundlagen von Addition, Subtraktion, Multiplikation und Division, auf die wir ein Leben lang zurückgreifen. Einige Menschen geben sich mit der einfachen Arithmetik nicht zufrieden und befassen sich mit Algebra, Geometrie, Trigonometrie und Differentialrechnung. Ähnlich verhält es sich mit dem Leben. Vielen Wahrheitssuchenden genügen die einfachen Prinzipien nicht. In der Erkenntnis, dass die Wahrheit grenzenlos ist, vertiefen sie ihre Studien, denn jenseits der esoterischen Lehre liegt, wie hinter allen Bereichen, ein unendlich weites Feld. Wenn wir in tiefer Demut zu dieser

Erkenntnis gelangen, versetzen wir unser Bewusstsein allmählich in einen Zustand, dass es vom Geist des Lebens – der siebten Ebene absoluter Wahrheit – unterwiesen wird.

Die Menschheitsentwicklung verläuft auf allen Ebenen. Jede Religion besitzt ihre Bedeutung, aber nicht das Recht, sich in ihrem Wahrheitsanspruch über die anderen zu erheben. Jede einzelne wurde von Eingeweihten ins Leben gerufen und geführt, um zahlreiche Anhänger zu gewinnen. Die unterschiedlichen Religionen werden sich bis zu einem Punkt entwickeln, an dem ihre Theorien miteinander verschmelzen. Der Einzelne findet seinen eigenen Weg, der ihn aus seinem Inneren nährt.

Die orthodoxe Kirche lehrt den Glauben an die Unsterblichkeit. Alle anderen Wahrheitszweige erweitern diesen Unsterblichkeitsgedanken. Auf esoterischer Ebene wird er nicht aufgrund des Glaubens allein akzeptiert, sondern bildet einen lebendigen Aspekt. Es handelt sich um ein Lebensprinzip, das wir intuitiv bejahen, das heißt, wir wissen, dass wir immer gewesen sind, momentan sind und immer sein werden. Die Esoterik lehrt, das Leben zu akzeptieren und es durch fortwährende Gotteshingabe weiterzuentwickeln.

Die Begriffe *esoterisch* und *okkult* bedeuten dasselbe. Sie beziehen sich auf Lehren, die denjenigen, die noch nicht darauf vorbereitet sind, verborgen und verschlossen bleiben. Eine der wahren christlichen Esoterik verpflichtete Gruppe wird uns auf einem sicheren Pfad führen und zeigen, dass wir mit einer Aufgabe ins Leben getreten und in jedem Augenblick dazu verpflichtet sind, unser spirituelles Wachstum zu beschleunigen.

Wir sollen bewusste Wesen werden, uns entfalten und die Verantwortung für unsere eigene Vervollkommnung tragen. Gott schenkte uns das Leben. Nun liegt es an uns, es durch Wachstum zu vervollkommnen. Was wir heute sind, haben wir selbst aus uns gemacht, und was wir in diesem Augenblick aus uns machen, werden wir in Zukunft sein.

Wert und Tragweite des esoterischen Christentums offenbaren sich, wenn wir bedenken, in welchem Umfang es für Veränderungen und andere Faktoren, die sich auf das Leben beziehen, eine Erklärung liefert, Fragen, die sich auf keiner anderen Ebene ausreichend beantworten lassen. Wir entdecken, dass wir auf dieser höheren Stufe Gott in uns und in unserem Umfeld zu erkennen und durch Liebe, Demut und Ehrerbietung eins mit ihm zu werden vermögen.

Die christliche Mystik und die esoterischen Lehren lassen uns begreifen, dass unserem äußeren Blick viele Schätze des Lebens verborgen bleiben, mit denen wir aber gedanklich in Verbindung treten können, wenn wir es wirklich ernst meinen. Es steht in unserer Macht, die wunderbaren, immerwährenden geistigen Schätze von Kreativität, Idealismus, Selbstbestimmung und Heilung zu berühren. *Ich werde euch die verborgenen Reichtümer geheimer Orte geben* (Jesaja).

Unsere Lebensaufgabe

Mancher Wahrheitssucher mag wie Rabindranath Tagore empfinden, der ausrief: „Dies ist mein Gebet, dass ich vor meinem Tode erkennen möge, warum die Erde mich gerufen hat.“ Tagore flehte, die Bedeutung des Lebens und den Grund für das Erdendasein erkennen zu dürfen. Es ist notwendig, diese Fragen zu stellen. Ihre Beantwortung stärkt und entwickelt unsere Individualität, nicht die Persönlichkeit, sondern das wahre Selbst. Mit wachsender Individualität steigt unsere Fähigkeit, allen Prüfungen, die die Welt für uns bereithält, zu begegnen.

Die Menschheit birgt ein großes Mysterium, das unser Sein und den Grund für unsere Existenz bildet. *Ich bin Alpha und Omega*, sprach Christus. Der Christus-Geist in uns ist das Alpha und Omega, Anfang, Gegenwart und Zukunft. Nur wenige Menschen erinnern sich, wer sie sind, woher sie kommen und warum sie auf der Erde sind. Wir müssen unser eigenes heiliges Mysterium entdecken, das unsere Evolution bewirkte und nach deren Abschluss wir uns unserer innewohnenden Göttlichkeit bewusst sein werden. Allein in Gott gibt es Frieden. Unser volles Potenzial erreichen wir nur, wenn wir uns auf die Realität dieser Gottheit einlassen.

Der christlichen Esoterik zufolge besteht der Sinn des menschlichen Erdendaseins darin, sich zu entwickeln, zu entfalten und voranzuschreiten, so dass der Mensch aus einem Zustand teilweiser Bewusstheit in ein vollkommenes geistiges Bewusstsein hineinwächst. Dies bedeutet, Gott fortwährend und vollständig zu entdecken. Alles, was die Gottheit erschuf, birgt die Fähigkeit, sich zu vervollkommnen sowie die Möglichkeit zur Vollendung. Auf dieser Wahrheitsebene erkennen wir den immerwährenden Plan, nach dem sich die Menschheit entwickelt. Das Ab- und Aufsteigen der Seele erscheint als Muster im Lebensgewebe eines sich stets wandelnden und entwickelnden Geistes und Seins.

Hinter uns liegt ein langer, langsamer Weg spiritueller Entfaltung. Seinen Ursprung nahm er im Schoße der All-Gegenwart, des Herrn der Schöpfung. In von Ihm bestimmten Zyklen sind wir aus dem passiven, Gottesaspekt in die manifesten Fragmente Seiner Schöpfung getreten.

Über einen langen Zeitraum hinweg befasste sich der Mensch nur mit dem Alltagsleben. Dann traten die ägyptische und babylonische Kultur und ähnliche Zivilisationen auf. Im Laufe seiner Entwicklung erkannte er, dass Leidenschaft, Größe, Ruhm und Anerkennung seine Bedürfnisse nicht befriedigten. Nichts Irdisches vermochte die innere Leere auszufüllen. Er erreichte einen Punkt, an dem er entdeckte, dass es etwas Größeres gab als das Ego, und er begann, Gott und den Sinn seines Erdendaseins zu suchen.

Die Tatsache, in zahlreiche Nationen und Zivilisationen hineingeboren zu werden, um immer mehr Kenntnisse zu erwerben, erscheint nicht nur logisch, sondern auch erforderlich. Der Mensch hat das Recht auf intellektuelles und kulturelles Wachstum. Unsere Ziele und Erfolge dienen lediglich als Vorbereitung für die vollkommene Entfaltung. Eine Weiterentwicklung hängt letztlich davon ab, ob wir uns unserer eigenen Vervollkommnungsfähigkeit bewusst sind. Wir müssen uns dessen, was wir glauben, bewusst werden und uns der erleuchtenden Quelle zuwenden. Allein das Streben nach Bewusstheit lässt uns bereits bewusster werden.

Während unseres geistigen Wachstums entdecken wir einige der inneren Wahrheiten, zunächst aufgrund der christlichen Unterweisungen und dann durch geistige Offenbarung. Mit wachsender Bewusstheit und zunehmender Gottesverehrung werden wir weitblickender, intuitiver und demütiger werden. Demut lässt uns unsere Entscheidungsfreiheit erkennen, undifferenzierte Alltagsaspekte sinnvoll zu gestalten. Unser Widerstand gegenüber Veränderungen bricht, und wir blicken den geistigen Realitäten in zunehmendem Maße erwartungsvoll und bereitwillig entgegen.

Die Erkenntnis, dass wir uns auf einem spiralförmig nach oben strebenden Evolutionsweg befinden, indem wir uns, symbolisch ausgedrückt, den Prüfungen von Erde, Luft, Feuer und Wasser aussetzen, lässt uns einen Einblick in unsere Aufgabe gewinnen. Die zum Ausdruck gebrachten Eigenschaften werden uns trotz möglicher Schwächen und Fehlschläge, die uns an die Erde binden, aufwärtsführen. Jeder von uns unterzieht sich fortwährend der Läuterung der niederen Einweihungen durch die Elemente, die sich auf unseren physischen, emotionalen und mentalen Körper auswirken. Wir sind hier, um alles Niedrige in etwas Kostbares zu verwandeln.

Es erspart uns wertvolle Zeit und unnötige Mühe, wenn wir uns täglich auf die Erfüllung unserer Lebensaufgabe konzentrieren. Oft verwechseln die Menschen diese mit dem persönlichen Auftrag. Nicht jeder hat in seinem gegenwärtigen Erdendasein eine Mission zu erfüllen, aber jeder, der auf der Erde weilt, besitzt ein Seelenziel. Mit fortschreitender Evolution werden sich die einzelnen Ziele zwar verändern, die der Menschheit zugrundeliegende Aufgabe aber konstant und allgemeingültig bleiben.

Unsere neunfache Aufgabe:

1. Zunehmend wachsendes Gottesbewusstsein entwickeln.
2. Das wahre oder spirituelle innere Selbst erkennen.
3. Der Dienst an der Sache Christi
4. Geistiges Wachstum
5. Die Veredelung der Gefühle
6. Die Erneuerung
7. Die Begleichung moralischer Verpflichtungen
8. Die Entwicklung geistiger Fähigkeiten
9. Weisheit praktizieren

Eine der grundlegenden Aufgaben besteht darin, sich stets der immerwährenden Göttlichen Gegenwart bewusst zu sein. Wir sollten es uns zur Angewohnheit werden lassen, unsere Gedanken auf Gott auszurichten, sobald sich der Geist nicht länger mit den praktischen Pflichten befassen muss. Auf diese Weise festigt sich die Besinnung auf die alles durchdringende Allmacht, was uns allmählich dazu führt, die höchste Quelle um Kraft, Führung und Inspiration zu bitten. Gleichgültig in welchem Lebensalter man beginnt, das geistige Bewusstsein zu kultivieren, es bedeutet stets, das größte Lebensabenteuer zu beginnen.

Die physische Existenz gestaltet sich sinnvoll und konstruktiv, wenn wir erkennen, dass der Geist Gottes in uns lebt. Sich mit dieser Inneren Gegenwart zu identifizieren, weist uns die Richtung und wirkt als Leitstern. Im Laufe zahlreicher Inkarnationen haben wir ohne inneren Kompass gelebt. Mit unserer göttlichen Natur Verbindung aufzunehmen bedeutet, das Leben neu zu erschaffen. Ein wahres inneres Erwachen führt zu einem gesünderen, disziplinierteren und spirituelleren Bewusstsein, das sich in unseren äußeren Tätigkeiten niederschlägt.

In einem Menschen, der sich die Gottesnähe in jedem Augenblick vergegenwärtigt, brennt ein geistiges Bewusstsein. Der Gedanke an die Göttliche Wirklichkeit erhellt sein Leben. Für ihn wird Gott zum einzigen Thema seines Lebens.

Führen wir ein spirituelles Dasein, erwachen unsere inneren Fähigkeiten, über die wir Zugang zu den höheren Welten finden. Das höchste Lebensziel ist die Gotteserkenntnis. Eine solche Zielsetzung bedeutet aber keineswegs die unmittelbare Erfüllung des Angestrebten. Im Gegenteil, sie beinhaltet wichtige Wachstumsschritte. Mit der Transformation von Bewusstsein und Sein wird Unwichtiges *abgestoßen*.

Ein weiterer Grund für unser irdisches Dasein besteht darin, als Durchlassgefäß für die göttliche Liebe zu wirken. Wir müssen Fürsprecher der Liebe sein und diese leben. Als Menschen sollten wir sie in unserem persönlichen Selbst und als göttliche Individuen in unserem wahren, unsterblichen Selbst erfahren haben. Ungeachtet des Verantwortungsbereiches werden wir dann allem ein liebevolleres Interesse entgegenbringen, als einer Sache, die sich unserer Erfahrung völlig oder weitgehend entzieht. So wie wir unser Umfeld lieben, liebt Gott seine Schöpfung, nur weitreichender und inniger. Diese durch den Kosmos pulsierende Göttliche Liebe, die alles segnet, umfängt und stärkt, können wir spüren. Wir müssen lernen, diesen Energiestrom, der uns läutert und emotional und geistig belebt, auf der Erde in allem wahrzunehmen und zum Tragen zu bringen.

Ohne die lange irdische Pilgerreise wären wir als schlummernde und inaktive Gottesessenz in der Welt göttlichen Geistes verblieben. In der äußeren Welt sehen wir uns unaufhörlichem Wandel gegenüber und müssen so lange kämpfen, bis wir uns gezwungenermaßen aufgerufen fühlen, nach der Ursache unserer Existenz zu suchen. Aufrichtig nach dem Lebenssinn zu forschen, führt gewöhnlich zu spirituellem Wachstum. Die Entfaltung der geistigen Natur bringt Wissen und Erleuchtung, und wir erkennen, dass wir im Grunde genommen kosmische Pilger sind. Wir begeben uns auf diese winzige Insel des Universums, um den Segen von Wachstum und Erfüllung zu empfangen, den ein irdisches Dasein bietet.

Die Erkenntnis, dass wir uns nur vorübergehend hier aufhalten, übertrifft alles, was Harmonie, Schönheit und Lebensfreude schenkt. Wir sind in der Ewigkeit beheimatet, in die wie zurückkehren werden, sobald wir den Zweck unserer Pilgerreise erfüllt haben. Wir sollten uns mit der Heilkraft und Weisheit des Gott-Selbst identifizieren, das nicht in der Ferne liegt. Es ist unser Bewusstsein, das uns von diesem Seelen-Selbst trennt oder mit ihm vereinigt.

Wir sollten über das Wunder unserer individuellen Inkarnation, unseren Abstieg in die Materie, nachsinnen. Nutzen wir die Gelegenheiten, die uns die irdische Existenz bietet? Halten wir unserem Schöpfer die Treue, während wir unserer Bestimmung nachgehen? Wir leiden, wenn wir auch nur für einen Augenblick vergessen, dass wir „Erben des Königreiches Gottes“ sind. Trotz unserer irdischen Hülle sind wir unsterblich und tragen Göttliches Leben in uns. Unsere Heimat ist der Geist Gottes.

Die hinter uns liegende, endlose Reise ermöglichte die Entfaltung, derer wir uns gegenwärtig erfreuen. Unsere jetzige Verkörperung sollte ein zielgerichtetes, hingebungsvolles Leben sein. Dem Wachstum sind keine äußeren Grenzen gesetzt, und keine äußeren Kräfte vermögen ihm Widerstand zu leisten.

Esoterische Lehren

Seit jeher wurde die Geheimlehre mündlich weitergegeben. Wesen aus anderen Sphären verkündeten sie als erste. Im Vergleich zu der noch jungen Menschheit waren sie hoch entwickelt. Diese Lehre entströmt dem Urquell aller Weisheit und wurde stets von erleuchteten Adepten an ihre erwachten Schüler weitergegeben, die sie ihrerseits jenen verkündeten, die auf solche Unterweisungen warteten. Ihre Kernwahrheit wurde im Laufe der Zeitaltalter durch besondere Boten gewahrt, die ihr Bewusstsein bereits voll entfaltet hatten. Wenn die Unvorbereiteten und Egoisten mit den verborgenen Ebenen der Wirklichkeit rein zufällig in Berührung kommen, verunglimpfen sie viele der kostbaren Lehren. Wahre Botschafter hingegen lassen still und bescheiden die strahlenden Einflüsse in den Strom der Welt gleiten.

Was lehrt uns die christliche Esoterik über Gott, den Absoluten Gott, und den Gottesfunken im Inneren? Einst war der Mensch Teil des passiven Gottes-Aspektes, der den Involutions- und Evolutionspfad noch nicht beschritten hatte. Gott brachte erneut einen passiven Aspekt Seiner selbst zum Ausdruck. Als dieser die nächst niedere Ebene, die Er erschaffen hatte, die Adonai-Welt, berührte, teilte sich das Licht in sieben Ströme. Es entstanden die *Sieben Strahlen*. Gleichzeitig teilte sich die Schar der leuchtenden Seelenfunken in männlich und weiblich, denn das Gott-Selbst ist Vater-Mutter-Geist. Nach dem langen Evolutionsweg und der Rückkehr zur Gottheit werden wir erneut eine einzige Monade sein.

Die wahren Geheimschulen lehren in erster Linie, dass die spirituelle Evolution die physische ermöglicht. Dieser Impuls in Richtung auf den Fortschritt dient dazu, innewohnende Eigenschaften und Kräfte zu entwickeln, vergleichbar mit der Eichel, die bereits den Eichenbaum in sich birgt. Evolution und die Erkenntnis der Reinkarnation sind miteinander verquickt, da die individuelle Seele im Laufe ihrer Erdenleben ihre Kräfte entfaltet, bis das volle Ausmaß an Spiritualität und Intellekt erreicht wurde. Wir befinden uns auf einem spiralförmig aufwärtsstrebenden Pfad, der uns bei unserem Aufstieg zunehmend größere

Verantwortung, vermehrten Anreiz zum Wachstum und immer umfassendere Bewusstheit gibt.

Die esoterische Lehre weckt den Wunsch, sich sinnvoll zu entwickeln. Sie lässt uns die Gründe für den Lebenskampf erkennen und die Weisheit und das Mitgefühl des zeitlosen Planes achten, nach dem wir uns entfalten. Sie offenbart, dass das Universum und die gesamte Schöpfung mathematisch genau und unfehlbar von dem Göttlichen Gesetz regiert werden.

Ein durch die Esoterik gewonnenes Verständnis entzieht sich menschlichem Urteil. Wir dürfen nicht urteilen, nur verstehen. Der Plan, der Zweck und die Geschichte des Lebens ruhen in Gott. Unsere Freude und unsere Wandlung entspringen der Anerkennung des reinen Wunders und der Erhabenheit des Göttlichen Planes. Jede Stufe bereitet auf die nächst folgende vor. Wir lernen, die einzelnen Ebenen auszuschöpfen, während wir uns unablässig auf das endgültige Ziel zubewegen, in dem alle Strahlen und Ebenen in dem reinen, weißen Licht der Gotteseinheit miteinander verschmelzen.

Außerdem lehrt die Esoterik die Hierarchie sich fortwährend entwickelnder Wesen. Die tiefsten Wahrheiten enthüllen die Vielfalt des Lebens in den höheren Dimensionen. Wir vermögen nur einen geringen Teil der Herrlichkeit des Lebens zu begreifen, das sich vom strahlenden Logos bis hin zum winzigsten Atom erstreckt. Die Existenz der Menschheit steht in enger Verbindung zu Myriaden von Formen der Intelligenz. Diese wunderbare Kommunikation wird nur in den höheren Körpern erfahren. Die physischen Sinne sind nicht in der Lage, von den überirdischen Wirklichkeiten zu berichten. In den abgestuften Sphären und Bereichen, die uns umgeben, findet eine unsichtbare und aktive Entwicklung statt. Sie sind weitaus bedeutungsvoller als alles, was unsere äußeren Sinne in der physischen Welt wahrnehmen.

Die Aktivitäten der unsichtbaren Hierarchien nehmen einen aufwärts und einen abwärts gerichteten Verlauf. Es gibt Gottheiten unterschiedlicher Entwicklungsstufen. Jede Stufe wird von der über ihr liegenden inspiriert und belehrt und erweist den unmittelbar unter ihr liegenden Wesen den gleichen Dienst. Auf diese Weise werden göttliche Liebe, Hilfsbereitschaft und Weisheit über endlose Intelligenzstufen auf allen Lebensebenen weitergereicht.

Meister und Engel männlichen und weiblichen Geschlechtes haben sich im Laufe vieler Leben oder Perioden äußerster Selbstdisziplin und Selbstlosigkeit auf ihre verantwortungsvolle Aufgabe vorbereitet. Ihr Wissen und ihre Fähigkeiten übersteigen die des Alltagsmenschen. Sie gehören der erhabenen Weißen Bruderschaft und der inneren Regierung von Shambhala an.

Die Esoterik lehrt, dass es Zyklen gibt, die uns in unterschiedlicher Weise und zu verschiedenen Zeiten beeinflussen. Einige dieser Zyklen, wie die Jahreszeiten, bringen gewaltige Kraftströme, die sich niemals gleichen, da sie auf den Grundton unterschiedlicher Engelgruppen abgestimmt sind. Ihre jeweiligen Impulse dienen der Ausführung bestimmter Aufgaben. Es gibt den Zyklus von Geburt und Tod oder jene großen Zyklen, die mit Neujahr oder unserem Geburtstag beginnen und besonders beachtet werden sollten.

Auf der tiefen Wahrheitsebene erfahren wir von den inneren Körpern des Menschen und den Kraftzentren, die diese überirdischen Träger fortwährend beleben. Alle unsere Körper sind wunderbar und geheimnisvoll, denn Gott gab sie uns. Wir sind aufgerufen, unseren höheren Fähigkeiten stärkere Beachtung zu schenken und uns dem Ewigen bewusst als Kanal Seines heiligen Willens darzubieten.

Die esoterischen Lehren stellen eine Beziehung zwischen uns und den inneren Welten im Hier und Jetzt her. Sie bilden eine gewaltige Informationsquelle für die gesamte Entwicklungsbreite, die wir letztendlich durchleben werden. Wir sollten nicht nur *wissen*, sondern *handeln*. Wir sollten nicht nur glauben, sondern uns im Rahmen von Wissen und Erfahrung wandeln. Ohne diese innere und äußere Erfahrung bleiben alle Glaubensüberzeugungen dieser Welt bloße Theorie.

Häufig fühlen sich Menschen, die nach Phänomenen heischen, zu diesen Lehren hingezogen. Mit der falschen Motivation an sie heranzutreten, birgt Gefahren, da Unaufrichtigkeit der Dunkelheit dient. Es bedarf großer Hingabe und der Befreiung von Überflüssigem und Nichtigem, um Einblick in die inneren Welten zu gewinnen.

Jeder Augenblick auf diesem wunderbaren Weg zu Gott ist kostbar. Wir werden Hinweise, Offenbarungen, Visionen und

Erfahrungen erleben, die die Grenzenlosigkeit des Lebens mehr als beweisen; und wir werden erkennen, wie dünn die Schleier zwischen den inneren Ebenen und der äußeren Welt sind. Wir sollten uns stets die Erhabenheit ewigen Bewusstseins vor Augen führen, um das Beste aus dem zu machen, was wir hier vorfinden.

2

Evolution

Zu allen Zeiten haben sich die größten Denker der Welt mit dem Ursprung und dem Schicksal der Menschheit befasst. Das gesamte manifeste Universum nahm seinen Weg aus dem Unsichtbaren in das Sichtbare – eine Materialisation des Nicht-Greifbaren. Alles entsprang auf den höchsten Ebenen der inneren Welten und ging aus einer unsichtbaren Urform, einem von Gott geschaffenen Muster, hervor.

Die Göttliche Absicht bestand nicht darin, dass wir in einer vollkommenen geistigen Lichtwelt leben. Es gibt zahlreiche Bahnen Seines kreativen und sich ausdehnenden Geistes, der sich fortwährend in Bewegung befindet. Ansonsten gäbe es weder eine physische Welt noch unterhalb des Göttlichen liegende Bewusstseinszustände. Aufgrund dieser Bewegung und einzigartigen Kreativität bringt sich Gott fortwährend zum Ausdruck. Wie oben, so unten, wie im Göttlichen, so im Individuum.

Evolution bedeutet eine von Ordnung, Geduld und Systematik geprägte Entwicklung aus dem tiefen Inneren, die Entfaltung des schlummernd bereits Vorhandenen. Auf physischer Ebene wurde die Erde als Wiege der Menschheit vorbereitet.

Die Genesis berichtet von verschiedenen entwicklungsgeschichtlichen Zeiträumen der Erde, die Gott entfaltete. In sechs aufeinanderfolgenden geologischen Epochen schuf Er Früchte, Gräser, Tiere und so fort. Die Bibel spricht von einer Präexistenz, das heißt, dem Geschehen lagen ein göttlicher Plan, eine Absicht und ein Ideal zugrunde. *Zu der Zeit, da Gott der Herr Himmel und Erde machte, gab es kein Gesträuch des Feldes auf Erden und noch wuchs kein Kraut auf dem Felde* (Gen. 2, 4-5). Es leuchtet ein, dass diese Dinge auf innerer Ebene ihre Urform besaßen, ehe sie sich manifestierten.

Neben der Präexistenz sollten wir unsere Unsterblichkeit bedenken. Der physische Körper weilt nur kurz auf dieser Erde. Wir sind nicht der Körper. Die Seele und der Geist, die über dem Körper stehen, haben ihn in Besitz genommen, um ihn für ihre Zwecke zu verwenden. Das höhere Selbst ist unsterblich. Es stirbt niemals und kennt Gottes Verheißungen und Absichten.

Am Anfang war das Wort, und das Wort war bei Gott, und das Wort war Gott (Joh. 1,1). Der Atem dieses Logos brachte individuelle Sonnen oder Geister göttlichen Lebens hervor. Auf seiner eigenen Ebene ist unser unbesiegbares Gott-Selbst allmächtig und allwissend, aber auf seinen projizierten Ebenen und in seinen geschaffenen Körpern ist es noch nicht omnipotent. Evolution bedeutet, dass unser Geistfunke in Bewegung gerät, erwacht und auf den unterhalb der Gottheit liegenden Ebenen aktiv wird, was dazu führt, dass er sich mit der Zeit in den äußersten Sphären ebenso manifestiert und Einfluss ausübt wie in seinem innersten Sein.

In einer heiligen Schrift Ägyptens heißt es: „Ich komme von den äußersten Enden der Welt. Ich habe meinen Ruf vernommen." Jeder Mensch kam aus unvorstellbaren Höhen, aus der Unendlichkeit, und er vernahm den Ruf auf allen Seinsebenen, ausgestattet mit den nötigen Fähigkeiten, jedes Reich zu betreten. Von jenem Augenblick an, da das äußere Universum geboren wurde, haben wir in den höheren Reichen existiert. Während sich die nebulöse und feurige Erde für ein physisches Leben vorbereitete, unterzog sich die Menschheit ihren eigenen Erfahrungen.

Was die Erschaffung des Menschen betrifft, widersprechen sich Religion und Wissenschaft. Letztere spricht von einer Evolution allen Lebens und des bislang noch unvollständigen Menschen, was zutrifft. Die Religion erklärt, dass der Mensch nach dem Ebenbilde Gottes erschaffen wurde, was ebenfalls stimmt. Dennoch sprechen sie nicht von demselben Aspekt. Die Religion meint den inneren Menschen und die Wissenschaft den äußeren. Wenn wir dies erkennen, begreifen wir die zweifache Bedeutung in der Bibel und verstehen, dass es in Zukunft zu einer Übereinstimmung kommen muss.

Am Anfang brachte Gott aus dem unmanifesten Aspekt Seiner selbst makellose Geister hervor, die erwachen sollten. Unter dem Einfluss des Allerhöchsten schuf der erhabene Elohim den „Menschen nach Seinem Bilde“, der auf den inneren Ebenen androgyn war. Dieser Geist trug den männlichen und weiblichen Aspekt in sich. *Er erschuf sie männlich und weiblich.* Im ersten Kapitel der Genesis ist von dieser ersten Schöpfung die Rede, während das zweite Kapitel von der Schöpfung des irdischen Menschen berichtet. Unter Elohim versteht man die Logoi, wobei *el* die maskuline Form Gottes, *eloh* die Göttin und *im* den einhüllenden Gottesgeist bedeutet. Es handelt sich dabei um erhabene Intelligenzen, die *willentlich* erschaffen. Dazu gehören neben unserem Planeten auch Sonnensysteme, Galaxien – das gesamte Universum.

Unter dem Göttlichen Einfluss projizierten diese Intelligenzen eine spezielle Energiestrahlung, die es ihnen ermöglichte, für jene unberührten Wesen Körper in verschiedenen Dimensionen zu erschaffen. Der Gott-Geist formte einen Adonai-Körper, den gewaltige Gotteskräfte in Lebenskanäle oder –strahlen leiteten. Gleichzeitig teilten sich bestimmte Elemente in dem androgynen Geist. Der positive Pol wurde zu den männlichen und der negative zu den weiblichen Wesen, wie wir sie heute kennen. Hat sich jede Hälfte in ihrem eigenen Geschlecht vervollkommnet, wird sie erneut in den ewigen Gott-Geist eingehen.

Und der Lebensatem trat in den Menschen, und er wurde eine lebendige Seele. Dieses Leben hatte sich allmählich, über lange geologische Entwicklungsräume bis hin zur Individualisationsphase entfaltet. Nachdem der anfänglich androgyne Geistfunke vorbereitet worden war, wurde er zur lebendigen Seele und unterschied sich von allen anderen Kreaturen. Nur Männer und Frauen besaßen eine solche Seele. Die Geschlechter mussten getrennt werden, ehe sie auf der Erde Gestalt annahmen.

In der Bibel wird diese Trennung symbolisch dargestellt. Adam verlor eine Rippe, aus der Eva entstand. Gewöhnlich spricht man von der fünften Rippe auf der linken Seite, die dem Herz-Zentrum entspricht, das durch die Teilung des androgynen Wesens beeinträchtigt wurde. Mann und Frau sind sich ergänzende Wesen. Die Frau ist weder ein Anhängsel noch ein Randergebnis des Mannes. Sie stellt ihr eigenes, gleichwertiges Selbst dar und besitzt ihren eigenen Anteil des weiblichen Gottesaspektes, den sie beherrschen und entwickeln muss. Jeder Mann und jede Frau wird mit seinem/ihrem wahren Gegenpol die Evolution zum Abschluss bringen.

Esoterische Bibel-Interpretationen

Am Anfang bezieht sich auf die aktive Kraft oder das innere Prinzip. *Erschuf* bedeutet die vorbereitende Bewegung hin zur Form. Mit diesen beiden Worten beginnt die Genesis. Der Ewige Geist traf den Entschluss und die Vorbereitung, Himmel und Erde zu manifestieren. Zum Heranreifen allen Lebens bediente Er sich Archetypen oder Idealbildern.

Unter dem *Garten Eden* ist die Astralebene zu verstehen. In seiner undifferenzierten Phase weilte der Mann dort allein, bis aus diesem androgynen Lebensaspekt Eva als sein lebendiges Gegenstück erschaffen wurde. Diese beiden unberührten Geistwesen hatten den Weg der Involution und Evolution noch nicht bewusst gewählt. Ihre Namen sind nicht die Bezeichnung für zwei Personen, sondern Oberbegriffe, die auf die erste Menschheitswelle hinweisen, die die für sie vorbereitete Erde aufnahm.

Adam und Eva lebten gemeinsam im *Garten Eden*. Eva erlag der Versuchung einer Schlange, die nach hebräischem Verständnis nicht böse war. Das hebräische Wort für Schlange bedeutet *göttliche Erfahrung*, und der Begriff *verführen* besagt, emporgehoben zu werden. Eva berichtete Adam nicht von einer Verführung durch die Schlange, sondern von ihrer geistigen Erhebung aufgrund göttlicher Erkenntnis. Sie war versucht, vom Baum des Lebens oder der Erkenntnis zu essen, was die Entscheidung symbolisiert, den menschlichen Evolutionspfad zu beschreiten, den Weg der Schmerzen und der Erneuerung.

Der sogenannte Sündenfall bedeutet nicht, dass Mann und Frau wegen eines Vergehens aus dem Garten Eden vertrieben wurden. *Siehe, der Mensch ist geworden wie unsereiner, dass er weiß, was gut und böse ist. Nun aber, dass er nur nicht seine Hand ausstrecke und auch von dem Baum des Lebens breche und ewig lebe, schickte ihn Gott der Herr fort aus dem Garten Eden* (Gen. 3,22). Es war nicht beabsichtigt, ewig in einem Ätherkörper zu leben, der. ebenso wie der Astral- und der Mentalkörper. nur bedingt existieren sollte. Die Unsterblichkeit war nicht gewollt, daher die Vertreibung aus dem Garten. Der *Fall* bedeutete ihren Abstieg in die Materie. Im Laufe geologischer Zeiträume war das Leben für sie auf der Erde vorbereitet worden.

Im Garten standen zwei Bäume, der *Baum der Unsterblichkeit* und der *Baum der Erkenntnis*. Der *Baum der Unsterblichkeit* bezieht sich auf unser eigenes Sein – auf den Baum in uns, das Rückenmark mit seinen in das Gehirn reichenden Verästelungen. Ein heiliges Feuer fließt als Hitze und Leben unsichtbar durch das Rückenmark, bekannt unter dem Sanskritwort *Kundalini*, das dafür sorgt, dass unsere innere Kraft im Laufe eines langen Evolutionsprozesses allmählich aufwärts steigt.

Um den *Baum der Unsterblichkeit*, die Kundalini-Kraft in uns, zu verstehen, müssen wir erkennen, dass die Evolution in zweifacher Weise verläuft. Die Seele oder die innewohnenden göttlichen Fähigkeiten dringen abwärts und bemühen sich fortwährend, die Herrschaft über das Dasein zu gewinnen, während die niedrigen Körper auf dem Wege der Evolution nach Vergeistigung aufwärtsstreben. Im Laufe unzähliger Leben sehen wir uns zahlreichen Versuchungen gegenüber. Die Schlange stürzt viele Male zu Boden und verwandelt sich von der Kraftsäule göttlichen Willens erneut in das über die Erde kriechende Reptil.

Zu Beginn seines Erdendaseins besaß der Mensch einen riesigen affenähnlichen Körper. In jenen Tagen wies nichts darauf hin, dass er sich an den Garten Eden erinnerte. Der Ursprung der Menschheit liegt nicht bei Adam und Eva, den Urformen eines frühen Menschengeschlechtes. Aus der Bibel geht eindeutig hervor, dass es zu jenem Zeitpunkt, in dem Adam die Erde betrat, bereits drei Völker gab, das Volk der Nod und die Söhne Gottes (wahrscheinlich Devas und Engel), die Menschenfrauen zu sich nahmen, um den Evolutionsprozess zu beschleunigen. Kain, der älteste Sohn des allegorischen Paares Adam und Eva, wählte eine Frau aus dem Stamme Nod, was darauf schließen lässt, dass dieses Volk bereits existierte.

Aaron und Moses besaßen einen magischen Stab, der dem

biblischen Bericht zufolge zur Schlange wurde, als er niederfiel. Solange sie ihn im Sinne des göttlichen Willens einsetzten, handelte es sich um einen Energiestab, einen symbolischen Einweihungsstab. Auch wir besitzen diese Schlangenkraft. Ein Aspekt der durch die Kundalini fließenden elektrischen Ströme führt aufwärts und ein zweiter abwärts. Dass dem Menschen diese Symbolik vertraut ist, beweist der Äskulap-Stab, an dem sich eine Schlange aufwärts und eine zweite abwärts windet.

Der Aufruf des Moses an sein Volk, von den Fleischtöpfen Ägyptens in das verheißene Land zu ziehen, bedeutet, sich den niederen Reizen nicht länger hinzugeben und die höheren Wirklichkeiten anzustreben.

Die ersten Menschen weilten in ätherischen, kaum in physischen Körpern, was die lange Lebensdauer von Adam, Methusalem und Noah erklärt, von der die Bibel berichtet. Zur Zeit der Sintflut existierten keine irdischen Menschen. Noahs Arche bezieht sich auf eine ihm anvertraute geistige Verantwortung, um jene Menschenseelen und Tierformen zu schützen und zu führen, denen eine konkrete Manifestation bevorstand. Die Tiere besaßen bereits vor dem Menschen einen irdischen Körper. Ihr Eintritt in das Leben auf einem neu gebildeten Planeten gestaltete sich weniger schwierig als das Auftreten des Menschen.

Der göttliche Plan

Von den überwältigenden kosmischen Schöpfungen bis hin zum winzigsten Partikel verwirklicht die Gottheit ihren erhabenen Plan, der dem Leben auf physischer und geistiger Ebene zugrundeliegt, wobei das Physische stets der geistigen Absicht unterworfen ist. Wenn die Wissenschaft die letzten Ursachen erkennt, wird sie nicht umhin können festzustellen, dass das Sichtbare von dem Unsichtbaren beherrscht wird, das seine eigenen Beweggründe für die Projektionen und Offenbarungen auf dieser Erde besitzt.

Der Mensch erscheint auf der Erde, um den göttlichen Plan zu verwirklichen. Mit seiner irdischen Existenz soll er den Willen der Gottheit zum Ausdruck bringen, was ihn motiviert und zu einem eigenständigen Individuum macht. Die kurzen Aufenthalte auf diesem Planeten sind von großer Bedeutung. Es bedarf zahlreicher Leben, um die nötige Reife zu erlangen und den innewohnenden Gott auf der Erde unter Beweis zu stellen.

In jedem Menschen wirkt ein göttliches Muster, das ihn von seiner frühesten Evolutionsstufe bis zur Vollendung trägt. Sein Gottesfunke führt ihn durch die unzähligen Bereiche einer allmählichen Entwicklung – vom Urmenschen bis zum Meister. Dem Plan Gottes zufolge sieht jede Spezies ihrer Vervollkommnung entgegen.

Die irdische spirituelle Erfahrung lässt sich mit einer Eichel vergleichen. Diese kleine Frucht birgt ein Muster, einen unsichtbaren, wegweisenden Plan. Ihren Kern umhüllt eine harte Schale, die ihn vor Feuchtigkeit und Feinden schützt. Sinkt die Eichel in das Erdreich, dringt Feuchtigkeit in die Schale und bringt sie zum Bersten. Dem Plan des göttlichen Schöpfers folgend, dringen Sprösslinge durch den Boden nach oben, dem Sonnenlicht entgegen. Es bildet sich ein Wurzelwerk, das den Boden hält, während sich der Baum zu entfalten und Form anzunehmen beginnt. Jahr um Jahr wird der Baum größer und stärker, bis er schließlich ausgewachsen ist und den Zweck seiner irdischen Existenz erfüllt hat.

Vergleichbar mit dem Werdegang einer Eiche, entfaltet sich die menschliche Erfahrung. Aufgrund fehlender Gotteserkenntnis fühlt sich das Individuum über einen sehr langen Zeitraum wie von einer Schale umschlossen. Es ist sich der Bedeutung des Lebens nicht bewusst, bis es an jenen entscheidenden Punkt gelangt, an dem etwas in ihm aufkeimt, das es nach dem Sinn des Daseins fragen und Verantwortung übernehmen lässt. Der Mensch erkennt, dass er sich nicht zu seinem Vergnügen hier aufhält, sondern weil der Schöpfergeist, der ihn hervorbrachte und für sein Wachstum sorgt, es so wollte. Allem liegt ein göttlicher Plan zugrunde, der geringsten Lebensform ebenso wie den Galaxien, und wir müssen uns befleißigen, dieses Leben zu entfalten.

Wir inkarnieren uns auf der Erde, um zu erwachen und den uns innewohnenden Gottesfunken zu entfalten. Es gibt keinen anderen Ort, an dem dies so wirkungsvoll und rasch geschieht wie hier. Lange Zeit hat der Mensch ein stets gleichbleibendes Leben geführt und sich den Vergnügungen hingegeben. Irgendwann kommt der Zeitpunkt, an dem er ahnt, dass es einen Lebenssinn geben muss – und er beginnt, danach zu suchen. Diese Suche treibt, verfolgt und beglückt ihn, bis er allmählich aus jeder Erfahrung seine Lektion zieht und das, was sie ihm offenbart, zu begreifen beginnt.

Der Tod enthüllt das Ziel. Er lässt uns erkennen, dass wir der Allmacht, die uns schuf, gegenübertreten und erklären werden, was wir auf den äußeren Ebenen in Seinem Namen bewirkt haben. Die Evolution dient der Charakterbildung. Der Tod zeigt, dass das Leben weitergeht und bietet die Gelegenheit zur Erholung und Erneuerung, um weitere Unterweisungen und höhere Anreize für unsere Rückkehr zu gewinnen.

Die Evolution bringt den Menschen bei seiner erneuten Inkarnation an jenen Punkt zurück, an dem er das letzte Mal die Erde verließ. Wir ernten, was wir gesät haben. Es gibt kein Überspringen, nur die Verarbeitung unserer vorangegangenen Erfahrungen, was uns neue Perspektiven und Beurteilungsmöglichkeiten erschließt. Die inneren Ebenen bieten nicht die Gelegenheit, irdische Erfahrungen auszuprobieren, weshalb es uns irgendwann danach verlangt, ein vollkommeneres Erdendasein zu führen und entschlossener und weiser zu handeln. Wir kehren zur Erde zurück und beginnen genau dort, wo wir aufhörten. Auf diese Weise wirken die erhabene Quelle, die unser Leben plante, sowie die Kräfte, die uns im Laufe des Evolutionsprozesses vergeistigen, auf uns ein.

Sobald wir einen Einblick in den Grund für unser irdisches Dasein gewinnen und begreifen, dass wir in erster Linie göttlicher Natur und an zweiter Stelle Erdenmenschen sind, werden wir Möglichkeiten erkennen, um den göttlichen Plan stärker zum Ausdruck zu bringen und ihn sichtbar werden zu lassen. Wir wollen unsere Ideale verwirklichen und sie zielbewusst verfolgen. Haben wir uns erst einmal an die Ideale, die unser Sein nähren, gewöhnt, überträgt sich mit der Zeit ihre Schönheit und Wahrheit, ihr Wert und ihr Glanz auf uns. Diese inneren Archetypen verleihen dem physischen Körper Schwung und Ausstrahlung.

Die Inkarnationen bieten drei Möglichkeiten. Wir können

jahrelang auf demselben Stand verharren, uns rückläufig entwickeln oder voranschreiten. Gleichgültig wo oder wer wir sind, wir sollten in jedem Falle fortwährend daran arbeiten, uns weiterzuentwickeln, um den Plan, die Grundstruktur unserer persönlichen Bestimmung, zu erfüllen.

Gott schenkte uns das Leben. Er erwartet von uns, dass wir zu unserer Vervollkommnung beitragen. In Ihm nahmen wir unseren Anfang. Seine Anbetung bedeutet, zu Ihm zurückzukehren. Das Erdendasein gibt uns die Gelegenheit, besser zu werden. Ein starker Glaube und das Erkenntnisvermögen öffnen uns für den geistigen und intuitiven Aspekt. Wir spüren die Erhabenheit Gottes und fühlen uns eins mit Ihm.

Unser Schöpfer besitzt unsagbare Geduld und gewährt uns grenzenlos Zeit. Wir werden nicht nach den Fehlern eines einzigen Lebens beurteilt. Die Lebensschule bieten viele Gelegenheiten, sich besser zu verhalten und allmählich verantwortungsbewusst zu werden, bis wir, den Lehren Christi folgend, eines Tages die Meisterschaft errungen haben.

Menschen und Engel sind mit dem Planeten, auf dem sie einst ihre Entwicklung begannen, verknüpft. Erst als Meister erübrigt es sich, die Verbindung zu diesem aufrechtzuerhalten. Dennoch beschließen viele Adepten, mit der Erde in Kontakt zu bleiben, um der Menschheit so lange zu dienen, bis die Existenz dieses Planeten überflüssig geworden ist.

Die Evolution dient dem Zweck, das Göttliche im Menschen, das uns von den niedrigen Bewusstseinsebenen bis zum Überbewusstsein führt, zu wecken und lebendig werden zu lassen. Im Laufe dieses Entwicklungsprozesses entsteht aus der Komplexität Einfachheit und aus der Vielfalt Einheit.

Mit der Zeit erkennen wir, dass höher entwickelte Wesen, ohne in irgendeiner Weise stolz auf das Erreichte zu sein, uns sanft auf eine Geistesebene emporziehen, auf der uns bewusst wird, dass wir Teil eines erhabenen Planes sind, der sich auf jeder Daseinsstufe entfaltet.

Urvölker

Die Geheimlehren sprechen von sieben Urvölkern, die jeder Mensch durchwandern muss, ehe er die Lektionen der Erde abgeschlossen hat. Die Mehrzahl der gegenwärtig auf der Erde weilenden Menschen gehört der vierten Menschheitsphase an, während die meisten fortgeschrittenen Männer und Frauen auf der sechsten Unterstufe der fünften Phase stehen. Aufgrund ihrer Überlappung lässt es sich kaum erkennen, wann die einzelnen Urvölker in Erscheinung traten und wann sie verschwanden.

Ihr Ursprung liegt in Shambhala. Jedes Urvolk ist siebenfach unterteilt, und jede Unterstufe bewirkt eine neue Entwicklungsphase im Menschen, was andere Klimaverhältnisse, Nationalitäten und Hautfarben mit sich bringt. Die beiden ersten Hauptentwicklungsphasen, die der Mensch vor langer Zeit durchschritt, befanden sich auf innerer Ebene und erforderten keinen irdischen Körper. Die *Polar-Menschheit* existierte auf der Astralebene und entwickelte die Hörfähigkeit als ersten der fünf Sinne. Die zweite Menschheit wurde *Hyperboreer* genannt. Während dieser Periode, die auf der Ätherebene verlief, entwickelte sich das Tastgefühl. Zu diesem Zeitpunkt war der Erdball ein Feuernebel.

Erst in der dritten Menschheitsphase gab es Mann und Frau in einem physischen Körper, die sogenannten *Lemuren*. Ihre Wiege stand auf dem Kontinent Mu oder Lemuria, der in der Nähe Asiens lag. Die Einwohner Lemurias zogen durch die ganze Welt. Ihre Nachkommen sind die heutigen Ureinwohner. In dieser dritten Menschheitsphase entwickelte sich die Sehfähigkeit. Am Anfang handelte es sich um einäugige Riesen, sogenannte Zyklopen, die sehr lange lebten. Im Laufe ihrer Entwicklung wurden die Körper kleiner, und das zentral gelegene Auge zog sich in das Gehirnzentrum zurück und bildete die Zirbeldrüse. Es entwickelten sich zwei Augen, die sich für diese Dimension besser eigneten. Die Lemuren selbst waren noch unterentwickelt. Höhere Geistwesen, die nicht aus unserer Menschheit stammten, vollendeten die Werke. Fortgeschrittene Seelen von Venus und Merkur bereiteten den Weg für unsere weit zurückliegenden Anfänge.

Das vierte Urvolk, die sogenannten *Atlanter*, bevölkerten den Kontinent Atlantis, der mit dem heutigen Europa verbunden war. Jene Menschen trugen markante asiatische Züge. In der Mitte der Bronzezeit überragte ihre Körpergröße die des heutigen Durchschnittsmenschen. In der vierten Unterabteilung jener Entwicklungsphase nahm Atlantis Einfluss auf die Welt und brachte verschiedene Volksstämme hervor.

Die Untergruppen einer Menschheitsphase unterteilen sich in Wogen und später in Nationen, einzelne Stämme und Familien. Nationalität und Brauchtum bestimmen ihre Unterschiede. Die Menschen der frühen Unterstufen besaßen einen schweren und groben Körper. Im Laufe seines Fortschritts verfeinerte sich der Mensch in zunehmendem Maße und entwickelte sich auf intellektueller und geistiger Ebene. Die vierte Menschheitsphase entfaltete den Geschmackssinn. Ihr Tenor lag auf dem *Ausdruck*, der in späteren Volksstämmen rasch zum Selbstausdruck wurde. Die Mehrzahl der zurzeit auf der Erde lebenden Menschen gehört der siebten Unterstufe der vierten Menschheitsphase an.

Jede Unterabteilung besitzt ihre eigenen Merkmale. Die erste zeigt sich eher passiv, die zweite unabhängig und aggressiv. Die dritte neigt zur Eroberung und Führung anderer. Die vierte wünscht Frieden und verhält sich passiver, vergleichbar mit der ersten Stufe. Die fünfte Untergruppe weist sich durch ein Zusammenspiel von speziellen Eigenschaften aus, wie Aggression, Bestimmtheit und die Fähigkeit der Selbstverwaltung. Die Menschen der sechsten Gruppe neigen dazu, das jeweilige Menschheitsideal zum Ausdruck zu bringen. Die siebte Periode, der sogenannte *Zyklus des Ruhetages*, zeichnet sich durch größeren Frieden, intensives Lernen und die Philosophie aus.

Die fünfte Menschheitsphase entwickelte den Geruchssinn, was zu einer entscheidenden Fähigkeit, dem logischen *Denken*, führte. Die herausragenden Eigenschaften dieser Phase sind gedankliche Klarheit, Moralvorstellungen, Hygiene sowie spirituelle Sehnsucht und geistiger Fortschritt. Die Semiten wurden von den Lichtwesen, die das Schicksal der Evolution lenken, dazu ausersehen, die fünfte Menschheitsphase zu beginnen.

Jesus inkarnierte sich als Jude, um als Vorbild zu wirken. Die größten Seelen verkörpern sich in einem Volksstamm, der eine neue Menschheitsphase einleiten soll. Der fortgeschrittene Mensch der sechsten Unterabteilung der fünften Phase besitzt die Eigenschaft der Intuition. Bis dahin dominiert der Verstand. In dieser sechsten Untergruppe wird sich der mystische Aspekt verfeinern und in der sechsten Menschheitsphase, der Wassermann-*Ära*, die in etwa sechzehntausend Jahren anbrechen wird, vorherrschen. Diese darf nicht mit dem Wassermann-*Zeitalter* verwechselt werden, in dem wir uns bereits befinden.

Wie bereits erwähnt, gehören die augenblicklich auf der Erde weilenden fortgeschrittenen Menschen der sechsten Unterabteilung der fünften Menschheitsphase an. Unter der Zahl Sechs, der Zahl der Gerechtigkeit und des karmischen Ausgleichs, werden wir weniger Frieden erleben als die nachfolgende siebte Untergruppe. Die Menschen der sechsten Untergruppe sind rastlos und im Allgemeinen wenig friedfertig. Dennoch können wir Frieden erreichen. Dies wird nicht als natürliche Folge des Evolutionsgesetzes geschehen, sondern aufgrund von Gebet und Einsicht. Nicht die vorherrschenden Massenbeschlüsse werden es bewirken, sondern die Hüter der Menschheit. Mit Eintritt in die siebte Untergruppe wird unser Karma ausgeglichen sein und auf unserem Planeten Frieden eintreten.

In der sechsten und siebten Menschheitsphase wird sich der Mensch nicht für den trügerischen Schein der Erde, den weltlichen und materialistischen Aspekt, interessieren, sondern für die geistigen Wirklichkeiten. Der Grundton der Sechs lautet *Wissen* und der Tenor der Sieben *Geistiger Sieg*. Unsere Probleme werden eher intuitiv als logisch gelöst werden. Im Goldenen Zeitalter der siebten Menschheitsphase wird sich die Hierarchie mit jenen, die einen äther-ähnlichen physischen Körper besitzen, vermischen. Die Menschen werden sich dann allein aufgrund ihrer unterschiedlichen Strahlen voneinander unterscheiden.

Südkalifornien wurde als Wiege des sechsten Untergruppen-Typus gewählt und Südamerika, in der Gegend von Peru, als Wiege der siebten Untergruppe. Die sechste Menschheitsphase wird sich auf einem völlig anderen Kontinent entwickeln.

Es liegt ein langer Weg hinter und noch ein weiter Weg vor uns. Manche haben einige wenige Evolutionsstufen erklommen, andere sind auf ihrem Entwicklungsweg weiter vorangeschritten.

Wir wurden zwar alle gleichzeitig erschaffen, als unsere Galaxie entstand, aber nicht zum selben Zeitpunkt freigesetzt. Dem Beschluss jener Adepten zufolge, die die Evolution leiten, trat nur eine gewisse Anzahl in Erscheinung. Unsere Seele und unser Geist aber sind ebenso alt wie die jener hochentwickelten, vervollkommneten Männer und Frauen – der Meister und Logoi.

Der *Lebensstrom*, der die Erdenseelen nährt, führte eine bestimmte Menschengruppe ins Dasein, die sich in den Hauptzyklen gemeinsam inkarniert. In den inneren Welten gibt es eine weitere Gruppe, der wir ebenfalls angehören und die sich im Laufe der Zeit inkarnieren wird, um ihre Erfahrungen zu sammeln. Insgesamt wird die Menschheit eine lange Geschichte aufzuweisen haben, die in den inneren Sphären ihre Anerkennung findet, wenn sie abgeschlossen und das Evolutionsziel erreicht sein wird.

Das Wassermann-Zeitalter

Christus leitete das Fische-Zeitalter ein und verkündete den Erlösungsgedanken. Diese Ära umfasste den zwölften Zyklus des Zodiaks. Die Sonne benötigt 2160 Jahre, um ein Tierkreiszeichen zu durchschreiten. Die Menschheit hat die Merkmale und Wesenszüge dieses Zeitalters, wie Selbstständigkeit, Initiative und Unternehmungsgeist, sowie das Gefühl, innerlich und äußerlich geführt zu werden, in sich aufgenommen. Die herausragenden Aspekte dieser Periode werden in den Strom der nächsten mit einfließen.

Das Wassermann-Zeitalter begann 1910, als der Halleysche Komet erschien. Gegenwärtig greifen der Fische- und der Wassermann-Zyklus ineinander über. Letzterer wird von einem Wandel geprägt, dessen sich der Mensch wahrscheinlich erst in Jahrhunderten bewusst sein wird. Es ist eine Zeit geistigen Erwachens, universellen Bewusstseins, der Hingabe und der Überwindung aller nationalen und religiösen Vorurteile. Eigenschaften wie Mitgefühl, Verständnis, Toleranz und die Fähigkeit, die Massen geistig zu erheben, sprechen die Menschheit an. Gleichförmigkeit ist nicht das Erscheinungsbild des Wassermannes, eher Einzigartigkeit, die aus dem Miteinander entsteht. Seine Vorstellung sind Idealismus, Kreativität, Offenbarung und Einsicht, die aus dem jenseits der Persönlichkeit liegenden wahren Selbst hervorgehen. Es besteht jedoch die Gefahr eines übertriebenen Idealismus, der nicht zum Tragen kommt.

Das Wassermann-Zeitalter steht unter der Zahl Elf, was *fortwährendes Werden* bedeutet. Die Griechen, vor allem Pythagoras, lehrten, dass sich die Elf einerseits auf einen unfertigen Zustand und andererseits auf eine sich stets erneuernde Kreativität bezieht. Wir sollten diese Wassermann-Eigenschaften in uns entfalten und zum Ausdruck bringen, damit uns jene Lichtwesen, unter deren Obhut dieses Zeitalter steht, für ihre Zwecke einzusetzen vermögen. Der Gedanke, das Ganze, an dem wir Anteil haben dürfen, zu erheben, zu vergeistigen, zu segnen und zu erlösen, motiviert den Wunsch zu dienen.

Entwicklung und Verantwortung

Wissenschaftlich betrachtet, üben Vererbung und Umfeld einen gewaltigen Einfluss auf die Entwicklung des Menschen aus. Esoterisch gesehen, zieht es uns zwar aus karmischen Gründen zu derartigen Einflüssen hin, mit denen wir ringen müssen, aber es ist die Seele, die entscheidet, lenkt, transformiert und über alle Gelegenheiten, Herausforderungen und Prüfungen, die uns begegnen, gebietet.

Wir können uns auf drei unterschiedlichen Wegen entwickeln: aufwärts, horizontal, wobei es weder Veränderung noch Wachstum gibt, oder rückläufig, also abwärts. Der rückwärtige Verlauf, der nur selten eintritt, lässt das Individuum zunehmend unreif, barbarisch und gefährlich kriminell werden. Bleibt dieser Zustand über mehrere Inkarnationen bestehen, wird die Seele von den niedrigen Körpern des Individuums getrennt und muss auf die Involution ihres Mentalkörpers warten, um erneut den Entwicklungsweg bis zu dem Punkt zu beschreiten, an dem das Böse die Herrschaft übernahm. Dann wird sie wieder mit den niedrigen Körpern vereinigt, und es findet eine transzendente Wandlung oder Erweckung statt.

Wir wissen die Gelegenheiten und Segnungen einer einzigen Inkarnation nicht genügend zu schätzen. Mit unseren dreidimensionalen Fähigkeiten sollten wir lernen, jedem Tag und allem, was er mit sich bringt, möglichst positiv gegenüberzutreten und uns innerlich auf die überirdischen Aspekte zu konzentrieren und sie bewusst zu kanalisieren. Gebet, geistiges Streben und Wissen ermöglichen es uns, die höheren Dimensionen intuitiv zu erfassen und auf die Wirklichkeiten zu reagieren, die uns nahegebracht werden.

Wenn wir das Gute erwarten und uns geduldig darauf vorbereiten, indem wir in Einklang mit dem Evolutionsgesetz arbeiten, wird uns das Gute umhüllen. Geistige Geduld gehört zu den wesentlichen Evolutionsmerkmalen. Das erhabene Gesetz spornt uns zu göttlichem Wachstum an, was uns dazu veranlasst, mit Interesse und Liebe auf andere zuzugehen. Wenn wir Augen und Herz nach vorne richten und unsere Mitmenschen wirklich lieben, werden wir so beschäftigt sein, dass harte Seelenprüfungen zu Meilensteinen auf dem Weg in die höheren Welten werden können. Wir besitzen viele Möglichkeiten, um im Leben voranzuschreiten und das Höchste in uns hervorzubringen.

Die Evolution hat bereits einen sehr, sehr langen Weg genommen, stets bestrebt, das Göttliche in uns wachzurütteln und zu beleben und uns von den unteren Entwicklungsstufen zu einer größeren, strahlenderen Bewusstheit zu führen. Die konstruktiven Auswirkungen in unserem Leben zeigen sich in den Veränderungen, die nur durch Wachstum entstehen. Evolution bedeutet Wachstum, für uns und alle Kreaturen Gottes. Die Erfahrung einer schöpferischen Lebensweise bringt uns mit unserem Seelenselbst in Berührung. Wir beginnen, das Wahre in uns zu erkennen, die von den göttlichen Kräften geprägte Individualität, und begreifen, dass wir zu Gott zurückkehren, Begrenzungen transzendieren, Verletzungen überwinden und uns erneutem Wachstum widmen. Die Evolution spornt uns an, mit lichterfülltem Bewusstsein rascher voranzuschreiten.

Auch das Mineral-, Pflanzen- und Tierreich befindet sich auf dem Evolutionspfad. Im Mineralreich zeigt sich dies am Werdegang eines Diamanten, Smaragds oder Rubins. Schließlich entwickelt sich der Kristall zur Pflanze. Er beginnt, eine moosige Gestalt anzunehmen. Die höchste Entwicklungsstufe des Pflanzenreiches zeigt sich in den Sequoia- oder Redwood-Bäume, die Feuer, Dürre oder anderen schwierigen Bedingungen zu widerstehen vermögen. Später geht die Pflanze in die niedrigen Formen tierischen Lebens über, während sich die Tiere auf ein menschliches Dasein vorbereiten und die nach Gott strebende Menschheit auf höheren Ebenen weiterschreitet. Alles auf der Erde nimmt Teil an diesem Evolutionsprozess.

Es gibt viele Evolutionspfade, die auf natürliche Weise und ohne Hast oder Anspannung beschritten werden sollten. Die weise Unterstützung der Lichtwesen ist uns beim Erklimmen unseres *Rückweges* gewiss. Die christliche Lebensweise wird dazu führen, als Jünger und Hüter eines Aspektes der planetarischen Aufgabe Christi schließlich unsere Erfüllung zu finden. Jene, die bereits erwacht sind, wirken innerhalb der Menschheit als treibende Kraft. Ihr bedeutungsvolles Wirken gleicht dem Ruf: „Erwachet aus eurem Schlummer, erhebt euch vom Tode, und Christus wird euch das Licht bringen."

3

Die sieben Körper

Eine innere Bestimmung ließ uns einen physischen Körper annehmen. Wir müssen dem Zweck unseres irdischen Daseins Beachtung schenken und ihm entschlossen nachkommen. Unsere Körper sind eine Projektion des Geistes. Ohne den innewohnenden Gottesfunken wären wir nicht am Leben. Der Geist schenkt das Leben, erschafft jeden Körper und ist eine Quelle der Erneuerung, Kraft und Weisheit.

Die frühen Philosophen erklärten, der Mensch besitze einen Körper und eine Seele. Bedeutende griechische Denker sprachen von Körper, Seele und Geist. Nach der inneren Lehre Christi ist der Mensch siebenfach. Jeder der sieben Körper muss an seinem eigenen Einflussbereich, seiner Aufgabe und seinem Ziel arbeiten sowie an der Bildung des Selbst mitwirken. Ebenso wie das durch ein Prisma geworfene Licht sieben Farben erkennen lässt, wünschte der Allerhöchste, dass wir die sieben verschiedenen, von unserem göttlichen Geistfunken durchdrungenen Seinsebenen erkennen, die der Absicht des Geistes dienen.

Mit der Erkenntnis unserer Siebenfältigkeit sind wir zu mehr Beherrschung, Selbstdisziplin und Wissen aufgerufen, damit wir jene anderen Seinszustände erreichen und durch sie zu wirken vermögen. Jede Ebene ist einzigartig und verfügt über ihre eigenen Fähigkeiten. Gemeinsam bilden sie das Gefäß. Für die höchste Entwicklung und den bestmöglichen Einsatz dieser Fähigkeiten tragen wir täglich die Verantwortung.

Jahrhundertelang hat man den Menschen als ein niedriges Wesen betrachtet. Man gab ihm das Gefühl, eine am Boden kriechende Kreatur, ein sogenannter Sünder zu sein und überhäufte ihn mit negativen Attributen. In diesem Jahrhundert beginnt man, die Menschheit liebevoller, gütiger und respektvoller zu betrachten, so dass unsere höheren Aspekte sich zum Ausdruck bringen können.

In unserem „Haus" gibt es viele Räume. Wir haben allzu lange im Untergeschoss unseres Selbst gelebt. Nun wird es Zeit, den Dachgarten und das Penthouse kennenzulernen, die niemand außer uns betreten darf. Wir wollen die Räume unseres Hauses durchwandern und uns mit ihnen vertraut machen. Der Hausherr ist das Göttliche in uns. Wir müssen lernen, jedem Raum unsere Aufmerksamkeit zu schenken und ihn sauber und rein zu halten. Nur ein heller Raum vermag seine Schönheit und seine Werte zu enthüllen. Erst eine Erneuerung festigt den unteren Teil unseres Hauses und macht ihn würdig, damit das Licht aus dem Penthouse hineinstrahlt.

Wir alle bedürfen der Vervollkommnung und müssen lernen, die übrigen, für das physische Auge unsichtbaren Bereiche unseres Selbst besser zu verstehen, um Klarheit, Harmonie, Unterstützung und Einsicht aus unserer inneren Quelle zu gewinnen. Jeder Körper existiert in seinem eigenen Wirkungskreis und kann von hellsichtigen Menschen wahrgenommen werden. Die Ausrichtung unserer Träger während der Meditation ermöglicht es uns, zu den höheren Seinsbereichen vorzudringen. Stimmen wir sie aufeinander ein, öffnen sich die Tore, und wir spüren für einen Moment den Energiestrahl des innewohnenden Gottesfunken.

Unsere Persönlichkeit ist sterblich. Das Gleiche gilt für den Erden-, Äther-, Astral- und Mentalkörper. Sie besitzen kein ewiges Leben. Jeder einzelne durchlebt eine Verwandlung. In dem Augenblick, in dem wir uns erneut auf der Erde inkarnieren, kleiden wir uns in ein neues geistiges, emotionales, energetisches und physisches Gewand. Unser Kausalkörper, die Adonai-Hülle und unser Gott-Selbst sind immerwährend. Zum Zeitpunkt seiner Individualisierung erhielt der Mensch eine Seele und einen Lichtkörper, um dem unsterblichen und ewigen Gott-Geist, unserem inneren Herrscher, im Einklang mit der Gottheit zu dienen.

Zwischen den einzelnen Körpern besteht ein deutlicher Unterschied. Sie besitzen ihre eigene Prägung. Erst die vertikale

Bewusstseinsausrichtung vereinigt sie. Der Gott-Geist weiß um die Verschmelzung der Elemente in den anderen Trägern. Seele und Adonai sind nicht dasselbe. Zwischen der Seele und dem Mentalkörper besteht eine ebenso große Kluft wie zwischen dem Mental- und dem Astralkörper. Der Geist enthält das Äquivalent des Lebens, das wir in diesem Körper kennen – innere Sehnsucht, göttliche Intelligenz, Kreativität und Intuition. Er sieht alles, denn dies ist ein Charakteristikum des Adonai.

Wir sind Pilger auf Erden, um Erfahrungen zu sammeln, die uns fördern, wenn wir konstruktiv auf sie reagieren, und um zu lernen, von unseren Fähigkeiten ausgewogen und dankbar Gebrauch zu machen. Das Göttliche in uns muss sich mit einem physischen Körper auseinandersetzen, der völlig anderen Regeln folgt als der Mentalkörper oder die Seele. In dem Wissen, dass allein der allgegenwärtige Gottesgeist die Körper zu einigen und wirklich zu heilen vermag, lernen wir im Laufe unserer Entwicklung die Gesetze jeder einzelnen Dimension kennen, ihre Anwendung und ihre Wertschätzung.

Der physische Körper

Häufig betrachten wir den irdischen Körper als selbstverständlich, aber die Beschäftigung mit der Physiologie führt uns zu einer neuen Wertschätzung. Ehrfurchterregend und wundersam sind wir gemacht, heißt es in der Bibel, und nur Gott vermochte diesen Körper mit einer solch unglaublichen Weisheit zu gestalten. Unser wahres Selbst steht über dem physischen Sein, und es bedarf keiner Krankheiten, um unsere Abhängigkeit von höheren Quellen der Erneuerung zu erkennen. Wenn wir uns allzu stark im Alltagsleben verstricken, vergessen wir, nach unseren übrigen Seinsaspekten Ausschau zu halten und diese zu entfalten.

Ein gesunder Körper erfordert bestimmte Maßnahmen. Andererseits darf das Streben nach Gesundheit nicht zur Religion werden. Sie stellt nur eine Facette des Gesamten dar – eine einzige Farbe des Spektrums. Vollkommenheit erfordert zahlreiche ebenso wesentliche Elemente. Dennoch ist Gesundheit wichtig, damit diese physische Hülle uns keine Hindernisse in den Weg legt, unserer Arbeit nachzukommen und unsere Gedanken zielstrebig und in der rechten Weise in die Tat umzusetzen.

Zu einer gesunden Lebensweise gehören Sonnenschein, frische Luft, Hygiene, eine gute Ernährung, körperliche Betätigung sowie ausreichend Ruhe und Entspannung. Erholung bringt stets einen Hauch von Überraschung, Erwartung, Schönheit und Glück mit sich. Wir sollten jede Übertreibung in einer Richtung vermeiden. Die Grundlage für ein spirituelles Leben ist das Gleichgewicht. Eine gesunde Einheit entsteht nur durch eine gesunde Integration und Ausrichtung aller Körper.

Der Göttliche Geist, der diesen Körper schuf, ist ein einzigartiger Mathematiker und Arzt. Er kennt die Energierhythmen und mathematischen sowie anderen Elemente, die ein Organ verändern können. Daher sollte der geistige Aspekt bei jeder Heilungsarbeit vorrangig sein.

Vieles in unserer irdischen Hülle weist auf eine symbolhafte Bedeutung hin. Unsere Wirbelsäule besteht aus dreiunddreißig Segmenten. Das Leben Jesu zählte dreiunddreißig Jahre. Die Freimaurer kennen dreiunddreißig Grade. Das Licht steigt ebenfalls dreiunddreißig Stufen, unsere Jakobsleiter, vom Gehirn durch den Wirbelsäulenkanal nach unten.

Aus esoterischer Sicht besitzt das Rückenmark, das sogenannte *flammende Schwert*, eine tiefere Bedeutung. Die Kundalini oder Zeugungskraft soll bewusst von der niederen Natur zur höheren Bewusstseinsebene hinaufgeführt werden, damit sich die schöpferische Kraft auf eine positive Verwirklichung des Lebens ausrichtet.

Die Antike bezeichnete den menschlichen Schädel als *heiligen Berg*. Er birgt das Energiezentrum, das es uns ermöglicht, unseren Körper während der Nacht zu verlassen und am Morgen in ihn zurückzukehren. In der Todesstunde öffnet sich das Tor, und wir werden von unserem Körper befreit. Die linke Gehirnhälfte kontrolliert die rechte und die rechte Gehirnhälfte die linke Körperseite, die aus geistiger Sicht die sanftere, spirituellere und gebende ist.

Unser gesamter Körper bringt eine gewisse Symbolik zum Ausdruck. Die Äußerung des heiligen Wortes steht mit dem

Kehlkopfbereich in Verbindung. Die Schilddrüse gleicht einem Kelch, und die Lunge ähnelt Flügeln. Unsere zehn Zehen stehen in Zusammenhang mit unserer Anwendung der geistigen Gesetze, während die zehn Finger als Ausdruck für die Dinge stehen, die wir in dieser Dimension nutzen.

Der Ätherkörper

Unsere Vitalität bestimmt unser Wohlbefinden, und wir sollten uns innerlich und äußerlich darauf einstimmen, mehr Energie zu gewinnen. Die meisten Menschen vergessen ihre eigene Energiequelle, ihre Ätherhülle.

Jeder Mensch besitzt einen Ätherkörper, der sich bei der Entstehung der Physis bildet und diese im Abstand von einigen Zentimetern umgibt. Seine äußere Form gleicht der des physischen Trägers, zu dem eine enge Verbindung besteht, die sich mit dessen Tod auflöst. Die Feuerbestattung ermöglicht eine rasche Freisetzung des Individuums, um seine Reise in die höheren Dimensionen anzutreten. Der Unterschied zwischen dem Physischen und dem Ätherischen liegt in der jeweiligen Schwingungsrate. Die Lichtgeschwindigkeit im Ätherkörper übersteigt die der Physis.

Der Gesundheitszustand eines Menschen lässt sich am besten an seiner Ätherhülle ablesen. Bei einer gesunden Person variieren ihre Farben von einem silberweißen Schimmer bis zu einem lebhaften Rosa, das im Krankheitsfall einen grauen Farbton annimmt. Bei einer ernsthaften Erkrankung bilden sich dunkle Bereiche, die schlammig braunen oder schwarzen Flecken gleichen. Jemand mit übersinnlicher Wahrnehmung kann das Befinden eines Menschen an dieser Hülle erkennen. Die Aura, eine Reflexion aller unserer Formen, bildet ein Oval und überragt den physischen Körper um etwa acht bis zwanzig Zentimeter.

Die Aufgabe dieses ätherischen Doppels ist es, Lebenskräfte aufzunehmen und in Form von Vitalität und Erneuerung an den physischen Körper weiterzuleiten. Über die Energiezentren stellt es eine Verbindung zu den höheren Körpern her. Je stärker diese Ausrichtung, desto klarer die Erinnerung an die inneren Dimensionen und die Erfahrungen, die wir während des Schlafes sammeln. Die Fähigkeit, sich an Träume zu erinnern, deutet auf eine gute Verbindung zu den höheren Körpern hin.

Anstelle physischer Organe und Drüsen besitzt der Ätherkörper sieben Kraftzentren, die sogenannten Chakras. Der Begriff Chakra kommt aus dem Sanskrit und bedeutet *Rad.* Diese Räder drehen sich fortwährend um ihre Nabe. Jedes Chakra nimmt Energie auf, die. seiner jeweiligen Funktion entsprechend. in besonderer Weise eingesetzt wird. Diese Wirbel werden fortwährend aus höheren Quellen gespeist, lassen die Energie wellenförmig durch den physischen Körper kreisen und beheben Energiemängel. Das Chakra-Licht wirkt über die Kundalini, den inneren Aspekt des Rückenmarks.

Die Energie entspringt zwei Quellen, einmal dem Gott-Selbst oder der Monade, die unaufhörlich von der immerwährenden Göttlichen Gegenwart gespeist wird und den gesamten Menschen mit diesem Lebensstrom versorgt, der sich zum Zeitpunkt des Todes aus der physischen Form zurückzieht. Der zweite Energiestrom geht von der geistigen und physischen Sonne als gemeinsame Strahlung oder Prana aus. Der Begriff *Prana* stammt ebenfalls aus dem Sanskrit und bedeutet *kosmischer Atem* oder *Lebensenergie.* Die esoterische Lehre unterscheidet drei Arten der Sonnenenergie:

1. Fohat – Elektrizität
2. Prana – Vitalität
3. Kundalini – Zeugungskraft

Über die Chakras nimmt der Ätherkörper Prana auf, das über das Nervensystem in unseren physischen Körper gelangt. Es läuft die Nervenbahnen entlang und ermöglicht ihnen, als Träger externer Reize und als Kraftmotor zu wirken.

Bestimmte Devas tragen bei der Schaffung unserer physischen Form zur Bildung des Nervensystems bei. Jede Beeinträchtigung ist für sie von großem Belang. Die Natur erweist sich als besonders geeignet, die Prana-Energie weiterzuleiten. Fühlt man sich erschöpft, sollte man sich mit dem Rücken gegen einen mächtigen Baum lehnen, um die Sonnenkraft aufzunehmen. Das den Baum mit Energie versorgende Prana wird im Laufe von zehn bis zwanzig Minuten allmählich in unseren Körper übergehen. Ein sonnendurchwärmter Felsen gibt die aufgenommene Energie ebenfalls ab. Auf einem solchen Stein zu sitzen oder sich gegen ihn zu lehnen, wirkt erneuernd und belebend. Unter einem Wasserfall oder der Dusche zu stehen, regt den physischen Körper an, vermehrt Prana aufzunehmen. Gartenarbeit wirkt sich besonders erfrischend auf den Ätherkörper aus, da man sich in Gesellschaft jener Wesen befindet, die zur Entwicklung unserer physischen Form beitrugen. Diese Beschäftigung regt an und lehrt gleichzeitig Bescheidenheit. Wunderbare Kräfte verwirklichen den Wachstumsplan. Das Grün der Bäume und Sträucher setzt ätherische Kraftströme frei. Je zahlreicher die Bäume in unserer Umgebung, desto größer die Gewissheit, das Prana der Natur aufnehmen zu können. Allein der Blick zu den grünen Blättern wirkt belebend.

Prana entfaltet seine Aktivität auf allen Ebenen, von der äußeren Welt bis zur Ebene der innewohnenden Göttlichen Gegenwart. Auf der Ätherebene zeigt es sich in einem Silbergrau, und in der Astralwelt leuchtet es in einem Violett-Blau. Es ist dieses Prana, das zur Wiederherstellung der Ätheratome benötigt wird und diese mit niemals versiegender Vitalität ausstattet. Ebenso wie Nahrung, Wasser und Luft den physischen Körper stärken, erfrischen neue Energieströme die Ätherhülle.

Energie umfasst zwei Aspekte – Prana und Magnetismus. Bei dem Magnetismus handelt es sich um eine der gesamten Schöpfung innewohnende Kraft, die konstruktiv oder destruktiv eingesetzt werden kann. Wir müssen lernen, ihn zur Stärkung und zum Schutz einzusetzen. Magnetische Reinheit ist ebenso wichtig wie physische Sauberkeit. Die Sauberkeit des Körpers und die Reinheit der Gedanken und Gefühle sorgen für einen gesunden Magnetismus.

Bei Menschen, die durch ihre Anwesenheit heilen, handelt es sich um gesunde und starke Personen. Sie verfügen über eine Fülle an Prana und Magnetismus, die bei ihrer Heilungsarbeit zum Tragen kommen. Sie legen ihre Hand auf den Kopf des Patienten oder auf das erkrankte Organ, bedienen sich aber nicht der Manipulation. Eine einfache Energiezunahme genügt oft, um Heilerfolge zu erzielen. Viele Formen von Kopfschmerzen lassen sich auf einen Stau im Ätherkörper zurückführen. In einem Fall von Migräne habe ich beobachtet, wie sich die gesamte Kopfregion des Ätherkörpers verdunkelte. Die konzentrierte Bitte, das Prana möge in diesem Bereich stärker aufgenommen werden, bewirkt eine Klärung dieser Region durch den reinigenden Lichteinfluss.

Liegt ein gesundheitliches Problem oder ein Zustand der Unvollkommenheit vor, sollte man das göttliche und das Prana-Licht auf den befallenen Körperbereich konzentrieren. Die Kraft des einem Springbrunnen gleichenden inneren Vitalitätsstromes erneuert den Ätherkörper, und seine Energien wirken auf das betroffene Areal ein.

Kleidung, Schmuck und Möbel absorbieren den persönlichen Magnetismus. Lassen wir ein Kreuz, ein kleines Schmuckstück oder Ringe segnen, wird die Magnetkraft einen von der höchsten bis zur Ätherebene wirkenden Archetypus, der unsere Körper fortwährend erneuert, so lange in sich tragen, bis der physische Gegenstand aufhört zu existieren. Fortgeschrittene Seelen besitzen einen sehr aufbauenden Magnetismus, weshalb von Amuletten, Reliquien und Schreinen eine starke positive Kraft ausgeht. Heiligtümer befinden sich häufig an jenen Orten, an denen die große Seele gelebt oder gewirkt hat und strahlen deren besondere Energien aus. Das Heiligtum von Assisi hüllt den Besucher in eine Woge magnetischer Ströme, die einst von Franziskus ausgingen und die er fortwährend erneuert.

Auf eine kräftezehrende Atmosphäre reagiert der Ätherkörper doppelt so stark wie der physische Körper. Lärm, Umweltverschmutzung und abstoßende Gerüche wirken sich in negativer Weise auf ihn aus. Er reagiert zuerst auf Spannung, und wenn die unangenehme Situation länger anhält, verkrampfen wir uns und werden nervös. Stehen wir unter Druck, erschlafft der Ätherkörper und entzieht uns die Vitalität.

Der Duft von Weihrauch und Blumen besitzt eine positive Wirkung auf ihn. Die Atmung ist ebenfalls wichtig, und wir sollten ihn mit frischer Luft versorgen und durch Atemübungen stärken. Der Rhythmus einer guten Tanzmusik besitzt den Vorteil, die Energie aus der Ätherhülle in den physischen Körper fließen zu lassen.

Krankheit und Verspannung mögen auf fehlende Kenntnisse und Übungen zurückzuführen sein, die unsere inneren Körper mit Energie versorgen. Nervöse Anspannung resultiert größtenteils aus dem Mangel an Disziplin, Frieden und Stille. Wir müssen dafür sorgen, nicht aufgezehrt zu werden, sondern die positiven Energien des Universums in uns aufzunehmen und zu entspannen. Ungeduld und Reizbarkeit erschöpfen den Ätherkörper schneller als alles andere. Neue Gedanken transformieren die Mentalkräfte momentan. Der Astralkörper und die Kräfte dieser Ebene lassen sich rasch beeinflussen, während ätherische Zustände sich nur allmählich verändern.

Bald wird die Zeit kommen, in der der Einzelne dem Ätherkörper ein ebenso großes Interesse entgegenbringt wie dem physischen. Je mehr wir über diesen Körper lernen, desto wahrscheinlicher werden wir die Vorgänge der Auferstehung begreifen. Auf geistiger wie auf praktischer Ebene sollten wir alles in unserer Macht stehende unternehmen, um die in uns einfließende Vitalität zu vermehren.

Der Astralkörper

Jeder Mensch besitzt Fähigkeiten, die jenseits der physischen Sinne angesiedelt sind und zu den inneren und höheren Bereichen des Selbst gehören. Mitunter dringen Unterweisungen dieser höheren Seinsebenen in unser weltliches Bewusstsein. Momente wie die Krankheit eines Kindes oder das Erklingen wunderbarer Musik lassen uns erkennen, dass es tiefe Empfindungen und hehre Gefühle in uns gibt, derer wir uns im Normalfall nicht bewusst sind.

Der in der Bibel verwendete Begriff *Herz* besitzt zwei Bedeutungen. Er kann sich auf die Emotionen oder die Seele des Menschen beziehen. „Wachsam behüte dein Herz, denn daraus quillt glückliches Leben." Hier ist die Rede von Emotionen, denn vergiftende, disharmonische und einengende Emotionen wirken unheilvoller als physische Erkrankungen. Wir müssen lernen, unsere Emotionen zu zügeln und behutsam und weise zu lenken.

Gefühle, Sinneswahrnehmungen und Wünsche haben ihren

Sitz in der Astralform. In rhythmischen Wellenbewegungen quillt der Energiestrom aus den sieben Chakras. Da der Astralkörper heftige Emotionen liebt, neigt er dazu, Empfindungen und Wünsche unnötig zu akzentuieren. Unsere Tendenz, Dinge zu zerstören, Versuchungen zu erliegen und innerem Aufruhr nachzugeben, wurzelt in diesem Träger. Daher ist es absolut notwendig, richtungsweisend auf den Emotionalkörper einzuwirken, ihn zu stärken und zu durchlichten. Wenn wir unser Empfinden und unseren Verstand behutsam einsetzen, werden wir erkennen, was in uns vorgeht.

Der Umriss dieses formbaren, porösen und leicht empfänglichen Körpers gleicht dem der physischen Hülle, die er um etwa sechs Zentimeter überragt. Den jeweiligen Gefühlen entsprechend, mag sein Aussehen lieblicher oder weniger anziehend sein als das der physischen Hülle. Die Farbschattierungen und wechselnden bandförmigen Muster offenbaren die emotionalen Vorgänge. Das dem physischen Körper am nächsten gelegene Band enthüllt gleichbleibende Emotionen, wie Eifer, Aggression, Trägheit oder Entschlossenheit. Das nächstfolgende Band gibt die Gefühle nahestehenden Menschen gegenüber wieder. Ein drittes Band lässt unsere Empfindungen hinsichtlich Gott und einer spirituellen Lebensweise erkennen. Der Astralkörper wird fortwährend von Farben durchflutet. Ist er gesund und funktioniert ordnungsgemäß, zeigen sie sich klar und leuchtend. Starke Gefühle beleben die Farben, während zerstörerische Emotionen sie verschwommen und dumpf erscheinen lassen und dunkle Schatten hervorrufen.

Nach dem Tod sind wir im Astralkörper tätig. Er ist es, der uns während des Schlafs in andere Sphären trägt. Sein Betätigungsfeld liegt in der vierten Dimension. Mit jeder Inkarnation wird er neu gestaltet. Die einzigen unsterblichen Aspekte unseres Seins sind die Seele, der Adonai und die Monade. Im Gegensatz zum Mental-, Emotional-, Äther- und physischen Körper bleiben diese drei Aspekte in jeder Inkarnation dieselben. Unser Streben nach Verfeinerung, Läuterung und Vergeistigung schlägt sich als Samenatome nieder, die bei der Bildung der neuen Körper für das nächste Leben mit einfließen.

Die Begierde beeinflusst den Astralkörper in stärkerem Maße

als den physischen Körper. Verliefe unser Leben allein unter der Herrschaft der Astralform, neigten wir zu Wankelmut, Launenhaftigkeit, Melodramatik, Maßlosigkeit und Extravaganz. Wir sollten bewusst und vorsätzlich daran arbeiten, die erregten und turbulenten Stimmen unserer Emotionen zu zähmen und zu beruhigen.

Der Astralkörper ist kein Freund von Arbeit und verfällt sehr leicht in negative Angewohnheiten. Man muss auf 'Energieausbrüche', Furcht, Selbstsucht, Besitzgier und Eifersucht achten. Sorgen erfüllen die Aura mit grauen Wolken, die auf Eigeninteresse schließen lassen, wenn sie von roten Streifen durchzogen sind. Bei anhaltender Besorgnis verschließt sich die Aura für das einfließende Licht, das hilfreich sein könnte. Auseinandersetzungen und Nörgeleien führen zu Rissen oder Löchern im Astralkörper, was ihn krankmachen und dadurch auch den physischen Körper beeinträchtigen kann. Wut verursacht Schlitze. Dabei spielt es keine Rolle, ob man selbst wütend ist oder die Wut des anderen auffängt. Schädlich ist sie in jedem Falle. Die Wunden verlieren sich erst dann, wenn wir gelernt haben, sie von innen her zu heilen. Vorurteile erzeugen eine Art Blase, und Ärger bohrt ein Loch in den Astralkörper, was zu einem Energieverlust und damit in die Depression führen kann. Trauer wirkt sich schädigend auf ihn aus. Zwietracht und Ruhelosigkeit werfen das gesamte Schwingungsmuster des Astralkörpers aus dem Gleichgewicht.

Ebenso wie sich der Ätherkörper für das Prana der Natur empfänglich zeigt, reagiert der Astralkörper sehr stark auf Farben, Musik und heftige Emotionen. Heiße das Gute willkommen! Alles, für das sich der Geist wirklich interessiert, wie gute Musik, Literatur oder Meditation, festigt den Emotionalkörper und erhält ihn gesund, offen und empfänglich für den nächst höheren Körper.

Besonders wichtig für ihn ist es, Zuneigung zu zeigen. Es bieten sich viele Gelegenheiten, in der Familie und im Freundeskreis, wie auch Tieren oder Passanten gegenüber. Auch wenn wir Letztere nicht kennen mögen, so sind sie doch Teil unserer Menschheit. Eine liebevolle Berührung oder der respektvolle Blick wirken segensreich. Es sollte uns eine Freude sein, unseren

Mitmenschen gegenüber unsere Liebe und Wertschätzung zum Ausdruck zu bringen. In solchen Augenblicken leuchtet unser Astralkörper mit goldenem, pfirsichfarbenem Glanz auf. Dies sind die Farben geistiger Freude und Zufriedenheit, die den Engeln vertraut sind.

Unser Astralkörper liebt es, geliebt und gütig behandelt zu werden. Je stärker und aufrichtiger wir lieben, desto größer die Fähigkeit, die Reaktionen unserer emotionalen Form zu steuern. Aufgrund mangelnder Entwicklung zeigt sich der Astralkörper mancher Menschen recht schwach. Bei anderen Personen beruht die Schwäche auf ihren übertriebenen Gefühlen. In Prüfungssituationen bauscht er sich in ungesunder Weise auf. Ein unreifer Astralkörper verlangt nach starken Reizen und heftigen Gefühlen. Er muss lernen, sich an der Heiterkeit, Schönheit und Erbauung höherer Gefühle und Wünsche zu erfreuen.

Geistiger Fortschritt erfordert, dass man seine Emotionen und Wünsche in gesunde Bahnen lenkt. Die ersten Anzeichen des Erfolges zeigen sich in ruhigen, reinen, glücklichen und liebevollen Gefühlen. Es wird eine Zeit kommen, in der wir dem launenhaften Drängen des Emotionalkörpers nicht mehr nachgeben, sondern für die Erneuerung unseres gesamten Seins leben.

Jede Ebene besitzt ihre eigene Wahrheit, die von der Wirklichkeit der darüber liegenden Ebene übertroffen wird. In unserer physischen Welt suchen wir nach Beweisen für die inneren Kräfte, den Widerhall der höheren Welten. Wird der Gesprächspartner von einem blauen Nebel umgeben, spricht er die Wahrheit. Die Farbe Blau deutet auf Aufrichtigkeit, geistige Werte und Entschlossenheit hin. Manchmal nehmen wir bestimmte Düfte wahr, die nicht irdischer Natur sind, sondern aus den höheren Welten stammen.

Der Mentalkörper

Jeder Mensch ist sich seiner Denkfähigkeit bewusst, insbesondere wenn er sich auf eine Sache konzentriert. Diejenigen, die nicht zu den Mental-Typen gehören, müssen feststellen, dass sich ihre Denkprozesse weniger einfach handhaben lassen als ihre physischen, emotionalen und geistigen Fähigkeiten. Ein emotional geprägter Mensch muss seine Mentalkräfte häufiger trainieren, während sich eine mental ausgerichtete Person der emotionalen Entwicklung widmen sollte.

Der Mentalkörper ist nicht im Gehirn beheimatet, das als Datenspeicher fungiert. Der mentale Blick reicht weiter und umfasst ein größeres Spektrum. Das Erinnerungsvermögen auf dieser Ebene übersteigt das des Gehirns bei weitem. Die Wahrnehmung, das logische Denken und die Speicherung von Erinnerungen haben in diesem Körper ihren Sitz. Seine Ebene, die fünfte Dimension, liegt über der des Astralkörpers. Die Elemente und Lichtfrequenzen, die diese Hülle bilden, sind leichter als die der Astralform. Das Gleiche gilt für die Feinheit, Flexibilität und Geschwindigkeit seiner Energien. Seine Gestalt gleicht der des physischen Körpers. Durch die in diesem Träger verteilten sieben Zentren zirkulieren die Mentalenergien in einer Weise, die an einen dampfenden Teekessel erinnert. Seine Oberfläche gleicht einer fortwährenden Wellenbewegung, die wie farbige Dämpfe aus dem Inneren hervorquillt.

Die Mentalhülle zeigt sich in außergewöhnlicher Schönheit. Ihr Farbenspiel leuchtet zarter als das der Astralform, obgleich sie in erster Linie die Farbe Gelb ausstrahlt. Gesellen sich dem Denken Gefühle und spiritueller Wille hinzu, mischen sich Pastellfarben hinein. Meditative Betrachtungen der höchsten Wirklichkeit verwandeln sie in einen schillernden, funkelnden Regenbogen.

Einen Wissenschaftler, der sich mit einem technischen Problem auseinandersetzt, umgibt ein orange-gelber Nebel. Der dynamische Geschäftstyp strahlt eine ockergelbe Schwingung aus. Lehrer und Studenten mögen ein helles Sonnenblumengelb zeigen, während von einem Heiligen ein sanft gelber Gedankenstrom ausgeht. Je stärker wir unsere Gedanken läutern und erheben, desto lichter wird die Gelbschattierung.

Während des Denkens überragt der Mentalkörper die Astralform nur wenig, bleibt aber sichtbar größer, wenn es sich um einen intellektuellen Menschen handelt. Doch sobald die klaren Gedankengänge aufhören und die mentale Tätigkeit in einen träumerischen Zustand verfällt, zieht sich der Mentalkörper zusammen.

Das Denken wirkt sich formgebend aus. Wenn sich die Gedankenformen manifestieren, gefällt uns nicht immer, was wir sehen. Aus diesem Grunde sollten wir sorgsam auf unsere Gedankengänge achten und sie korrigieren, reinigen, umdirigieren, rekonstruieren und transformieren, ehe sie sich manifestieren.

Mentale Gedankenformen gleichen emotionalen Bildern, nur sind sie leuchtender, kräftiger und dauerhafter. Der Gedanke kann mit einem energiegeladenen Elemental verglichen werden. Er bringt drei Dinge zum Ausdruck, den Denkenden, den Inhalt des Gedankens oder die eigenständige Form, die von der gedanklichen Klarheit abhängt. Die Gedankenqualität zeigt sich in der Farbe. Angesammelte Energien nähren den Gedanken und halten ihn sehr lange am Leben. Eine Wiederholung verlängert seine Existenz.

Unsere Gedanken, die anderen Menschen gelten, treffen diese stärker, wenn die Entfernung nicht allzu groß ist. Je größer die Entfernung, desto schwächer werden sie. Beten wir für einen weit entfernten Mitmenschen, sollten wir Gott bitten, unsere Gedankenströme energetisch zu stärken und ihrer positiven Wirkungsweise Dauerhaftigkeit zu verleihen. Ideen können ansteckend sein, in positiver wie in negativer Weise. Reine, starke und selbstlose Gedanken nehmen selbst ohne ausgesprochen zu werden Einfluss auf die Mental-Atmosphäre. Ärgerliche oder unsaubere Gedanken sind lebendige Elementale, die in der Aura derjenigen Personen hängen, die sich von ihnen angezogen fühlen. Aus diesem Grunde sind wir dazu verpflichtet, wohlwollende, wahre und liebevolle Gedanken zu hegen.

Ein Mentalkörper kann gesund oder krank sein. Ein gesunder Körper gleicht einer glühenden Fackel. Disharmonische und zerstörerische Gedankenenergien machen ihn krank. Negative Gedanken verzerren und schädigen ihn. Vorurteile rufen Verkrustungen hervor, die in einigen Mentalbereichen wie riesige Warzen in Erscheinung treten. Diese Areale werden erst dann wieder normal funktionieren, wenn das Vorurteil und die lieblose Einstellung beseitigt wurden. Derartige Infektionen breiten sich über den gesamten Mentalkörper aus, was Kriminalität, Neurosen oder Psychosen in der betreffenden Person auslösen kann.

Ängstliche, argwöhnische, besitzergreifende, selbstsüchtige Gedanken oder andere negative Zustände lassen den Mentalkörper schrumpfen. Brütet jemand in Selbstmitleid über irgendeine Enttäuschung, erscheint die Aura wie mit einer grauen Kapuze überzogen, was keinen erfreulichen Anblick bietet. Negative Gedanken und Gefühle verlassen den Mentalkörper, wenn man sie dazu auffordert. Daher sollte man sich möglichst schnell aus dem negativen Zustand herausarbeiten und in die Wogen der Erneuerung, Erleuchtung und des inneren Friedens eintauchen.

Unschlüssigkeit, Konflikt und Unnachgiebigkeit wirken sich ebenfalls schädigend auf den Mentalkörper aus. Unentschlossenheit lässt die Aura wie von Beulen übersät erscheinen. Konflikte teilen den Gedankenfluss zwischen der linken und rechten Hemisphäre. Strenge bedeutet die Unfähigkeit, eine bestimmte Haltung aufzugeben. Die Aura verdichtet sich und nimmt anstelle des Sphäroids eine vierkantige Form an. Sobald wir bemerken, dass wir uns in einem solch düsteren Bewusstseinszustand befinden, sollten wir unsere Denkweise unverzüglich in das Gegenteil kehren.

Der Mentalkörper lässt sich gerne durch anspruchsvolle Lektüre, das Lösen von Problemen und das Erlernen neuer Dinge anregen. Wir nutzen nur einen geringen Prozentsatz dieses Körpers, dessen Kapazität uns nicht bewusst ist. Wir sollten ihn ebenso diszipliniert trainieren wie unseren physischen Körper und die mentale Disziplin der Konzentration entwickeln. Konzentration stärkt das Erinnerungsvermögen und erhöht die Unabhängigkeit von Notizen. Außerdem erleichtert sie die Meditation. Konzentration bedeutet die Kunst, einen Gedankengang von Anfang bis Ende mit Interesse und ohne Ablenkung zu verfolgen. Kreative Imagination strebt aufwärts, und der Mentalkörper wird zu einem aufnahmefähigen, erwartungsvollen Durchlassgefäß für den Lichtstrom aus den höheren Bewusstseinsebenen. Ob minder- oder hochwertige Gedanken unseren Mentalkörper formen, hängt von uns ab.

Der beste Weg mentalen Trainings ist die Meditation, die unsere Vorstellungskraft fördert. Singen wir ein Lied, sollten wir den Text bildlich vor uns sehen, was nicht nur die Aura verändert, sondern unseren Geist zu einer gesunden, harmonischen und konstruktiven Denkweise erzieht. Aus demselben Grund empfiehlt sich die Dichtkunst, die reinigend und ausgleichend auf die Aura einwirkt. Umgeben wir uns bewusst mit aufbauenden Elementen, werden unsere inneren Körper gestärkt.

Der „untere Quadrant" bezieht sich auf unsere vierfache Natur, den Verstand, die Emotionen, die Lebensenergie sowie die physische Hülle. Diese vier Bewusstseinsaspekte befassen sich mit dem Dasein in der äußeren Welt. Viele Menschen verhalten sich in einer Weise, als existiere jenseits des Mentalen nichts mehr. Doch das Bewusstsein erstreckt sich in die „obere Triade" unserer höheren Körper. Es ist wichtig, im Einklang mit unserem innewohnenden Gottesfunken zu denken und zu leben. Denken wir auf höherer Ebene, erreichen wir zwei Dinge. Wir beschleunigen unser mentales Wachstum und verbessern die gedankliche Beeinflussung der Welt.

Der Kausalkörper - Die Seele

Viele Menschen sind sich nicht bewusst, dass die Denkfähigkeit nicht das gesamte Sein ausmacht. Sie mögen sogar Gott auf diese Ebene begrenzen. Aus der Bibel geht eindeutig hervor, dass Gott *Geist* ist, eine Ebene, die *weit* über dem Verstand liegt. Wenn wir die höheren Bewusstseinsebenen um Unterstützung in unserem Alltag bitten, werden wir einen Segen erfahren, der unsere gewöhnlichen Fähigkeiten bei weitem übertrifft.

Die Verbindung zu unserer Seele aufzunehmen, gleicht der Reise auf einen anderen Planeten. Unsere Gedanken und Bestrebungen führen uns in einen uns fremden Seinsbereich. Der Gipfel unseres Seins verbirgt sich hinter den Wolken des Unbekannten, bis wir uns ehrfürchtig nach diesen Wirklichkeiten sehnen. Gott weilt in jeder Seele und in jedem Leben, das Er erschaffen hat, und wir sollten uns dieser verborgenen Herrlichkeit bewusst werden.

Der wunderschöne opaleszierende Seelenkörper besteht aus Lichtsubstanz. Sein Symbol ist der Kristall, dessen Licht die vielen Farben und Kräfte des unendlichen Geistes widerspiegelt. Er überragt unsere übrigen Körper und besitzt einzigartige Eigenschaften. Da unser Bewusstsein noch nicht erwacht ist, befindet sich die Seele gewöhnlich in einem Dämmerzustand und wirkt wie eine Hülle. In der Aura der meisten Menschen findet man keinerlei Hinweis auf diese Ebene, die fortwährend auf sie einwirkt. An spirituellen Festtagen oder in Augenblicken der Inspiration ändert sich dieses Bild abrupt. Wenn jemand beginnt, die Wahrheit zu leben und den Brennpunkt seines Bewusstseins verlagert, können die Seelenkräfte einfließen. Es bildet sich ein schmaler Lichtstreifen um den Mentalkörper, der in der Aura sichtbar wird. Am Anfang handelt es sich nur um einen hellen Rand. Werden wir uns in zunehmendem Maße der höheren Kräfte bewusst, nimmt er allmählich einen goldenen Farbton an, wie im Falle eines Meisters.

Das Seelen-Selbst ist unser Engel-Selbst und von außergewöhnlicher Schönheit, wenn es aktiv ist. Die verunstaltete physische Form einer kleinen Frau, die ich kannte, bot einen armseligen Anblick. In ihrem Seelen-Selbst aber war sie eine geistige Größe. Ihre absolute Selbstlosigkeit spiegelte sich in ihrer Seele wider. Jeder liebte ihre Gesellschaft, denn sie lebte von ihrem höheren Selbst, weniger von ihrem armen Körper. In der nächsten Inkarnation wird sie ihre geistige Schönheit zum Ausdruck bringen.

In den meisten Fällen ist das *dritte Auge* des Kausalkörpers geschlossen. Trainieren wir das Wahrnehmungsvermögen der Seele, beginnt sich dieses Auge allmählich zu öffnen, bis es, wie bei einem Meister, völlig erwacht ist und erwacht bleibt. Die Chakras in ihrer strahlenden Farbsymphonie liegen tief eingedrückt im Kausalkörper. Ihre funkelnde Farbenpracht gleicht einem schillernden Wassertropfen. Die pastellfarbenen Schattierungen sind der irdischen Welt fremd. Die sieben Energiezentren gleichen leuchtenden Farbscheiben. Sie tragen die Verantwortung für eine sinnvolle Fortbewegung und für die Aufnahme von Energien, um das Leben in diesen höheren Regionen zu gewährleisten.

Es besteht ein großer Unterschied zwischen den Seelen- und den Mentalkräften. Die Seele verfügt über die Fähigkeit unmittelbarer Wahrnehmung. Sie kennt die umfassende Wahrheit in Bezug auf eine Situation, der sie gegenübersteht. Ein zweiter Aspekt ist die Weisheit. Die dritte Kraft äußert sich in der Kreativität. Auf dieser Ebene verwirklichen Erfinder, Schriftsteller, Künstler, Musiker und Mystiker ihr Können und ihre Begabungen. Die in der Seele aktiven Gottesgaben können zum Wohle der Menschheit ihren Ausdruck finden. Gott verleiht ihr die Gabe intuitiver Vorausschau und die Energie und Kraft, dieses Muster zu erfüllen. Unsere Seele bestätigt die Wahrheit, die aus diesem Bereich einströmt.

Die erwachte Seele vermag alle Facetten einer Situation zu erkennen. Details werden eliminiert und nur die Grundelemente im höheren Bewusstsein zurückbehalten. Ihre außergewöhnlichen Kräfte bringen die Gaben in der äußeren Welt als seltene Talente zum Ausdruck. Die Seele arbeitet mit Lichtgeschwindigkeit. Wahrnehmung und Aufnahme erfolgen nahezu momentan. Gedichte, Symphonien und Erfindungen entstehen oft blitzartig. Um ihr leuchtendes Bild aufzufangen, muss der Verstand scharf arbeiten, damit er den Kerngedanken, den die Seele in die Aura senkt, zu übersetzen vermag.

Sie bringt unser eigentliches Selbst zum Ausdruck, jenen Aspekt, der gewöhnlich als *höheres Selbst* oder auch als unser *Seelenstern* bezeichnet wird. Sobald die Seele wachgerüttelt ist, beginnen sich Gewissen, Integrität und Charakter zu entwickeln. Mit der Zeit lässt sich die Persönlichkeit von ihr lenken. Die Seele zeigt sich niemals aggressiv, sondern stets gütig, mitfühlend, anmutig und rücksichtsvoll. Man tut gut daran, Seeleneigenschaften, wie Aufmerksamkeit, Intuition, Kreativität und ihre erhellenden Qualitäten, zu kultivieren. Wir sollten danach streben, uns dieser göttlichen Welt bewusst zu werden, da sie uns die Richtung weist, uns belehrt, unterstützt und für die Wunder der höheren Ebenen öffnet.

Die Seele ist der Sitz spiritueller Liebe, großen Mitgefühls, wahrer Harmonie, echter Weisheit und natürlicher Güte. Über die Kreativität und Intuition vermittelt sie uns ihre Gaben. Das Seelenbewusstsein ist das aktive Christus-Bewusstsein im Menschen. Alles, was unsere Gedanken, Gefühle und Handlungen stärker auf Christus ausrichtet, geschieht durch die Seele. Unsere eigentliche Arbeit in dieser Inkarnation besteht darin zu lernen, unser Bewusstsein auf die Seelenebene zu erheben und ihre Wahrnehmung aufzunehmen.

Ohne dass sich das Persönlichkeit-Selbst dessen bewusst wird, vermag unser höheres Selbst auf dieser Ebene mit bestimmten Meistern zu kommunizieren. Ähnlich verhält es sich mit dem Gehirnbewusstsein, das oft nicht weiß, wenn die Seele Verbindung zu dem inneren Selbst anderer Individuen aufnimmt.

Bei den Sakramenten wird die Seele aktiv. Während der Taufe lässt sie eine neue Energie in die Aura des Säuglings einfließen und verbindet die einzelnen Körper mit der Monade. Während der Kommunion leuchtet sie beim Empfang von Brot und Wein auf. Den inneren Welten entströmt eine Kraft, die den gesamten Menschen belebt. Die Trauungszeremonie bietet auf innerer Ebene einen inspirierenden Anblick. Während das Paar sich sein Versprechen gibt, blitzen die beiden Seelen in strahlend weißem Feuer auf. Zieht sich das Licht zurück, sind ihre Kausalkörper zu einem einzigen vereint.

Unter der Seelenebene versteht man jene Dimension, auf welcher der göttliche Geist seine schöpferischen und wundersam wirkenden aufbauenden Kräfte speichert. Erhebt sich der Verstand, erreichen ihn die Inspirationen unmittelbar aus der Kausalebene. Sie birgt eine unvorstellbare Fülle an schöpferischen Ideen, die uns über die Intuition und die Sinneseindrücke erreichen, wenn es um persönliche oder weltumspannende Belange geht. Solche intuitiven Einblicke sollte man sich notieren.

Die Seele dient als Brücke zwischen der Ewigkeit und den irdischen Bewusstseinsebenen. Ihre Weisheit entspringt den über Äonen gesammelten Erfahrungen, die der Mentalkörper in Form von Träumen, Offenbarungen oder Visionen empfängt, was häufig symbolhaft geschieht. Die Sprache vermag die aus den höheren Ebenen kommenden Informationen nicht für uns zu übersetzen. Im Gegensatz zum Mentalkörper ist der Kausalkörper transzendenter, lebendiger, fesselnder und zielgerichteter. Ehe wir uns unserer Seele bewusst werden können, müssen wir den Körper, die Gefühle und den Verstand läutern und befreien. Diese niederen, unerlösten Aspekte gestalten unser Leben in der äußeren Welt ungewiss und unnatürlich. Wenn die Seele den niedrigen Trägern ihre volle Aufmerksamkeit schenkt, bewirkt sie einen bemerkenswerten Wandel. Unser weltliches Bewusstsein sollte jede Bemühung der höheren Natur zu schätzen wissen. Sehnsüchtig strebt die Seele aufwärts und versucht, die Bürden der niedrigen Körper, die sie am Aufstieg hindern, zu transzendieren. Ein sogenanntes irdisches Leben bedeutet für die Seele nichts weiter als einen Schultag.

Die höhere Triade – die Seele, die Adonai-Sphäre und der Gottesfunke – ist unsterblich. Diese drei höchsten Bewusstseinsebenen sind die Quellen der uns durchdringenden und belebenden übersinnlichen Kräfte. Das untere Quadrat, gebildet aus dem physischen, Erden-, Astral- und Mentalkörper, entsteht in jeder Inkarnation neu. Die dauerhaften Samenatome jedes einzelnen Körpers werden hinter dem Herz-Chakra des Seelen-Selbst gespeichert und verweilen dort, bis eine erneute Inkarnation ansteht. Was unsere Lebenserfahrungen auf den unteren Ebenen betrifft, bergen diese Atome unsere Entwicklungsgeschichte. Im Laufe unserer Evolution wird der Zeitpunkt kommen, an dem auch der Kausalkörper abgestoßen wird, da nur der Gottes-Geist ewig bestehen bleibt.

In seltenen Fällen gehen Seelen verloren. Dabei handelt es sich um Menschen, die von dem Bösen, von Aggressionen, Unbarmherzigkeit und Hinterlist so stark aufgesogen werden, dass das falsche Selbst die Herrschaft übernimmt und sie von ihrer Seele trennt. In der Bibel heißt es, Luzifer verlor sein Erbe, da er sich mit Gott auf die gleiche Stufe stellte. Sein Stolz war sein Untergang. Diese Individuen fallen mit der Zeit immer tiefer, bis ihre gesamte Substanz im Lichte Gottes aufgeht. Der Geist Gottes gestaltet sie neu, und sie beginnen von vorne. Die Seele einer solchen Person zerfällt auf der Kausalebene in ihre eigenen Bestandteile. Möglicherweise werden diese göttlichen Samen bei einem Neuanfang von ihr auf den höheren Ebenen wieder aufgenommen.

Adonai

In der Literatur findet sich kaum etwas über diesen Begriff. Authentische Quellen liefern nur wenige symbolische Hinweise. Das all-sehende Auge versinnbildlicht die immerwährende Wachsamkeit des innewohnenden Gottesfunkens und die alles umhüllende Gottesgegenwart. Es besitzt die Fähigkeit, alle Seinsebenen gleichzeitig zu erfassen. *Wenn nur dein Auge lauter ist, wird dein ganzer Leib voll Licht sein* (Math. 6,22).

Unter Adonai versteht man das erhabene Selbst, den Sitz der Weisheit und der wahren Individualität – das göttliche *Ich Bin*. „Ich bin dein Schild, dein Schutz und dein Gut." Die Betonung liegt auf „Ich bin". „Ich bin das Brot des Lebens." „Ich bin der Weg, die Wahrheit und das Leben." Die Worte Gandhis: „Wenn ich dich aus tiefer Ehrfurcht anbete, dann wirst du meiner Seele Dein Wesen offenbaren", beziehen sich auf die Adonai-Ebene. Sie zeigen, dass Gandhi um die Aspekte der oberen Triade, die sich der Seele zu offenbaren vermögen, wusste.

Eine der Ausdrucksformen dieser makellosen Ebene ist der spirituelle Wille, den kritische Wahl, Urteilskraft, Selbstbeherrschung und Selbstüberwindung voraussetzen. Auf dieser hohen Bewusstseinsebene wird der Wille bewusst zum Ausdruck gebracht. Mit den Synonymen Macht, Stärke, Gerechtigkeit, Weisheit und spiritueller Wille versuchen wir auf den Ursprung unseres Seins zu verweisen. Der Herr wird in seinen Tempel eintreten, wir werden Gestalt annehmen, und der Adonai in uns wird sich zu erkennen geben.

Die Bibelworte „Ich will" beziehen sich auf den Adonai. Er spricht zu dem über ihm stehenden Geist, dem lebendigen Wort: *Ich will deinen Willen, lebendiges Wort Gottes. Ich werde sie heilen und ihnen den Frieden offenbaren. Ich werde für immer im Hause des Herrn wohnen.* Der Adonai weilt im Ewigen, im Angesichte Gottes. Unsere Aufgabe sollten wir *jetzt* erfüllen und die Kraft der Ewigkeit und den Einfluss der Meisterschaft erden. Es gibt keinen Aufschub. Der Tag des Heils ist *jetzt*.

Die Weisheit dieser Ebene trifft uns wie eine Speerspitze. Sie dringt nicht still und sanft in uns ein, sondern gleicht einer plötzlichen Offenbarung. Ein einziger Lichtstoß enthält eine solche Fülle an Anweisungen, dass sie für die Arbeit eines ganzen Lebens ausreichen. Wenn man die Seele als Lichtkörper betrachtet, stelle man sich den Adonai als Nukleus eines noch helleren Lichtes innerhalb des vibrierenden Lichtes vor. Einige dieser Hinweise werden durch die Meditation als Samenatome in uns eindringen und mit der Zeit in ihrer Weise aufkeimen.

Über die Triade von Seele, Adonai und den innewohnenden Gottesfunken zu meditieren, setzt Kräfte frei, die unserem gesamten Sein zugutekommen. Das Alte wird hinausgefegt, und die neue göttliche Kraft wird gestärkt.

Erst die Aura eines Meisters offenbart die Adonai-Hülle und die Gottesflamme, da wir das Licht aus den höchsten Seinsebenen nicht verkraften könnten. Der Adonai gleicht einem Kristall- oder Diamantkörper, der dieses transzendente, flammende Shechinah-Licht reflektiert. Er trägt unsere Gottesflamme. Die Adonai-Welt strahlt ein solches Licht aus, dass sie für Moses als brennender Busch erschien und Paulus von ihr geblendet wurde.

Der innewohnende Gottesfunke oder die Monade

Christus nachzufolgen bedeutet, mit dem innewohnenden Gottesfunken in Verbindung zu treten. Er gab den Rat, sich bereits in seinem irdischen Körper des Gottesfunkens bewusst zu werden und zu bedenken, dass die Gegenwart Gottes uns fortwährend umhüllt.

Die Monade oder der innewohnende Gottesfunken – ist ewig. Sie kam von Gott und wird vollendet zu Gott zurückkehren. Dieser strahlende Göttliche Geistfunke war niemals von Gott getrennt, ist aber noch unentwickelt. Er wird erwachen und sich allmählich wie eine Blüte entfalten, wenn wir ihn uns täglich vor Augen führen und uns in die Obhut Gottes begeben. Im Laufe unseres Wachstums beginnt diese Flamme aufzuleuchten und auf uns einzuwirken. Das potenziell Göttliche mit den Gaben unermesslicher Weisheit, Liebe, Intelligenz, Klugheit und der Fähigkeit, alles in der Welt Erforderliche zu bewerkstelligen, ist selbst in seinem Embryonalzustand vollkommen.

Unser Gottesfunke wird durch den siebenstrahligen flammenden Stern symbolisiert, dessen Herrlichkeit das helle Licht übersteigt. Die bei Einweihungen verwendeten Worte: *Du bist der Stern, dessen Strahlen du ebenfalls bist*, beziehen sich auf den innewohnenden Gottesfunken. Wir bringen unser strahlendes Sternen-Selbst zum Ausdruck. Ein weiteres Symbol dieses ewigen Selbst ist die hervorbrechende Sonne.

Unser Gottes-Geist birgt viele Geheimnisse. Alles, was wir sind, ist eine Projektion des Geistes. Diese reine Ursubstanz – das Gotteslicht – manifestierte sich auf jeder Bewusstseinsebene, indem sie unsere Individualität, den Adonai und unser Meister-Selbst, die Seele, hervorbrachte. Anschließend schuf dieser strahlende Gottesfunke den Mental-, Astral-, Äther- und physischen Körper. Trotz ihrer zunehmend dichter werdenden Konsistenz vermag das göttliche Licht bis in unseren physischen Körper durchzudringen, auch wenn es unserem irdischen Blick verborgen bleibt. Der Gottes-Geist in uns erwacht, sobald wir ihn uns immer wieder in Erinnerung rufen und nach seiner Führung verlangen.

Der innewohnende Gottesfunken besteht aus den Entsprechungen von Intelligenz, Wille, Liebe und Bewegung. Dieser individuelle Gottesaspekt überragt die übrigen Körper an Größe und Leuchtkraft. Keine Kraft oder Intelligenz ist uns so nahe oder wirkt so unmittelbar auf uns ein wie er. Bei heftigen inneren Kämpfen oder überwältigenden Emotionen sollten wir uns an dieses Gotteslicht in uns erinnern, das uns stets zur Verfügung steht und unseren dringendsten Bedürfnissen entgegenkommt.

Anstatt den Gottesfunken als etwas Unbestimmtes und Verschwommenes zu betrachten, müssen wir eine stärkere Einheit mit ihm anstreben. Nachdem wir in der Meditation unsere Körper eingestimmt haben, sollten wir uns seiner Wirklichkeit bewusst werden. Ehrfürchtig beten wir am Altar unseres inneren Allerheiligsten und spüren seine Nähe. Wir dürfen uns dieses Gottes-Selbst nicht an einem fernen Ort vorstellen, sondern sprechen: „Innewohnender Gottesfunken, der Du heilig und weise bist. Möge Dein Licht mein Sein durchfluten, Dein Geist mich segnen und Deine Kraft mich transformieren. Hilf mir, Deiner Gegenwart stärker bewusst zu werden und still und ehrfürchtig Deine Herrlichkeit auszustrahlen. So möge es durch Dich geschehen."

Es besteht allerdings die Gefahr, sich in seine eigene Göttlichkeit zu verlieben. Luzifer war von seinem inneren Gott-Selbst in einer Weise eingenommen, dass er aufhörte, Gott zu lieben und anzubeten. Er vergaß, dass es stets etwas Erhabeneres gibt. Da seine Liebe für den Allerhöchsten erlosch, vergrub er sich in seinen eigenen Willen und seine Unabhängigkeit, was zur Abspaltung führte.

Den innewohnenden Gottesfunken werden wir erst auf der Meisterebene erkennen, aber unsere Intuition lässt uns Seine Erhabenheit bereits erahnen. „Ich bin Gott, der einzig Heilige in deinem Inneren." Obwohl er weit entfernt zu sein scheint, da er auf einer völlig anderen Ebene weilt, ist er uns nahe. Wenn es uns gelingt, uns auf ihn einzuschwingen, werden wir ihn berühren und Seine Gaben empfangen. Um dies zu erreichen, müssen wir unsere Gedanken und Gefühle fortwährend läutern.

Unser Sein setzt sich aus allen Körpern und Fähigkeiten zusammen, einschließlich unserer Aura und deren Ausstrahlung. Ein gesunder Körper verlangt eine harmonische Ausrichtung des gesamten Seins auf den höchsten Aspekt in uns. Sind wir mit unserer Seele verbunden, fühlen wir uns wohl. Es wird nicht von uns erwartet, Heilige zu sein, wohl aber, dass wir uns mit Selbstrespekt und Aufrichtigkeit dem Höchsten gegenüber so annehmen, wie wir momentan sind.

Bei der Ausrichtung unserer Körper durchdringen sich diese gegenseitig. Die höheren Träger sind feinerer Natur als die niedrigen. Ebenso wie wir den Ätherkörper nicht sehen können, obwohl wir wissen, dass er existiert, entzieht sich der Astralkörper, der aus noch feinerer Energie besteht, so lange unserem Blick, bis wir erleuchtet sind. Der Mentalkörper, durch den das Seelenlicht schimmert, überstrahlt ihn. Jemand mit hellseherischer Fähigkeit nimmt die Körper eines Individuums in einer einzigen aurischen Form wahr. Unser Gott-Selbst bleibt uns verborgen, bis wir die Vollendung erreicht haben. Seine Herrlichkeit übertrifft das Licht der Sonne und das Funkeln eines Diamanten, und seine Schönheit übersteigt alles, was wir jemals erblickt haben.

Wir können uns während der Meditation den Göttlichen Geistfunken als siebenstrahligen Stern hinter dem Kopf vorstellen und einen Energiestrahl in unser Herz-Zentrum und von dort in die Arme und Hände senden. Wir visualisieren einen zweiten Lichtstrahl, der vom Herzen aus in die Wirbelsäule und weiter in die Beine und Füße gleitet und bitten, dieses Licht, das unser Sein durchströmt, möge festsitzende Negativitäten beseitigen. Visualisiere Frieden und Harmonie.

Wir sollten unser Gott-Selbst achten, aber bedenken, dass dieser Gottes-Aspekt in uns den Allerhöchsten anbetet. Nur durch die Einheit mit Ihm strömen Leben und Weisheit unablässig in unseren innewohnenden Gottesfunken. Er bildet nur eine Flamme im Feuer Gottes, einen winzigen Punkt im kosmischen Ozean göttlicher Unermesslichkeit. Demut hält die Verbundenheit mit der Höchsten Kraft aufrecht.

Bestimmte Bibelverse bringen die göttliche Vielfalt zum Ausdruck. Wir müssen uns der Wahrheit des Lebens bewusst sein. *Denn der Herr, dein Gott, ist Gott der Götter und Herr der Herren, der erhabene Gott, mächtig und ehrfurchtgebietend...*(Deut. 10, 17). *Danket dem Gott der Götter! Ja, seine Güte währet ewig. Danket dem Herrn aller Herren! Ja, seine Güte währet ewig* (Ps. 136,2-3). *Es gibt viele Götter und viele Herren* (1. Kor. 8,5). Die Akzeptanz dieser glorreichen Mysterien lässt diese in uns wirksam werden. Eine Verschmelzung der Vielfältigkeit bedeutet den Beginn der Einheit. Die Absicht unseres Schöpfers besteht darin, die Einheit in uns selbst und mit unseren Mitmenschen zu finden.

4

Die sieben Strahlen

Einen Einblick in den Göttlichen Evolutionsplan gewinnen zu dürfen, erlaubt uns eine umfassendere Betrachtungsweise des Lebens. Wir erkennen die aus der Vielfalt hervorleuchtende Einheit und wissen die *Absicht* zu würdigen, die den verschiedenen menschlichen Temperamenten, Religionen, Zielsetzungen und anderen Aspekten weltlichen Lebens zugrunde liegt.

Der erhabene Schöpfer erdachte das Leben als siebenfachen Entwicklungsprozess. Die aus dem nicht-manifestierten Aspekt des Gott-Geistes hervorgegangenen reinen Geistwesen betraten sieben Bewusstseinsebenen über sieben Erfahrungswege. Diese sieben Strahlen oder Lebensströme, die den Menschen zur Individualisation führten, bestimmten die sieben Haupttemperamente der heutigen Menschheit. Wie Farben, die dem Lebensgewebe des Einzelnen hinzugefügt wurden, offenbaren sie die Obertöne und Harmonien, die Interessengebiete und Wesenszüge, die unsere sich entfaltende Rückkehr zu Gott charakterisieren. Die unterschiedliche Deutung des Lebens und der Wahrheit beruht darauf, dass der Einzelne, seinem Strahl, seiner individuellen Natur und seinem Entwicklungsmuster entsprechend, die Wahrheit interpretiert. Die einzelnen Temperamente hängen von dem jeweiligen Entwicklungsweg des Menschen ab.

Mit Eintritt in die Adonai-Welt teilten sich die Göttlichen Geistströme und brachen in sieben Prismen oder Lebensstrahlen auf. Wir alle glitten auf einem dieser Hauptstrahlen, die jeden Lebenssamen, der in ihren Einflussbereich tritt, lenken und in seiner Entwicklung fördern, in das bewusste Leben ein. Der Mensch wird von seiner Adonai-Ebene bis hin zu seinem physischen Körper durch ihre machtvollen Kräfte geleitet. Der

Strahl, der unseren Geistfunken aufnahm, übt eine tiefgreifende und anhaltende Wirkung auf uns aus, da er sich niemals verändert. Er bestimmt den Grundtypus unseres Charakters, unsere Wesensart, unsere Erfahrungen und Begabungen und wird uns prägen, da er die Matrix enthält, die die Entfaltung unseres Gottesfunkens gewährleistet.

Die Offenbarung (1,4) nimmt Bezug auf diese Strahlen, wenn es heißt: „*Gnade sei mit euch und Friede von dem, der da ist und der da kommt, und von den sieben Geistern, die vor Seinem Throne sind...*" Die *sieben Geister vor Seinem Throne* sind gleichbedeutend mit den Höchsten Wesen der sieben Hauptlebenspfade. Sieben Archetypen formulieren die Grundmuster des jeweiligen Pfades. Ihr Einfluss wirkt sich besonders stark aus, wenn die Energien ihres eigenen Strahls in der Weltentwicklung vorherrschen.

Die eingehende Betrachtung des siebenfältigen Göttlichen Planes lässt die Einheit innerhalb der Vielfalt erkennen und die Mitmenschen sowie ihren Lebenspfad besser verstehen. Diejenigen, die sich der deutlichen Unterschiede der einzelnen Strahlen nicht bewusst sind, erwarten, dass die Mitmenschen wie sie selbst sind. Es ist wichtig, die Unterschiede zu beachten und zu respektieren, da uns ihr umfassender Charakter bereichert. Bei den sieben Strahlen handelt es sich um gleichwertige Entwicklungspfade, die zu Gott führen. Jeder Lebensstrahl besitzt seine eigene Farbe, Fähigkeit und Entwicklungsart. Alle sind sie gleichermaßen wichtig für das Gleichgewicht des Lichtes im Universum. Jeder Strahl besitzt sich ergänzende Stärken und Gaben.

Die Einzigartigkeit eines jeden Strahls

Der erste Strahl ist der Strahl der *Tat* – dynamische Aktivität, Macht oder Gewalt. Seine Farbe ist Orange und sein Symbol eine den Hammer schwingende Hand. Dargestellt wird er durch den mutigen, kraftvollen Löwen. Die Menschen dieses Strahls zeigen sich gewöhnlich sehr lebendig, ehrgeizig und extrovertiert. Aufgrund ihres besonderen Magnetismus besitzen sie ganz natürliche Führungsqualitäten. Ihre Begabungen lenken sie in Bereiche wie Wirtschaft, Regierung oder Gerichtsbarkeit. Ihre ungeheure

Vitalität wirkt stimulierend. Sie werden fähige Geschäftsführer, begabte Manager und gute Verwalter sein. Ihre enorme Energie erlaubt es ihnen, durch „Handauflegen“ zu heilen. Dieser Menschentypus wird aus geistigen und praktischen Gründen in der Welt benötigt. Moses, Napoleon, Oliver Cromwell, George Washington, Henry Ford und viele große Königinnen und Könige wären als Beispiel für diesen Entwicklungspfad zu nennen.

Diejenigen, die sich auf dem ersten Strahl entfalten, können ein starkes Geltungsbedürfnis besitzen. Sie tendieren zu Aggressivität oder Ehrgeiz, sind praktisch und weltlich ausgerichtet, übereifrig und ruhelos. Es fällt ihnen nicht leicht, Zuneigung zu zeigen. Diese Menschen laufen immer Gefahr, egoistisch, diktatorisch, streitsüchtig und rücksichtslos vorzugehen, bis sie einen hohen Entwicklungsgrad erreicht haben. Dann erweisen sie sich als beherzt und anteilnehmend. Führerrollen in humanitären Angelegenheiten, in der Finanzwelt, der Regierung und Forschung werden von Menschen dieses Energietyps übernommen. Wenn sie ihre Selbstsucht überwunden haben, sind sie ausgesprochen freigiebig, und es verlangt sie, andere an ihrem Wohlstand teilhaben zu lassen. Sobald sie den geistigen Pfad betreten, bedarf es besonderer Disziplin, um erfolgreich zu meditieren, da ihre innere Ungeduld sie zur Sprunghaftigkeit verleitet. Der erhabene Adept des ersten Strahls ist der Manu, ein großartiger Organisator, der unter dem *Logos des Lebens* wirkt, der seinerseits die Verantwortung für diesen Planeten trägt. Im Dienste des Manu wirken Meister, die die Erdbewohner führen und unterweisen. Es gibt zahlreiche vollendete Söhne und Töchter Gottes, welche die Regierungen oder Wirtschaftsbereiche auf diesem Strahl unterstützen und so der Welt auf einzigartige Weise dienen. Die bekanntesten Meister des ersten Strahls sind Meister Ashoka, häufig auch der *Überwinder* genannt, Meister Morya und Meister Konfuzius.

Der zweite Strahl ist der Weg der *Erziehung*. Die Farbe dieses Strahls ist Gelb und sein Symbol das doppelte Dreieck. Dargestellt wird er durch den emsigen Biber. Wissensdurst kennzeichnet den Typus dieses Entwicklungspfades. Der durchschnittliche Denker übt sich in der Entwicklung und Kontrolle der Gedanken. Er bemüht sich um logisches Denken. Die wertvollen

Qualitäten des zweiten Strahls äußern sich in einer glänzenden Denkweise, einem klaren, scharfen Verstand und in sachlicher Kritik. Gewöhnlich verstehen sie hervorragend zu argumentieren und bringen ihren Scharfsinn über ihre verbale Fähigkeit oder das geschriebene Wort zum Ausdruck. Sie eignen sich ausgezeichnet als Lehrer, Reporter und Kritiker und besitzen einen wachen, aufnahmefähigen Geist. Menschen des zweiten Strahls sind mehr an der Ursache der Dinge als an menschlichen Beziehungen interessiert, mehr an der Lehre als am Lehrer. Herausragende Vertreter dieses Strahls sind Thomas von Aquin, Rudolf Steiner und William James.

Die negativen Seiten zeigen sich in übersteigerter Kritik, Angst, Zweifel, Ichbezogenheit sowie mangelnder Liebesfähigkeit und Wertschätzung. Diese Menschen neigen dazu, erdbezogen zu denken. Ihre Logik setzt den gedanklichen Möglichkeiten Grenzen. Geistiges Vertrauen gewinnen sie erst, wenn sie sich Gott weihen und hingeben.

Das Oberhaupt dieses Strahls ist der verehrungswürdige Buddha. Zu den lehrenden Meistern des zweiten Strahls zählen Meisterin Elision, Meister Kuthumi, Meister Djwal Khul und Meisterin Athene.

Der dritte Strahl ist der Strahl der *Philosophie*. Seine Farbe ist Grün und sein Symbol die von einer Hand gehaltene Fackel. Dargestellt wird er durch den Elefanten. Einheit und Harmonie sind sein Bestreben. Die sich auf diesem Pfad entwickelnden Menschen neigen zu Gerechtigkeit, Vorurteilslosigkeit und betrachten die langsame Entwicklung der Welt mit großer Geduld. Vertreter des dritten und zweiten Strahls ähneln sich in ihrer ausführlichen, ins Einzelne gehenden Darlegung. Sie sind sehr wortgewandt. Der Verständnisbereich des philosophischen Denkers zeigt sich gewöhnlich umfassender und stärker visionär. Diese Menschen vermögen das Leben in ausgezeichneter Weise zu erklären, doch häufig ohne darauf zu achten, das Erkannte zu „sein". Thoreau äußerte über Ralph Waldo Emerson: „Er redet philosophisch, lebt es aber nicht." Diese Aussage ist typisch für Menschen auf diesem Strahl. Die negativen Aspekte des Philosophen sind Pessimismus, Abstraktheit und Praxisferne.

Der Herrscher des dritten Strahls ist der Mahachohan. Meister Gamaliel gehört zu den lehrenden Adepten. Herausragende Beispiele für diesen Strahl sind Sokrates, Platon, Pythagoras, Spinoza, H. G. Wells, Emerson, Manly P. Hall und Maeterlinck.

Der vierte Strahl ist der Weg der *Künste*, einschließlich ihrer Ausdrucksformen, wie Design, Architektur, Malerei, Bildhauerei, Tanz, Drama, Musik und dergleichen. Seine Farbe ist Koralle und sein Symbol die Lyra. Dargestellt wird er durch den ruhelosen Affen. Ziel dieses Strahls ist es, Schönheit zu enthüllen und das menschliche Bewusstsein für die geistige Schönheit vieler Schöpfungsebenen zu öffnen. Der sich auf diesem Strahl entwickelnde Mensch zeigt sich äußerst kreativ, spontan, emotional und natürlich. Er kann auch Eigenschaften wie Wankelmut, Ruhelosigkeit, fehlende Selbstbeherrschung und armseliges Organisationstalent an den Tag legen. Diesem Menschentypus fällt es schwer, Selbstdisziplin zu üben und sich Dingen zu widmen, die Regelmäßigkeit erfordern. Eine fortgeschrittene Seele auf dem vierten Strahl zeigt Verantwortungsbewusstsein und Selbstbeherrschung.

Als Oberhaupt dieses Strahls wirkt der Engelprinz Serapis. Diese Stufe der Engel-Evolution kann einem vollendeten Wesen der menschlichen Entwicklungslinie gleichgestellt werden. Der lehrende Adept ist zurzeit Meister Hilarion auf seinem eigenen Strahl. Dieser vielseitige Meister dient dort, wo er gebraucht wird. Meister Leonardo da Vinci vertritt den Archetypus des vierten Strahles. Sein Temperament offenbarte eine Synthese aus Künstler, Wissenschaftler, Lehrer und zahlreichen weiteren Aspekten. Andere Beispiele dieses Strahls sind William Blake, Edna St. Vincent Millay, Richard Wagner und Michelangelo.

Der fünfte Strahl ist der Weg der *Wissenschaft* – Medizin, Erfindung, Astronomie, Physik, Forschung und Mathematik. Seine Farbe ist Rot und sein Symbol die Waagschalen, die Gleichgewicht versinnbildlichen. Dargestellt wird er durch das Pferd. Mit diesem Strahl ist ein materialistischer Dogmatismus verbunden. Seine offensichtlich negativen Tendenzen zeigen sich in Skeptizismus, Starrheit, Engstirnigkeit und der Angst, sich jenseits des physikalisch Nicht-Beweisbaren zu begeben. Seine positiven Eigenschaften liegen in der Gründlichkeit, in angestrengtem Studium und gewissenhaftem Bemühen. Alle wahren Wissenschaftler zeichnet ein selbstaufopferndes Streben nach Wissen aus. Sie bemühen sich um klare Interpretationen, was zu Erfindungen, Forschungen und Mittel zum Wohle der Menschheit führt. Obwohl offen für das Unbekannte, verschließen sie sich gewöhnlich für alles, was jenseits der fünf Sinne liegt. Aus diesem Grunde hat sich der Mensch auf dem fünften Strahl sehr langsam entwickelt.

Der gegenwärtige Lehrer des fünften Strahls ist Meister Leonardo da Vinci, da dieser Strahl bisher noch kein eigenes Oberhaupt hervorgebracht hat. Vertreter des fünften Strahls sind Galileo, Isaac Newton, Albert Einstein, Sir James Jeans und Teilhard de Chardin.

Der sechste Strahl, der Weg der *Hingabe und des Idealismus,* ist charakteristisch für Liebe, Glauben und Intuition. Mystiker, religiöse Lehrer und Humanisten beschreiten diesen Weg. Die Farbe dieses Strahls ist Blau, sein Symbol ein weißes Kreuz über drei Stufen. Die drei Stufen versinnbildlichen Gehorsam, Selbstaufopferung und Meisterschaft. In den inneren Schulen steht Gehorsam an erster Stelle, denn ohne ihn sind weder Selbstlosigkeit noch Treue und Integrität möglich. Dargestellt wird dieser Strahl durch den Hund, da dieser Loyalität und Treue zeigt. Zu den negativen Tendenzen des Menschen auf dem sechsten Strahl gehören fehlende Praxisbezogenheit, Freude am Martyrium, Impulsivität und Emotionalität. Sie sollten auf ihre Abneigung gegenüber Details und ihre Ungeduld in Bezug auf praktische Dinge, Verwaltungsangelegenheiten und Vorschriften achten. Sie sehnen sich nach Gotteseinheit, lieben die Menschen und fühlen sich zum geistigen Heilen hingezogen. Im Gegensatz zu den Menschen anderer Strahlen fällt es ihnen leicht, Gott zu lieben und ihm zu vertrauen, was sie jedoch keineswegs besser macht. Der herrschende Adept des sechsten Strahls ist der lebendige Christus. Zu den lehrenden Adepten zählen Meister Johannes, Meister Amiel, Meister Dratzel und Meisterin Maria. Einige bekannte Vertreter des sechsten Strahls sind Evelyn Underhill, Albert Schweitzer, Brother Lawrence, Franz v. Assisi und Ramakrishna.

Der siebte Strahl ist der Weg der *Zeremonie und des Rituals.* Magie, strikte Regeln und Alchemie fallen ebenfalls unter diesen

Strahl. Seine Farbe ist Purpur oder Lavendel und sein Symbol das Räuchergefäß. Dargestellt wird er durch die Katze. In den meisten Ritualen verpflichteten Gruppierungen, wie der Katholischen Kirche, den Freimaurern, dem Zen-Buddhismus, den Mormonen oder dem Islam, findet man Menschen des siebten Strahls. Sie lieben den Ritus und alles Konventionelle und besitzen ein feines Gespür für Geld und Verwaltung. Ihre Selbstüberwindung und ihr Gehorsam der Autorität gegenüber befähigen sie zu hingebungsvollen Dienern des Herrn. Sie bedürfen der Entwicklung logischen Denkens, des Selbstausdrucks und der Positivität.

Meister Zoroaster, Meister St. Germain und Meister Azabar sind die lehrenden Adepten des siebten Strahles. Der herrschende Adept ist nicht bekannt.

Nebenstrahlen

Jedes Individuum trägt auf seiner Stirn ein flammengleiches Symbol seines eigenen Strahls, auf dem es sich weiterentwickelt. Dieser Seelen-Strahl verändert sich niemals. Daneben gibt es einen zweiten Strahl, der es zusätzlich beeinflusst. Der innewohnende Geist ist bestrebt, die positiven Eigenschaften aller Strahlen anzuerkennen und aufzunehmen. In jedem Leben befassen wir uns mit dem, was einer der anderen sechs Strahlen uns zu lehren hat, um unsere Seelenentwicklung abzurunden. Jemand mit hellseherischen Fähigkeiten wird den Hauptstrahl in der Aura eines Menschen an seiner vorherrschenden Farbe erkennen und den Nebenstrahl, der auf die Persönlichkeit einwirkt, an der am zweitstärksten vertretenen Farbe.

Haupt- und Nebenstrahl eines Menschen lassen sich auch anhand seines Temperaments und seiner Hauptinteressen bestimmen. Der Hauptstrahl äußert sich oft im Temperament. Ein Individuum auf dem ersten Strahl mag besonders energisch auftreten. Gehört es dem zweiten Strahl an, mag es sich intellektuell zeigen, auf dem dritten Strahl philosophisch, dem vierten Strahl künstlerisch, dem fünften Strahl wissenschaftlich, dem sechsten Strahl idealistisch und dem siebten Strahl zeremoniell. Der erste Strahl prägt unsere Lebensaufgabe. Wir fühlen uns glücklich und erfüllt, wenn wir seine Zielvorgaben zum Ausdruck bringen können.

Unser Nebenstrahl veranlasst uns, unsere Interessen und Entwicklungsmöglichkeiten zu erweitern. Jemand, der auf dem ersten Strahl schwingt, mag unter dem sechsten Nebenstrahl stehen. Sein willensstarkes Temperament wird auf diese Weise von den spirituellen Eigenschaften des sechsten Strahls durchlichtet. Eine Seele, die sich über den zweiten Strahl entwickelt, mag von den ausgleichenden Kräften des vierten Strahls beeinflusst werden, was seinen intellektuellen Geist dazu bewegt, sich mit dem künstlerischen Aspekt zu befassen. Maurice Maeterlinck entfaltete sich auf dem dritten Hauptstrahl, ergänzt durch den fünften Nebenstrahl, weshalb in seinen Geschichten und Artikeln Wissenschaft und Philosophie miteinander verschmolzen.

Der Nebenstrahl beeinflusst uns am stärksten, wenn wir seiner grundlegenden Unterweisungen und umfassenden Sichtweise bedürfen. Manchmal folgt unsere weltliche Beschäftigung eher unserem zweiten als unserem Hauptstrahl, da die meisten von uns durch die von ihrem Nebenstrahl gestellten Aufgaben lernen. Daher mag eine Seele des sechsten Strahls die Arbeit einer Seele des zweiten Strahls ausführen, indem sie an einer Schule unterrichtet, oder wir begegnen Wissenschaftlern, die in der Religion aufgehen, wie George Washington. Letztendlich spezialisiert sich jeder von uns auf jenen Tätigkeitsfeldern, die typisch für seinen Hauptstrahl sind.

Um sich möglichst umfassend zu entwickeln, tritt niemand mit demselben Nebenstrahl ins Leben. Sobald uns ein Nebenstrahl genügend gelehrt hat, wirkt eine andere Kraft auf uns ein. Gelegentlich gerät jemand unter den Einfluss von zwei Nebenstrahlen, was eintreten kann, wenn die Seele die Lektionen des Nebenstrahls der vergangenen Inkarnation in diesem Leben abgeschlossen hat und frei für neue Schwerpunkte wird.

Auf der physischen Ebene unterliegen wir dem Einfluss unseres Tierkreiszeichens. Die Sonnenzeichen stehen mit unterschiedlichen Strahlen in Beziehung. Der erste Strahl regiert Stier und Steinbock, was Führungsqualitäten hervorzubringen vermag, selbst wenn das Individuum nicht unter dem ersten Haupt- oder Nebenstrahl steht. Der zweite Strahl regiert Zwillinge und Jungfrau, der dritte die Waage. Der vierte Strahl regiert Widder und Löwe, der fünfte Schütze und Skorpion. Der sechste Strahl regiert Krebs und Wassermann und der siebte Strahl die Fische.

Das Rad des Lebens

Jeder einzelne Strahl unterteilt sich in sieben Bereiche, die ihrerseits jene Aspekte zum Ausdruck bringen, über die sich unsere Individualität entwickelt:

1. Auf Tatsachen beruhende Wahrheit – „Physische Wesen verfügen über Leben."
2. Wissenschaftliche oder psychologische Wahrheit – „Menschliches Leben wird durch sechzehn Elemente aufrechterhalten."
3. Inspirierte oder symbolische Wahrheit – „Das Leben ist eine Schule."
4. Metaphysische Wahrheit – „Das Leben hängt von der Art unseres Gedankengutes ab."
5. Mystische Wahrheit – „Das Leben entspringt der Göttlichen Quelle in uns."
6. Esoterische Wahrheit – „Das Leben ist ein geistiger Entwicklungsprozess."
7. Absolute Wahrheit – „Leben ist Gott."

Ein einfaches Symbol zur Darstellung der Strahlen bildet ein Rad mit sieben Speichen und einer rein weißen Nabe. Die einzelnen Zwischenräume sind ihrer jeweiligen Zahl entsprechend getönt. Die sieben Unterbereiche eines jeden Pfades erscheinen in einer einzigen Farbe, die sich vom strahlendsten Farbton am äußersten Rand über sieben zunehmend heller werdende Abstufungen bis zu dem nahezu weißen inneren Band erstreckt. Dieses Symbol zeigt in seiner Farbabstufung, dass die Strahlen, je mehr sie sich dem *Zentrum der Erkenntnis* nähern, immer stärker miteinander verschmelzen und sich in ihrer lichten Farbschattierung gleichen.

Jeder der sieben Strahlen soll die Fülle seiner Energien und

Qualitäten zum Ausdruck bringen. Man weiß die Zielsetzung der einzelnen Pfade in ihrem Wert zu schätzen, sobald man die damit verbundene Verantwortung und Aufgabe erkennt. Auf geistiger Ebene verbleiben wir im Laufe unserer menschlichen Existenz auf einem einzigen Hauptstrahl. Was die Persönlichkeit betrifft, unterzieht sie sich den ausgleichenden Aspekten der anderen Strahlen, indem sie alles lernt, was zur Erweiterung ihres Wissens und zur Stärkung ihres Einfühlungsvermögens beiträgt.

Für jeden Menschen wird eine Zeit kommen, in der er sich der reinen Einheit in einem Maße nähert, dass sich die vom Verständnis durchdrungene Vielheit verliert. Ehe der Mensch seine irdische Evolution beendet, wird er lernen, zum Zentrum des *Lebensrades* und zu einer universellen Erkenntnis vorzudringen.

Das Wissen um die Strahlen ermöglicht es uns, etwas über jene zu erfahren, zu denen wir um geistige Unterweisung aus den höheren Seinsebenen emporschauen. Wir gewinnen einen Einblick in Gottes umfassenden Plan, in dem der Mensch die Stufen zur Göttlichkeit auf unterschiedlichen, aber gleichwertigen Wegen erklimmen kann, und lernen, jedem Wachstumsweg und jedem Pfad des Dienens Toleranz entgegenzubringen. Wenn Gott in seiner Weisheit sieben Lichtpfade für notwendig erachtete, können wir nicht erwarten, dass die Bedürfnisse und Neigungen eines jeden Menschen einander entsprechen. Die Unterschiede in den Temperamenten, Interessen, Religionen und Begabungen liegen nicht grundlos im Lebensplan verankert, sondern tragen zu seiner Schönheit und Kraft bei.

Mit zunehmender Bewusstseinsentwicklung beginnen wir zu erkennen, wie wichtig ein fundiertes Allgemeinwissen ist. Hätten wir genügend Einblick, könnten wir die Berührungspunkte der einzelnen Wahrheitsstrahlen wahrnehmen, dass beispielsweise die Psychologie zur Metaphysik führt. Wer den Gipfel unbegrenzter Weisheit anstrebt, sollte das Beste jeder Lehre zu würdigen wissen.

5

Aura, Chakras und Atome

Wir werden von einem schleierartigen Gebilde, der sogenannte Aura, umgeben, das Aufschluss über unser Allgemeinbefinden gibt und auf unseren Gesundheitszustand, unsere Hauptinteressen sowie unsere spirituelle und mentale Entwicklung hinweist und offenbart, inwieweit wir unsere instinktive und emotionale Natur zu beherrschen wissen. In diesem Gebilde lassen sich statische und aufblitzende Archetypen und Gedankenformen unterschiedlichster Gestalt erkennen. Die Aura verändert sich, sobald sich die Lebensauffassung und Handlungsweise ihres Trägers wandelt. Es gibt Menschen, die im Laufe von zehn oder zwanzig Jahren in ihrer Einstellung nur einen sehr geringen Fortschritt zu verzeichnen haben. Ihre Aura behält dieselben Proportionen und ähnliche Gedankenmuster bei wie eine Dekade zuvor. Vertrauen und spirituelle Leidenschaft beleben diese schlummernden Archetypen, die sich dann in unserem Leben widerspiegeln.

Bei der Aura handelt es sich nicht um einen Träger oder eine Kraft, sondern um einen Auswirkungsbereich. Dieses individuelle Ausstrahlungsfeld bildet ein Sphäroid, in das die in den aktiven Bewusstseinsträgern zirkulierenden und ausstrahlenden Energien einfließen. Bei einem Durchschnittsmenschen, der ein weltliches Leben führt und keinerlei Interesse an geistigen Werten zeigt, überragt es den physischen Körper um etwa vierzig bis sechzig Zentimeter. Ein tiefgründig denkender Mensch, der mit der geistigen Suche begonnen hat, dehnt seine Aura Zentimeter um Zentimeter aus, während er wesentliche innere Wandlungsprozesse durchläuft. Die hochentwickelte Seele ist gewöhnlich von einem farbenprächtigen Licht umflutet, das sich mindestens bis zu einem Abstand von einem Meter um ihre physische Hülle ergießt.

Die Ausstrahlungen unseres Äther-, Astral- und Mentalkörpers spiegeln sich in übereinanderliegenden Bändern in der Aura wider. Dieses Feld ist ständigen Veränderungen unterworfen. Eine gleichgültige Lebensweise führt dazu, dass es sich zusammenzieht. Nähren wir hingegen unsere inneren Körper bewusst mit Gedanken, die der Entwicklung dienen, dehnt es sich aus. Es gibt zurzeit nur wenige Menschen, deren Kausalkörper in ihrer Aura sichtbar wird. Bei einer erwachten Seele leuchtet in der Kopfregion ein goldenes Strahlenband auf.

Wenn wir uns in prägender, grundlegender Weise verändern, schlägt sich dies in der Aura nieder. Krisensituationen rufen oft einen solchen Wandel hervor, da die äußeren Umstände ein Individuum daran erinnern, notwendige Veränderungen bewusst vorzunehmen, was dazu führt, dass seine Aura zu schwingen und sich auszudehnen beginnt. Der Qualität unserer Gedanken und dem Grad unserer Spiritualität entsprechend, vermögen wir unsere Aura durch Meditation und Gebet in Schwingung zu versetzen.

Gedanken verlassen den aurischen Schutzschild in drei unterschiedlichen Strömen. Betrachtungen der Vergangenheit und kummervolle Gedanken lassen die Mentalenergien nach unten fließen. Tagträumerei und die ziellos dahingleitenden alltäglichen Ideen schießen raketenartig aus der Aura hervor und strahlen in alle Richtungen. Zielgerichtete Gedanken, besonders während der Meditation und des Gebetes, streben aufwärts.

Dem Mitmenschen gegenüber sollte man sich stets für seine eigenen aurischen Ausströmungen verantwortlich fühlen. Da alles, über das wir ernsthaft nachdenken, in uns eindringt und ein Teil von uns wird, müssen wir sorgsam auf unsere Interessen und Äußerungen achten. Starke Seelen beeinflussen gewöhnlich jene, die mental oder spirituell schwächer sind. Ein Gedanke der Dankbarkeit lässt sich in der Aura desjenigen nieder, für den er bestimmt ist. Er erscheint in Form einer Blume oder eines Blattes oder nimmt seine eigene Gestalt an und zerfällt allmählich, nicht ohne in wunderbarer Weise auf den Empfänger einzuwirken.

Die Farben der Aura geben Aufschluss über die Gedanken und Gefühle ihres Trägers. Bei einem weltlich eingestellten oder unbekehrbaren Menschen erscheinen sie dunkel und lichtlos. Dunkelblaue Farbtöne weisen auf eine ernsthafte, aber in ihren religiösen Gefühlen voreingenommene und einseitig ausgerichtete Person hin. Ein Band grüner Farbschattierungen lässt erkennen, dass es sich um einen ausgesprochen ehrgeizigen Menschen handelt, der sich für finanzielle Dinge interessiert und seine Ziele verfolgt.

Die Liebe einer Mutter zu ihren Kindern kommt an der vorwiegend rosafarbenen Aura zum Ausdruck. Handelt es sich um eine Art „Weltmutter", leuchtet ein Rosarot in ihrer Aura auf, die ein breites Astralband besitzt. Daran erkennt man eine Person, für die Liebe nicht nur ein Gefühl, sondern eine Seelenqualität bedeutet. Ein Hellseher mag bei der Betrachtung eines solchen Sphäroids vieles über die Neigungen dieser Person, ihre Fähigkeit sich zu vergeistigen, zu transformieren und menschliche Beziehungen zu heben, erfahren.

Farbe und Symbol des Strahls, auf dem sich eine Person entwickelt, werden in der Aura sichtbar. Von den Füßen an aufwärts erfüllt der Farbstrahl die Aura mit einem zarten Dunst. Die Farbe des Nebenstrahls bringt das Bestreben und das Interesse des Individuums sowie den bewussten Aspekt seiner Entwicklung zum Ausdruck. Alles befindet sich fortwährend in Bewegung.

Es gibt Möglichkeiten, die Aura und deren Ausstrahlung zu verbessern. An erster Stelle steht die Meditation. Sie lehrt uns, die Atome unserer individuellen Struktur umzudirigieren und führt dadurch eine rasche aurische Veränderung herbei. Um innere Abstumpfung zu vermeiden, müssen wir unsere Aura, Gedanken und Motivationen überprüfen, damit allein die Schönheit Gottes Eingang findet. Gute Musik sowie die Wertschätzung von Natur, Dichtung und Kunst tragen ebenfalls zur Erweiterung des aurischen Feldes bei, das sich ausdehnt, sobald wir positive Gedanken und Wünsche hegen.

Um ein Lichtträger zu sein, bitten wir ehrfürchtig, das Gotteslicht möge unsere Aura reinigen. Dabei sehen wir es vom Scheitel-Chakra abwärts in die Bereiche unterhalb der Füße und an der linken Körperseite aufwärts zum Scheitel-Chakra fließen. Wir sollten die Durchlichtung unseres Ausstrahlungsfeldes spüren und seinen Radius vergrößern, was eine momentane Ausdehnung der Aura bewirkt. Wenn wir den Einflussbereich nicht fortwährend erweitern, wird er in seine früheren Proportionen zurückfallen.

Man muss lernen, die Aura abzuschirmen, damit sie sich in Gegenwart und unter dem Einfluss einer dominierenden, aggressiven Person nicht zusammenzieht. Sobald wir die eigenwillige, diktatorische oder einfach nur bestimmte Haltung eines anderen Menschen als Herausforderung erkennen, sollten wir die Emotionen augenblicklich neutralisieren und unsere Aura willentlich abschirmen. Solange wir nicht die gleichen emotionalen Strömungen empfinden, sind wir im Vorteil. Wir müssen denken und fühlen: *Dies fällt von mir ab. Ich befreie meine Körper davon. Durch das Gotteslicht wird es aus meinem Umkreis vertrieben und der göttlichen Läuterung anheimgestellt.*

Je besser wir unsere Eindrücke und Reaktionen bewusst zu beherrschen verstehen, desto eher werden wir eine gleichbleibende Farbe und Ausdehnung unserer Aura beibehalten. Betreten wir ein fremdes Zuhause oder sitzen in einem Auditorium, sollten wir uns befleißigen, alle dunklen Gedankenformen zu durchlichten und darum bitten, dass die Starken und Gütigen Strahlen aussenden, die anderen zum Wohle gereichen mögen. Gelingt es uns, Irritationen zu vermeiden, indem wir über die Geduld nachsinnen und frische, konstruktive Energien einfließen lassen, fördern wir unsere Entwicklung. Unsere Aura wird Hoffnung und dynamischen Glauben ausstrahlen und empfänglich für Eindrücke aus den höheren Ebenen werden.

Die sieben heiligen Zentren - Die Chakras

Unsere feinstofflichen Körper besitzen Kraftzentren, die unseren höheren Seinsbereich – den Äther-, Astral-, Mental- und Kausalträger sowie die Adonai-Welt und die Monade – mit lebenspendenden Energien versorgen. Mitunter werden sie als *goldene Schlüssel* oder *goldene Räder* bezeichnet. In der Bibel heißt es: *Hebet hoch, ihr Tore, eure Häupter, erhöht euch, ihr uralten Pforten, dass der König der Herrlichkeit einziehe* (Psalm, 24,7). Die tiefere Bedeutung von „Tore“ verweist auf diese heiligen Zentren.

Es gibt sieben Haupt- Kraftzentren.

1. Wurzel-Chakra
2. Milz-Chakra
3. Solarplexus-Chakra
4. Herz-Chakra
5. Kehlkopf-Chakra
6. Stirn-Chakra
7. Scheitel-Chakra

Diese Zentren sitzen nahe der Oberfläche des Ätherkörpers. Je feinstofflicher der Körper, desto tiefer dringen sie in ihn ein. Im Astralkörper sind sie kaum noch erkennbar. In den höheren Körpern nimmt man nur das Licht wahr, das die einzelnen Zentren ausstrahlen.

Alle Kraftzentren entspringen aus ihrer Beziehung zur Wirbelsäule und wirken über die unsichtbaren Strömungen, die durch das Rückenmark fließen. Zusätzlich zu den sieben Hauptzentren gibt es kleinere Chakras in den Handflächen, unterhalb der Achselhöhlen und in der Mitte der Fußsohlen. Heiler nehmen die Energie über ihre Handflächen-Chakras auf, die aus dem Milz-Chakra, dem Energiespeicher, weitergeleitet wird.

Der Merkurstab symbolisiert die menschliche Wirbelsäule. In den Einweihungsschulen wird er häufig als Energiestab bezeichnet. Während der Einweihung berührt der Hierophant das Scheitel-Chakra des Neophyten mit dem Stab, was darauf hinweist, dass der Initiator alle seine Chakras auf allen Ebenen bewusst einzusetzen und zu beherrschen weiß.

Bei den Chakras handelt es sich um Untertellern gleichende, leicht gewölbte Gebilde. Jedes einzelne besitzt eine Nabe, von der Kraftlinien ausgehen, vergleichbar mit den Speichen eines Rades. Bei jungen Seelen messen diese Zentren etwa fünf Zentimeter im Durchmesser. Im Laufe seiner Entwicklung dehnen sich die Chakras eines Individuums bis zu einem Durchmesser von dreißig Zentimetern aus.

Entwickelte Chakras werden von drei Hauptenergieströmen versorgt – der *Kundalini*, dem *Prana* und dem *Ur-Lebensstrom*. Letzterer dringt in die Nabe eines jeden Chakras, während in den Enden der Speichen andere Energien kreisen. Die von den

Speichen aufgenommenen Farben erfüllen das sich drehende Zentrum mit ihren Schattierungen.

Die Kundalini entspringt dem Erdzentrum auf den inneren Ebenen. Sie wirkt wie Radium, dessen Berührung heilend oder tödlich sein kann. Es ist die Absicht des Schöpfers, dass sich diese Kraft im Rückenmark der Menschheit unsichtbar erhebt, bis sie in alle höheren Chakras dringt. Sobald dieses verborgene Feuer aufsteigt, finden Sinneslust, Aggressionen, Hass, Vorurteil und Unterjochung ein Ende. Diese Zeugungskraft muss bewusst von der niederen Natur aufwärts geleitet werden, damit sich alle kreativen Aspekte auf das Positive ausrichten. Das durch das Herz-Chakra fließende Kundalini-Feuer entfaltet im Menschen eine tiefe, umfassende Liebesfähigkeit. Steigt es zum Kehlkopf-Chakra empor, bewirkt es furchtlose, wahre und unvergessliche Worte, *Worte des Lebens.*

Das erste Zentrum, das Wurzel-Chakra, sitzt an der Wirbelsäulenbasis. Es birgt die Sexualkraft und dient der Fortpflanzung irdischen Lebens. Seine Farben sind Rot und Orange. Bei verminderter Aktivität, wie im Schlaf oder in Ruhephasen, erscheinen zwei Farbscheiben. Das Chakra besitzt vier Speichen und wird in erster Linie von der Kundalini angetrieben. Diese Urkraft dringt in die Radnabe, während die Sekundärkräfte in die Speichen fließen. Ein gesundes Wurzel-Chakra verleiht Schönheit, Eleganz und Anziehungskraft. Mit zunehmender Seelenentwicklung versiegt die Leidenschaft, und das Zentrum verliert an Umfang, nicht aber an Farbintensität. Auf der Kausalebene fehlen die beiden unteren Chakras.

Das Milz-Chakra liegt in der unteren Hälfte der linken Körperseite. Seine Aufgabe besteht darin, die Vitalitätsströme der Sonne aufzunehmen und im Individuum zu verteilen. Die sechs Speichen dieses zweiten Chakras strahlen eine Farbsymphonie von Rot, Orange, Grün, Gelb, Blau und Violett aus. Fühlen wir uns wohl, beträgt sein Durchmesser in der Regel etwa fünfzehn Zentimeter. Bei einem vor Gesundheit strotzenden Menschen mit gutem physischen Karma mag es sich noch weiter ausdehnen. Im Krankheitsfall zieht es sich zusammen – und seine Farben verblassen. Spaziergänge in der Natur, Gartenarbeit und ein Leben auf dem Land stärken dieses Zentrum beträchtlich.

Das Nabel-Chakra zeigt die größte Empfindsamkeit unter allen Zentren und wird häufig als *körperliches Unterbewusstsein* bezeichnet. Es fängt die Schwingungen unserer Umgebung auf, aufgrund dessen wir erkennen, ob wir uns in einem harmonischen oder chaotischen Umfeld befinden. Droht Gefahr, mag man eine gewisse Spannung im Solarplexus-Bereich verspüren, da dieses Chakra sich allmählich zusammenzieht und immer schneller dreht. Aufgrund der Verspannung erweist es sich für die meisten Menschen als Schwachstelle. Eine Stabilisierung gelingt nur durch äußerste Selbstbeherrschung und eine Loslösung von den Trivialitäten des Alltags. Die Eindrücke des sympathischen Nervensystems finden hier ihren Niederschlag. Dieses dritte Rad, das in den Farben Rot und Grün leuchtet, besitzt zehn Speichen. Sorgen wir uns, mischen sich Grautöne in das Farbenspiel und lassen das Chakra dunkler erscheinen.

Das vierte Chakra, das Herz-Chakra, liegt in der Herzregion. Für die meisten Leute ist dies das höchste aktive Energiezentrum. Im Durchschnittsmenschen, der sich nicht für die geistigen Aspekte interessiert, zeigen sich das fünfte, sechste und siebte Chakra klein und eher farblos. Das rosafarbene Herz-Chakra mit seinen zwölf Speichen, die unterschiedlich intensive Blautöne ausstrahlen, besitzt gewöhnlich die größten Ausmaße, besonders wenn es sich um eine liebevolle, mitfühlende und selbstlose Person handelt. Je höher sie entwickelt ist, desto stärker färbt sich dieses Rad rosarot. Bei fortgeschrittenen Eingeweihten erscheinen anstelle der blauen Farbtöne gelegentlich goldene Strahlen. Gold weist immer auf eine beginnende Beherrschung des Selbst hin. Der innewohnende Gottesfunken hat seinen Sitz im Herz-Chakra. Sein strahlend goldenes Licht leuchtet bisweilen hervor, als gäbe es im Gewand der höheren Körper einen Riss, der dieses Licht durchschimmern lässt. Eine größere Liebe und Einfühlsamkeit, dem Mitmenschen, der Kreatur, dem Baum, der Blume und dem Leben gegenüber, tragen zur Entwicklung des vierten Zentrums bei. Rein mental ausgerichtete Menschen besitzen ein kleines Herz-Chakra. Je selbstloser wir lieben, desto besser werden die geistigen Energien über die zwölf Speichen in dieses Chakra eindringen.

Das Kehlkopf-Chakra leuchtet vorwiegend in einem hellen

Blattgrün und einem mittleren Blau, aus dem einige Kraftpunkte in einem sanften Weiß hervorstrahlen. Es besitzt sechzehn „Blütenblätter" und öffnet sich nur vollständig, wenn das Individuum geschützt ist und als Durchlassgefäß für höhere Frequenzen wirkt. Sänger, Redner, Lehrer und Menschen mit beratender Funktion besitzen ein erweitertes Zentrum. Scheue, ängstliche Menschen, die ihre wahren Überzeugungen und Gefühle nicht auszudrücken wagen, besitzen kleine Kehlkopf-Zentren. Nervöse Menschen, die zu viel und zu rasch reden, schaden diesem Chakra aufgrund der nervlichen Überbelastung. Sie müssen ruhiger werden und Raum für Stille schaffen, um es zu heilen.

Unser sechstes Zentrum – das Stirn-Chakra – sitzt unmittelbar über den physischen Augen. Seine Farben sind Rosa und Violett. Das Rad besitzt sechsundneunzig Speichen. Erst wenn sich das *dritte Auge* zu öffnen beginnt, erstrahlt dieses Chakra in seiner ganzen Farbenpracht. Die Aufnahme höherer Lichtfrequenzen durch die über dem Nabel-Zentrum gelegenen Chakras vermittelt Eindrücke von den Wirklichkeiten höherer Seinsebenen. Vom Herz-Chakra an aufwärts beleben uns Energien, die jenseits des ursprünglichen Lebensstromes, der Kundalini und der Sonnenenergien liegen. Dieses sechste Zentrum verfügt über die Macht der Vergrößerung. Auf diese Weise vermag man in das Herz einer Blume oder sogar eines Atoms zu blicken.

Das siebte Zentrum, das Scheitel-Chakra mit seinen neunhundertsechzig Kraftlinien, leuchtet gelb- und orchideefarben. Einen besonders schönen Anblick bietet es bei der Initiation, da es einer Krone gleicht. Nach der Einweihung nimmt es wieder seine übliche Form an. Aufgrund seiner fortwährenden Aktivität ermöglicht es uns, während des Schlafes und nach dem Tod unseren Körper zu verlassen. Auf einer hohen Entwicklungsstufe werden wir den physischen Körper bewusst verlassen können, um uns in höhere Regionen zu begeben. Zuerst jedoch müssen wir lernen, unseren irdischen Körper und alle Chakras zu schützen, damit wir sicher in unsere äußere Hülle zurückkehren und niemand aus den inneren Welten sie während unserer Abwesenheit besetzen kann.

Die beiden ersten Zentren üben einen physiologischen Einfluss aus. Das Nabel- und das Herz-Zentrum reagieren auf unsere

Gefühle. Unser wahres Selbst, unsere Seele, wirkt auf die drei höchsten Chakras ein. Hier findet die Verbindung zwischen den niederen und den höheren Dimensionen statt. Es sind diese Kraftfelder, die unser gesamtes siebenfältiges Sein aufrechterhalten.

Unsere verschiedenen Interessen und Wünsche bewirken oft die Ausdehnung des einen oder anderen Chakras. Um ein Zentrum zu verlangsamen oder zu beschleunigen, legen wir die linke Hand auf das Chakra, das der Stärkung bedarf. Unsere rechte Hand sollte mit nach vorne zeigender Innenfläche hochgehalten werden, während wir sprechen: „In Christi Namen bitte ich, dass mein Solarplexus-Zentrum sich beruhige, damit mich die aufregenden Schwingungen nicht beeinträchtigen." Schlägt das physische Herz zu rasch oder zu langsam, bitten wir um Normalisierung des Herzschlages. Es wäre unklug, eine verfrühte Öffnung des *dritten Auges* zu erbitten. Die geistige Entwicklung erfordert Charakter, Selbstdisziplin und Selbstbeherrschung. Ein spirituelles Leben zu leben, lässt diese drei Chakras erwachen.

Nur eine stufenweise Läuterung und Entfaltung vermögen jene „Tore" sicher zu aktivieren. Sie müssen geschützt werden, damit weder Hypnose noch Trance oder gewaltsame Umstände Schaden anzurichten vermögen.

Jedes Land dieser Welt besitzt sein Haupt- und sein Herz-Chakra. Global gesehen, wird der Mt. Everest vom Kronen-Chakra des Planetarischen Logos überschattet. Da es an diesem Punkt unserer Evolution nicht weise wäre, andere planetarische Zentren zu kennen, wissen nur wenige darum.

Atomare Intelligenzen

Jeder unserer sieben Körper besitzt Billionen elementarer oder atomarer Intelligenzen. Je höher die Energie eines Trägers, desto fortgeschrittener diese atomaren Intelligenzen, die sehr empfindsam darauf reagieren, ob wir sie vernachlässigen oder ihnen Beachtung schenken. Angesichts ihrer bedeutenden Rolle im Hinblick auf unsere Gesundheit und unser Wohlbefinden sollten wir ihnen unsere Aufmerksamkeit schenken.

In der Bibel heißt es, dass wir ehrfurchtgebietend und wundersam erschaffen sind. Jene erhabenen Elohim, die zur Formgebung der menschlichen Körper beitrugen, bestimmten die atomare Konstitution eines jeden Körpers, vom leuchtenden Gottesaspekt bis hinunter zum physischen Träger. Die funkelnd weißen Lichtenergien der Adonai-Welt steuern die Atome und gestalten das Miniaturuniversum. Der Seelenkörper erstrahlt in einem wunderschönen goldenen Licht. Seine Atome sind im Laufe von Äonen durch Individuen, die wohl von anderen Planeten stammten, entwickelt worden, indem sie physische Substanz auf die Bewusstseinshöhe der Seelenebene erhoben.

Diese infinitesimal winzigen Energiekörnchen drehen sich wie Sterne und bilden die Bausteine unseres gesamten Seins. Wir wollen uns diese elementaren Generatoren des Lebens bewusst machen, sie visualisieren und segnen und den Myriaden atomarer Intelligenzen unser tiefes Vertrauen in ihre Macht entgegenbringen, um uns zu erheben und das Fundament für unseren Entwicklungsprozess zu legen.

Bewusst veranlassen wir die Atome unseres Mentalkörpers, aufwärts zu blicken, und fühlen, wie das reine Seelenlicht auf jedes einzelne Atom einwirkt. Liebevoll bitten wir ihn, friedlich und für das Göttliche Licht empfänglich zu arbeiten. Zum Zwecke eines gesteigerten Erinnerungsvermögens, vermehrten Wissens und einer erhöhten Intelligenz sollten wir diesen Körper intuitiv überwachen.

In gleicher Weise bitten wir, das geistige Licht möge die atomaren Intelligenzen unseres Emotional- oder Astralkörpers erhellen. Dieser Träger widersetzt sich dem Geist besonders hartnäckig. Liebevoll lassen wir das Licht des Geistes über die unzähligen atomaren Intelligenzen gleiten und befehlen ihnen, ihren kindischen, instinktiven Reaktionen Einhalt zu gebieten. Wir müssen solche Emotionen umpolen und in ihnen die Sehnsucht nach Gelassenheit entfachen, die von allem Schönen und Noblen ausgeht. Wir segnen die atomaren Leben des Astralkörpers, denn sie ermöglichen es den meisten Menschen, während der Nacht die inneren Welten zu betreten.

Nun konzentrieren wir das geistige Licht auf die nebulöse Form des Ätherkörpers. Von allen sieben Körpern reagiert er am stärksten auf positive oder negative Kräfte, die ihn mit ihrer Einflussnahme rasch beunruhigen. Dem hellseherischen Blick offenbart er sich normalerweise als wirbelnde, rosafarbene Elektrofelder, deren Kraftlinien nach unten weisen, wenn sie Energie freisetzen. Wir fühlen die Seele Ströme der Liebe über die Ätheratome ergießen und visualisieren Billionen von Intelligenzen konstruktiv darauf reagieren und ihre Energiewirbel aufwärts richten, was eine augenblickliche körperliche Leichtigkeit herbeiführt und die Atome mit ihren Quellen der Erneuerung verbindet. In diesem Moment sollten wir das geistige Blau des Prana intonieren, damit diese spezielle Energie neues Leben anregt.

Abrupte Geschwindigkeitsveränderungen oder ein plötzlicher Stimmungswechsel beeinträchtigen die empfindsamen Ätheratome stark. Der unvermittelte Wechsel von Freude und Bewunderung zu Ungeduld und Aggression bewirkt, dass die Atome keine Energie mehr ausstrahlen und ihre Wirbelbewegung abwärts weist. Leider können sie in einer solchen Position nicht neu belebt werden. Es bedarf der bewussten Aufrichtung ihrer Energieströme. Sobald dieser Zustand durch konzentriertes Gebet und intensive Visualisation erreicht wurde, stellt sich der normale Energiefluss der Ätheratome wieder ein.

In gleicher Weise leiten wir das Göttliche Licht von dem innewohnenden Geist durch den Befehl und die Aufmerksamkeit der Seele in den physischen Körper. Lenken wir unser Augenmerk auf die irdische Dimension, sollten wir unbedingt das dritte Chakra, unser unterbewusstes Gehirn, beachten, weil sich dieses Chakra besonders aufnahmebereit für eine positive Aktivierung zeigt. Da die Vitalitätsströme in unserem körperlichen Organismus entweder auf- oder abwärts fließen, obliegt es diesem Zentrum, das die Folgen überwacht und auf unser Eingreifen besonders empfänglich reagiert. Wir müssen lernen, mit unserem körperlichen Unterbewusstsein liebevoll, aber bestimmt zu reden, um seinen augenblicklichen Gehorsam zu gewinnen. Ein Meister gab den Rat: „Wer die Atome irgendeines bestimmten Bereiches zu lenken vermag, besitzt die Fähigkeit, das Leben zu lenken."

Beginnend mit der Kopfregion, visualisieren und segnen wir die Myriaden von Atomen, die unseren Kopf bilden, den Schädel ebenso wie die darin liegende Materie. Konzentriere das

Licht auf den Kehlkopf. Nenne die Intelligenzen, welche die einzelnen Körperteile formen, beim Namen, besonders wenn ein bestimmtes Element der Aufmerksamkeit bedarf. Besteht beispielsweise eine Anomalität der Schilddrüse, bitte diese Atome, zu ihrer ursprünglichen Funktionsweise und Vitalität zurückzukehren, die der erhabene Schöpfer vorgesehen hat. Arbeite dich langsam durch den gesamten Körper und lenke deine Aufmerksamkeit auf jeden Bereich, einschließlich der linken und rechten Körperseite. Nenne die einzelnen Organe oder Körperteile beim Namen und bitte sie, der von Gott beabsichtigten Form und Funktion nachzukommen. Konzentriere dich besonders stark auf Schwachstellen.

Wir führen uns diese wunderbaren atomaren Intelligenzen vor Augen und bitten sie, Zeitlosigkeit auszustrahlen. Ihnen ist die Fähigkeit gegeben, aus eigenem Antrieb Sonnenenergien aufzunehmen. Um sie lenken zu können, sollte man die besondere Natur der drei elektrischen Ringe kennen, die jedes einzelne Atom umkreisen. Nur wenn diese Kraftbänder rhythmisch zusammenwirken, wird sich die in jedem dieser Ringe eingeschlossene Intelligenz regen und Einfluss auf seine Miniaturwelt nehmen.

Das innerste Band eines Atoms ist das sogenannte *Edam-Feld*. Es enthält das Gedächtnis der Natur und speichert die Erfahrungen, die ein Individuum während zahlreicher Leben gemacht hat. Um sich von den Rückständen negativer Impressionen, die sich im Laufe der Jahrhunderte unweigerlich angesammelt haben, zu befreien, achte man sorgsam darauf, dass dieser Energiering fortlaufend konstruktive Eindrücke anhäuft, um das gesamte Atom schließlich mit freudigen und positiven Energien anzureichern. Es wird eine Zeit kommen, in der die Kraft dieser wohltuenden, durch unsere bewussten Entscheidungen gewählten Energien alle dunklen und negativen Faktoren befreit und transformiert. Ist dies erreicht, werden uns die Kräfte der Vergangenheit nicht länger beeinflussen.

Das mittlere Energieband, das sogenannte *Poreas-Feld*, bedarf äußerster Sorgfalt und Aufmerksamkeit. Ungute Gedanken und Gefühle sowie eine unpassende Lebensweise beeinträchtigen diesen Ring und stören seinen Rhythmus, was dazu führen kann, dass er sich im entgegengesetzten Uhrzeigersinn dreht oder schwächelt. Seine Vernachlässigung bedeutet den langsamen Zerfall des gesamten Atoms, was zu Krankheit und dem allmählichen Stillstand des Lebens führen kann. Das mittlere Band birgt die Gestalt unseres physischen Körpers und setzt fortlaufend Energie frei, welche die Erbeinheiten prägt. Es übt einen ständigen Einfluss auf die zu entfaltenden Erbfaktoren aus.

Eltern, die ihren Kindern keine Ähnlichkeiten übertragen können, fehlt es an starken Genen, was an der unzureichenden Rotation und Schwäche des Poreas-Ringes liegt. Wird er von jeglicher Reibung befreit und zur Aufnahme positiver Gesundheitskräfte motiviert, dann wird dieser Ring eine starke Vitalität und die besten familiären Erbfaktoren bewahren.

Den dritten und äußeren Rand bildet der sogenannte *Orium-Ring*. Dieses leuchtende Band umkreist die Welt jedes einzelnen Atoms. Vergleichbar mit der physischen Sonne, bewegt es sich mit ungeheurer Geschwindigkeit und erzeugt Leben. Seine Aufgabe besteht darin, die lebenspendenden Energien aus dem Atomzentrum auszustrahlen. Beim Orium-Ring handelt es sich um das empfindsamste Band, das den größten Strahlungsradius aufweist. Es besitzt die Kraft, einen Körper zu veranlassen, sich vollständig neu zum Ausdruck zu bringen und zu entfalten.

Die Atomringe bilden die Kräfte, aufgrund derer die Akasha-Chronik ihre Daten speichert. Wenn jeder Körper sein Leben beendet hat, werden alle von den Ringen gesammelten atomaren Energien auf die Akasha-Chronik übertragen. Wir müssen lernen, den atomaren Intelligenzen zu gebieten, rhythmisch zu arbeiten, indem jedes Band, das Atom aurisch umkreisend, starke elektrische Energien freisetzt.

Ein weiterer Aspekt der atomaren Heilbehandlung mag während der regulären Meditations- oder Gebetsperiode erfolgen. Beginnend mit der Gottes-Flamme, heißen wir das Göttliche Licht in jedem unserer sieben Körper willkommen. Nach einem Augenblick der Betrachtung sehen wir es in unserem Gott-Selbst aufstrahlen und in die Adonai-Welt strömen, die wir beim Namen nennen und als den Körper erkennen, der das Gotteslicht trägt und weiterleitet. Als Nächstes sehen wir das Licht in den Seelenkörper und anschließend nach und nach in die übrigen vier Körper fließen und die Billionen von Atome, die jeder

Träger enthält, reinigen, erneuern und stärken. Im Laufe dieser Behandlung lenken wir die Atome in neue Entwicklungsmuster, ehe wir uns den Ringen selbst zuwenden. Wir konzentrieren uns auf diese lebendigen Energiebänder und bitten um die gleichzeitige Läuterung aller drei Ringe in allen unseren Körpern. Zum Abschluss sprechen wir: *Möge das Gotteslicht in das Herz eines jeden Atoms dringen und es zu einem glühenden Zentrum, einer wahren Sonne, werden lassen. Möge sich mein Körper auf jeder Ausdrucksebene aus Licht zusammensetzen, das aus den unzähligen Sonnen in mir hervorquillt.*

6

Die inneren Welten

Wir alle sind von einem größeren Leben umfangen, dessen wir uns letztendlich bewusst werden müssen. Dieses umfassende Leben ist hier! Es befindet sich nicht irgendwo da draußen. Es ist hier, in uns. Die meisten Menschen begreifen, dass der Tod sie in die ewige Welt entlässt und sie sich auf die Göttliche Wirklichkeit einschwingen. Aber man muss nicht auf diesen Zeitpunkt warten, um von jenen wunderbaren Höhen und Dimensionen zu wissen, die wir bewusst erleben werden. Jeder, der bereit ist, den schmalen Grat hingebungsvoll zu beschreiten, vermag sich mit den höheren Ebenen in Verbindung zu setzen, um von ihren Kräften beseelt zu werden.

Das Wissen um diese höheren Welten birgt einen großen Segen. Ihnen entspringt das Leben. Sein Ursprung liegt in dem für unseren äußeren Blick unsichtbaren göttlichen Urquell. Die Wissenschaft hat vieles vermocht: Das Leben zu verlängern, es zu heilen, sogar es zu vervielfältigen – aber niemals, das Leben zu *erschaffen*. Es entströmt den inneren Sphären. Aus diesem Grund sollten wir unsere Gedanken oft auf Gott richten, damit die Lebensströme gereinigt und beschleunigt werden können.

Nur ein winziger Bruchteil des Menschen ist in dieser Dimension sichtbar. Der weitaus größte Teil bleibt dem irdischen Blick verborgen; aber wir sollten unser gesamtes Sein in Betracht ziehen. Alles Großartige, Wesentliche und Nutzbringende entspringt den inneren Welten, von denen Weise, Mystiker und Seher seit jeher gesprochen haben. Es manifestiert sich über das Gehirn eines aufnahmefähigen Menschen auf der physischen Ebene. Aus diesem Grunde sollten wir uns diesen Reichen häufiger zuwenden.

Wir glauben an ein immerwährendes Leben, das sich innerhalb und außerhalb des Körpers zum Ausdruck bringt. Die physische Form dient dem sie belebenden innewohnenden Geist als Instrument. Nach dem Verlassen unserer irdischen Hülle werden wir uns in zunehmend feinstofflicheren, leuchtenderen und schöneren Formen bewegen. Auf diesen höheren Bewusstseinsebenen besitzen wir Fähigkeiten, die in dieser Dimension nicht zum Tragen kommen.

Der Tod führt den Menschen, der in der ewigen Welt beheimatet ist, an die Schwelle eines höheren Seins, das die irdische Existenz, aus der wir das Beste machen sollten, in allen Aspekten weit übertrifft. Unserer Lebensführung entsprechend, werden wir auf eine höhere Ebene zurückgeschickt werden oder müssen das, was wir nicht gelernt haben, wiederholen.

Erfahrung nach dem Tode

Der Tod durch Unfall, Selbstmord, Explosion oder Krieg erschüttert nicht nur den physischen Körper, sondern ebenso den astralen. Nach einer gewissen Zeit finden die Astralatome zu ihrer Ordnung zurück, doch bis dahin ist sich das betroffene Individuum seiner neuen Umgebung völlig unbewusst. Stellt sich der Tod auf natürlichem, nicht gewaltsamem Wege ein, wird das Silberband, die elektrische Verbindung zwischen den höheren Körpern und dem irdischen Träger, von einem Erzengel, dessen strahlende Schönheit unser irdisches Fassungsvermögen übersteigt, durchtrennt. Die inneren Welten heißen den Menschen mir einer unvorstellbaren Liebe und tiefem Mitgefühl willkommen.

Neben den dienenden Engeln gibt es unsichtbare Helfer. Es sind Menschenwesen, die dem Neuankömmling ein Gefühl von Vertrauen, Liebe, Eifer und Erwachen vermitteln. Ihr Wunsch, jenen beizustehen, die sich in der gleichen Lage befinden, die sie selbst einst durchlebten, als sie die Erde verließen, lässt sie in dieser Weise dienen. Sie möchten die Seele auf das ihr Bevorstehende vorbereiten. Eine ältere Seele wird zum Zeitpunkt des Todes von ihrem Schutzengel und bisweilen einem Befürworter, in den meisten Fällen einem hohen Eingeweihten, empfangen. Ein Meister begibt sich nicht an die Schwelle zur Astralwelt.

Handelt es sich um irdische Katastrophen, bei denen eine große Anzahl von Menschen stirbt, werden Helfer an die Grenze zwischen der äußeren Welt und den inneren Dimensionen beordert, um die Seelen bei ihrem Übergang zu unterstützen. Diese dienenden Seelen aus den Reihen der Engel und der Menschen, die verständnisvolle, mitfühlende Hilfe leisten, gelobten, Menschen, die unter gewaltsamen Umständen von einer Welt in die andere übergingen, zu lenken und zu heilen. Hat jemand Selbstmord begangen oder stirbt eines gewaltsamen Todes, führen sie ihn in ein nach oben hin offenes Sanatorium, nachdem er die inneren Gewässer der Erneuerung und Heilung durchschritten hat. Die in diesem Umfeld stattfindende Behandlung trägt zur Reinigung des Emotional- und Astralkörpers des Neuankömmlings bei. Je selbstloser und weiser der unsichtbare Helfer ist, desto stärker wird seine intuitive Unterweisung dazu beitragen, den Betreffenden zu heilen.

Stirbt ein Kind, wird ihm eine Pflegemutter zur Seite gestellt. Mütterliche Frauen nehmen einige Kinder in ihre Obhut. Diese Seelen, die als Kinder die andere Seite betreten, besitzen junge Astralkörper und neue Mentalhüllen, die entwickelt werden müssen. Verwandte und Freunde werden sie häufig besuchen, aber sie bleiben in der Obhut einer geistigen Mutter, bis sich ihre Körper entfaltet haben.

Das Leben auf der Astralebene gestaltet sich leuchtender als auf der irdischen. In dieser vierdimensionalen Welt blicken wir durch Gegenstände hindurch und sehen sie von allen Seiten. Sie besitzt sieben Abstufungen. Die unterste Stufe, die Welt des Verlangens, wird nach ihrem Übergang von Alkoholikern, Kriminellen, Psychopathen und jenen aufgesucht, die von Sinnenlust und Selbstsucht beherrscht wurden. Diese Ebene erscheint ihnen wie eine lebendige Hölle, da ihre Emotionen selten zur Ruhe kommen. Vorurteile, Hass, Gier, irrige Denkweise und der Schmerz, den sie anderen zufügten, lasten schwer auf ihnen, denn sie beginnen, die ungeheure Schuld der Menschheit gegenüber zu erkennen, die sie im Laufe unzähliger Leben abtragen müssen. Obwohl es sich um die unterste Stufe handelt, zeigt sich diese Ebene feinstofflicher als der höchste Erdenbereich.

Das Fegefeuer ist ein Zustand der Läuterung, den alle durchschreiten müssen, um sich von der Erdenschwere, der Last irdischen Anhaftens, weltlicher Sorge und Habgier zu befreien, damit sie die Welten innerer Schönheit und Herrlichkeit betreten können. Für einige bedeutet dies einen momentanen Zustand. Andere benötigen, nach irdischen Zeitmaßstäben, Jahre, um sich von der Schwere falschen Denkens und Fühlens zu befreien.

Wenn jemand zu Ärger, Vorurteil, Hass und anderen negativen Bewusstseinszuständen neigt, wirkt der Astralkörper weitaus abstoßender, als ein von der schlimmsten Krankheit befallener physischer Körper. Die mit solchen Makeln behafteten Individuen sind abscheulich und widerwärtig anzuschauen und strömen einen ekelerregenden Geruch aus, was auf den verzerrten Zustand früherer Sinnenlust, Sucht oder gewalttätiger, mörderischer Gedanken zurückzuführen ist. Die darunter Leidenden werden von jenen, die als ihre Heiler und Freunde wirken, umsorgt. Gerne helfen sie Seelen, die den gleichen Schmerz durchleben, den sie einst kannten. Sie sind von einem elektrischen Feld umgeben, das sie isoliert, damit der disharmonische oder destruktive Geist ihnen nichts anzuhaben vermag. Sie bewerten nicht, nehmen aber ihre Aufgabe sehr ernst und konfrontieren die abtrünnigen Individuen immer wieder aufs Neue und weisen sie auf ihre Fehler hin.

Die nächste Stufe der Astralwelt ist die sogenannte Reflexionsebene. Sie beherbergt eine getreue Nachbildung all dessen, was auf der Erde existiert und irgendeinen Wert besitzt. Erdgebundene, von Materialismus, Skepsis und atheistischen Vorstellungen geprägte Personen zieht es nach ihrem Tode in diese Region, da sie dort eine ähnliche, ihnen vertraute Szenerie vorfinden, obwohl leuchtender, lieblicher und transparenter. Sie setzen ihre gesellschaftlichen Funktionen fort und widmen sich den gleichen Tätigkeiten wie auf der Erde, bis sie diesem Interessenbereich entwachsen sind.

Die meisten Individuen erwachen auf der dritten Ebene der Astralwelt, die sich von besonderer Schönheit zeigt. Die Gegenstände erscheinen in einem anderen Licht als auf der Erde, sind aber noch erkennbar.

Die vierte Ebene, das sogenannte *schöpferische Reich*, heißt die fortgeschrittenen Seelen willkommen. Auf diese Ebene werden wir zurückkehren, wenn wir bereit sind, die inneren Welten zu verlassen und uns auf eine erneute Inkarnation vorzubereiten. Hier bauen wir einen starken neuen Astralkörper auf und lernen die notwendigen Lektionen, die der Geburt vorausgehen.

Die Schönheit der drei höheren Ebenen der Astralwelt lässt sich mit irdischen Worten nicht beschreiben. Bevor wir, lange nach dem Tode, in die fünfte Dimension aufsteigen, durchwandern wir alle Stufen.

Abgesehen von der sechsten und siebten Ebene, gibt es auf jeder Ebene der Astralwelt drei „Seen", die der Läuterung und Erneuerung dienen. Sie bestehen nicht aus Wasser, sondern aus elektrischen Elementen.

Die Engel, die das Individuum nach dem Tode über die Schwelle tragen, bringen es zum *See der Läuterung*, ehe es sich der neuen Welt vollkommen bewusst wird. Im Allgemeinen befindet sich der Verstorbene dabei in einer Art Schlummerzustand. Nur die geistig erwachten Individuen sind sich einer Erhebung bewusst, die nicht durch physische Kraft, sondern durch den erhabenen *Engel des Todes* erfolgt, der sie durch die Seen führt. Wer in diesen See hineinwatet oder in seinen Wassern erwacht, verspürt zuerst ein durchdringendes Prickeln, da die aufgeladenen Elemente seine Seelenkräfte beleben. Die positive Polarität dieser reinigenden Quelle befreit den Astralkörper von seinen Spannungen und negativen Strömungen. Jemand, der in die läuternden Wasser eintaucht, erkennt seine Freiheit und wird sich seiner neuen Identität bewusst. Danach wird der Verstorbene zum *See des Friedens* geleitet, der in einem noch strahlenderen Blauton leuchtet als das vorangegangene Gewässer. Die *Engel des Übergangs* weisen die erneut zurückgekehrte Seele an, in diesen Energien zu baden.

Ein dritter See, der sogenannte *See der Erneuerung*, besitzt eine blaugrüne Ausstrahlung und die Fähigkeit, bestimmte Frequenzen der geistigen Sonne aufzunehmen. Durch dieses Gewässer vermag ein Individuum die Verbindung zur Quelle immerwährender Energie aufzunehmen. Manche Seelen versuchen, in diesen Seen zu schwimmen oder dahinzugleiten, bis sie erkennen, dass es sich nicht um Wasser, sondern um ein Reservoir läuternder Energien handelt.

Nach der Erneuerung des Astralkörpers blickt der Einzelne

auf die wesentlichen Aspekte des hinter ihm liegenden Lebens zurück. Der für ihn verantwortliche Kindel-Erzengel überprüft die Aufzeichnung seines Erdendaseins und macht ihn auf seine Schwächen, Fehler und Misserfolge aufmerksam. Ein prüfender Blick dieses erhabenen Erzengels konfrontiert ihn mit allen seinen halbherzigen und falschen Verhaltensweisen. Seine Beschämung wirkt läuternd, und er gelobt, beim nächsten Mal überlegter zu handeln. Der Kindel-Erzengel äußert niemals herbe Kritik. Voller Verständnis und Liebe macht er deutlich, die nächste Inkarnation besser zu nutzen. Diese Rückschau währt so lange, bis die Seele angewiesen wird, an der ihm zu Ehren abgehaltenen Gedenkfeier teilzunehmen.

Der Hinübergegangene ist dazu verpflichtet, die Gedanken und Gefühle der Anwesenden zu beobachten. In der inneren Welt wohnen auch sein Schutzengel und die bereits verstorbenen Verwandten und Freunde der Andacht bei. Seiner Familie, die um ihn trauert, als wäre er nicht mehr existent, gegenübertreten zu müssen, erfordert Mut. Glaubt diese an ein Leben nach dem Tode, unterstützt und bestärkt sie die Gefühle des hinübergegangenen Mitgliedes.

Schließlich wird das Individuum wieder mit seinen Freunden und Angehörigen vereint sein, die ihm in die innere Welt vorausgingen. Diese Periode des *Jubels* mag eine Zeit lang anhalten. Diejenigen, die sich zur Begrüßung der neuerlich zurückgekehrten Seele einfinden möchten, werden telepathisch von ihrer Ankunft informiert. Nach dem Übergang in die inneren Dimensionen wird die Ähnlichkeit mit dem physischen Körper noch eine Weile erhalten bleiben, gleicht sich aber nach und nach dem Aussehen der Seele an. Wesen, die sich lange nicht gesehen haben, erkennen sich daher nicht an ihrer Erscheinungsform, sondern an ihren Handlungen und individuellen Seelenschwingungen. Eine dem Neuankömmling nahestehende Seele wird ihm helfen, sich in der Welt, in die er erneut eingetreten ist, zurechtzufinden.

Was seine Begegnungen betrifft, mag er zunächst Bilder und dunkle Schatten wahrnehmen, die sich zwischen ihn und seinem Gegenüber drängen. Diese Astralgebilde wurden in seiner verzerrten, unwahren oder übertriebenen Betrachtungsweise jener, die ihn einst umgaben, von ihm erschaffen. Sie lassen sich mit armselig geformten Masken oder moosähnlichen Schöpfungen vergleichen. Allmählich beginnt er aus seinem Inneren heraus zu begreifen, dass es sich dabei um fälschliche Annahmen und Vorurteile handelt, die er einst gehegt hat. Die erste Lektion des Neuankömmlings besteht in dem allmählichen aufrichtigen und vorurteilsfreien Bemühen, die anderen so zu sehen, wie sie in Wirklichkeit sind.

Es erfasst ihn ein ehrfurchtsvolles Staunen über die Schönheit und leuchtende Klarheit geliebter Personen und Gedanken. Sich in den inneren Welten aufzuhalten, bedeutet für die heimgekehrte Seele eine erneuernde, belebende, transformierende und inspirierende Erfahrung. Sie muss sich nur umschauen, und sie wird überall Schönheit erblicken. Sie atmet die erfrischende Lichtenergie ein, die mit nichts auf der Erde vergleichbar ist.

Der Tod befreit von vergänglichen Formen. Man wird mit neuen, dauerhaften Körpern ausgestattet, die den Anforderungen der höheren Dimensionen genügen. Niemand blickt über den Bewusstseinszustand hinaus, den er während seiner physischen Existenz besaß. Man mag Bereiche aufsuchen, die unterhalb der Ebene liegen, auf der man sich befindet, aber niemals höhere, bevor nicht das Bewusstsein angehoben und geläutert wurde. Die Fortbewegungsmöglichkeiten sind mentaler Natur. Man scheint durch die Atmosphäre zu gleiten. Je stärker die Gedankenkraft, desto rascher wird das erwünschte Ziel erreicht. Die großen Eingeweihten, Meister und Adepten, in deren Obhut die Menschheitsevolution steht, besitzen die Fähigkeit, sich in Sekundenschnelle an Orte zu begeben, an denen sie wirken wollen. Sie konzentrieren sich auf das jeweilige Mentalbild und werden augenblicklich dorthin transportiert.

Die Erkenntnis, dass Gedanken alles, was man sich wünscht, zu erschaffen vermögen, wirkt beglückend. Nahrungsmittel erübrigen sich, sind in der Vorstellung aber so lange erlaubt, bis sich ihr Reiz verliert. Die Energie der Atmosphäre wirkt nährend, da man das jederzeit belebende Licht einatmet. Der sie begleitende Helfer zeigt der Seele interessante Orte, bis sie sich eine eigene Bleibe ersehnt. Nachdem er sie gelehrt hat, mittels mentaler und emotionaler Kraft einen Entwurf zu zeichnen und ein Heim zu schaffen, zieht er sich aus der Vormundschaft zurück. Man kann in Städten leben, auf dem Land oder in einem anderen Umfeld. Manche benötigen eine Weile, bis sie ihre Bleibe gestaltet haben, da ihre Meditations- und Visualisationsfähigkeiten nicht genügend entwickelt sind. In den inneren Welten geschieht alles aufgrund von Gedanken und Wünschen.

Auf allen Ebenen der inneren Sphären gibt es Schulen. Ihren jeweiligen Bedürfnissen entsprechend, dürfen diejenigen, die gerade aus dem physischen Leben in die höheren Welten zurückgekehrt sind, diese Lehrstätten, die sogenannten *Hallen des Lernens*, aufsuchen. Die Lehrer, oft Meisterseelen, werden aufgrund ihrer Fähigkeiten und ihrer Leistung ausgesucht. Die Gegenwart eines Meisters oder sein bloßes Erscheinen in einer dieser Hallen erfüllt die Atmosphäre mit einem strahlenden Licht. Für den Geist bedeutet es ein Freudenfest. Die einzelnen Gruppen werden darin unterwiesen, ihre Fähigkeiten zu entwickeln und spezielle Kenntnisse zu erwerben. Manche lernen, eine Woge des Friedens auszusenden, deren Einfluss sich auf die Bewohner der unteren Ebenen auswirkt. Man kann jeden Unterricht besuchen, an dem man ernsthaft interessiert ist. Je weiter man in den höheren Welten voranschreitet, desto lieblicher und edler ertönt die Musik und desto strahlender werden die Farben.

Die Mentalwelt

Sobald die Lektionen der Astralwelt gelernt wurden, wird der Astralkörper abgestreift. Seine zunehmende Transparenz lässt die Schönheit des Mentalkörpers hindurchschimmern. Ein ENGEL DES TODES berührt das Scheitel-Chakra der Seele. Die Astralhülle gleitet ab und löst sich in Licht auf. In diesem Moment empfindet die Seele ähnlich wie beim erneuten Eintritt in die Astralwelt. Auch in dieser Dimension durchschreitet sie drei Seen unterschiedlicher Färbung, einen blauen, einen weißen und einen goldenen. Die Seen dienen der Gedankenläuterung und Entspannung.

Worte vermögen diese Sphäre nicht zu beschreiben. Die strahlend hellen, von einer zarten, wundervollen Musik begleiteten

Pastelltöne dieser Dimension sind der Astralwelt fremd. Der Übergang von einer Ebene in die nächste schenkt ein Gefühl ungekannter Freiheit und erfüllt mit tiefem Frieden.

Im Gegensatz zur Astralebene bedarf eine in der Mentalwelt weilende Seele keiner Begleitung. Sie findet alleine ihren Weg durch die weiten strahlenden Regionen, die ihre Abenteuerlust und ihren Entdeckungsdrang anregen. Begegnungen mit Familienmitgliedern und Freunden, die ihr vorausgingen, unterscheiden sich deutlich von jenen in der vierten Dimension. Die Emotionen schweigen, während die Gedanken aktiv sind und sich die Frage erheben mag, welche gemeinsamen Lektionen zu lernen gewesen waren. Die Überlegungen, unsere Idealvorstellung, die wir von uns selbst hegen, zu verwirklichen, nehmen den größten Zeitraum auf den inneren Dimensionen in Anspruch.

Man sollte möglichst viel über sich selbst erfahren. In den *Hallen der Weisheit*, die sich auf der fünften Dimension befinden, unterweisen hochentwickelte Lehrer jede Seele einzeln. Der gesamte Unterricht findet auf telepathischem Wege statt. Der Schüler erfährt so viel über Plan, Zweck und Ziel des Lebens, wie er aufzunehmen vermag. Man weist ihn auf die Bedeutung hin, den Mentalkörper zu beherrschen, beginnend mit der Konzentration. Der Fortschritt erfolgt nur langsam, da sich die Schulung in der Mentalwelt recht schwierig gestaltet. Unterrichten Meister, wird die Intelligenz auf neuen Seinsebenen angeregt.

In den meisten Fällen sind die Individuen nicht in der Lage, eine bestimmte mentale Entwicklungsstufe zu überschreiten und werden auf ihre Rückkehr zur Erde vorbereitet. Die Seelen streifen ihren Mentalkörper ab und betreten die *Hallen der Betrachtung* auf der ersten Stufe der Kausalebene. Obgleich ein ENGEL DES SCHICKSALS, der den Fortschritt ihrer Entwicklung überwacht, sie anspricht, durchleben sie dieses Stadium im Schlummer.

Fortgeschrittene Seelen erreichen die vierte Ebene der Mentalwelt, die zum Devachan führt. Dort verweilen sie so lange, bis sie ausreichend unterwiesen wurden und den Wunsch nach einer erneuten Inkarnation auf der Erde verspüren, an die sie noch gebunden sind, um bestimmte Erfahrungen zu sammeln. Haben sie an irgendeinem Punkt im Leben versagt, müssen sie zurückkehren, um die Angelegenheit richtigzustellen. Nur diejenigen, die eine bemerkenswerte Integrität und Reinheit erlangt haben, können voranschreiten.

Die *Engel des Schicksals* dokumentieren den Werdegang eines Individuums. In der Akasha-Chronik ist jede Entwicklungsstufe vermerkt. Ein goldener Nebel umhüllt diese Aufzeichnungen, die sich auf der vierten Ebene der Mentalwelt befinden und von den sogenannten *Towanel-Erzengeln* bewacht werden. Sie verweigern jedem den Zutritt, der sich ihnen aus Neugier, Egoismus oder Ungeduld nähert. Man findet nur Zugang zu ihnen, wenn ein triftiger Grund vorliegt. Besteht die Notwendigkeit, etwas über die Vergangenheit zu erfahren, erscheinen von den *permanenten Atomen* geschaffene Bilder. Ein Meister, der nach einer qualifizierten, auf der Erde weilenden Person sucht, mag die Aufzeichnungen über alle dafür infrage kommenden Individuen lesen und ihre Schwächen studieren, die das spezielle Werk gefährden könnten.

Der Mentalkörper einer fortgeschrittenen Seele wird zerfallen, und sie kann bewusst die erste Ebene der Kausalwelt, das *Feld der Vorbereitung,* betreten. In ihrem unsterblichen Seelenkörper fühlt sie sich zu Hause. Auf Geheiß des Kindel-Erzengels entscheidet sie sich für bestimmte karmische Lasten, die der Erzengel bei der Vorbereitung ihres Lebensgrundrisses für die kommende Inkarnation mit einbezieht. Liebevoll stehen die erhabenen Wesen der sich erneut inkarnierenden Seele zur Seite. Es wird eine Nation ausgesucht, die ihren Bedürfnissen am ehesten entspricht. Die Seele inkarniert sich in ein Umfeld, das nicht unbedingt ihren Wünschen entsprechen mag, aber ihrer höheren Entwicklung dient.

Rückt der Zeitpunkt der Inkarnation näher, wird das aus Mentalessenz bestehende Lebensdiagramm in die Herzregion des Mentalkörpers gelegt. In den meisten Fällen setzen sich die Muster aus positivem und negativem Karma zusammen. Man spricht auch von *geschlossenen* oder *gefüllten Schlüsselperioden*, da sie die Seele vor Aufgaben stellen, die erneut bearbeitet werden müssen. Andererseits kann es sich auch um Möglichkeiten handeln, die verdient wurden und die Entwicklung fördern. Während sich das Diagramm unaufhörlich dreht, entstehen die selbst herbeigeführten Lebensbedingungen. Auffallend sind gewisse *Löcher* oder *offene Schlüsselperioden*. Sie werden in das Diagramm als Freiräume mit eingewoben, um neue Richtungen, innere Veränderungen oder erneute Gelegenheiten zu geistigem Wachstum zu ermöglichen. Als Mensch empfindet man solche *offenen Schlüsselperioden* als schwierig, wohingegen die Seele sie begrüßt, da sie das Wachstum beschleunigen können. In diesem Zeitraum gibt es keine schicksalhaften Einwirkungen, nur das, was aufgrund eigener Handlungen, Reaktionen oder Entscheidungen verursacht wird und gleichsam „Schulklassen überspringen" lässt. Die von den *geschlossenen Schlüsselperioden* vorgegebene karmische Schuldenlast kann auf diese Weise rascher abgebaut werden.

Für jede erneute Inkarnation wird ein neuer Mental-, Astral-, Äther- und physischer Körper gebildet. Im Laufe ihres Abstieges erhält die Seele frische Träger, die sich in den einzelnen Dimensionen aus der Projektion der Samenatome, welche die Essenz geeigneter Atome in den inneren Welten anziehen, aufbauen. Die niederen Körper stellen eine Verbesserung der zuletzt verwendeten Form dar. Aus diesem Grund kehrt der Mensch mit größerer Hingabe und dem festen Entschluss zur Erde zurück, das neue Erdendasein besser zu nutzen.

Unter der Führung fortgeschrittener Wesen betritt die Seele erneut die Astralwelt. Den Körper, den sie zum Eintritt in jene Welt aufgebaut hat, wird sie während ihres neuen Lebens beibehalten. Das Wesen, das von einer menschlichen Mutter empfangen werden soll, fällt in einen leichten Schlaf, der es von den herrlichen Welten trennt. Es vergisst die Freuden jener höheren Sphären, während es von Menschen und ihren Sorgen träumt, denen es in der physischen Welt begegnen wird.

Devachan

Das Devachan erstreckt sich von der vierten Ebene der Mental- bis zur ersten Ebene der Kausalwelt. In diesem *Königreich der Engel und Menschen* weilen die Lichtwesen. Auf keiner anderen Ebene gibt es so viele Engel. Die wunderschönen Gedankenformen, die sie aussenden, tragen weitgehend zu der Atmosphäre der inneren Welten bei. Nur fortgeschrittene Seelen betreten diese Lichtwelt, die sie mit unendlicher Freude erfüllt. In inspirierten Momenten können erleuchtete Seelen Verbindung zu ihr aufnehmen, selbst wenn sie in einem physischen Körper weilen. Diese Welt zu berühren bedeutet, von einem unsagbaren Jubel erfasst zu werden, der in seiner belebenden Kraft, Glückseligkeit und Erfüllung erhebend wirkt und die Gedanken läutert.

In dieser Sphäre gibt es ebenfalls Schulen, obgleich eine geringere Anzahl als in der niederen Mental- und Astralwelt. Man lernt eine auf der Erde ungekannte Zielstrebigkeit, eine Belebung intuitiven Schauens und unmittelbaren Wissens. In den großen Tempeln nimmt man die göttlichen Lektionen telepathisch auf. Durch die Betrachtung des Lebens in seiner Gesamtheit löst sich vieles von selbst. Die geringste Erfahrung tritt in Erinnerung. Man erkennt nicht nur jeden Fehltritt im Leben, sondern auch das Gute, das die Nächstenliebe hervorbrachte. Die Entwicklung wird in ihrer ganzen Fülle erfahren. Ein Teil des Reinigungsprozesses besteht in der tiefen Reue angesichts des Versagens und der Fehler, die in der äußeren Welt begangen wurden. Die Seele gewinnt in dem Maße Einblick in die Vergangenheit und Zukunft, wie es die Vorbereitung auf ihre weitere Arbeit und Entfaltung erforderlich macht. In dieser Region verbringt sie die längste Zeit. Erst wenn das Leben gemeistert wurde, vermag sie darüber hinauszuschreiten.

Es wird der Zeitpunkt kommen, in dem die Glückseligkeit und Freude dieser Zwischenwelten die Seele nicht länger zu halten vermögen, da es auf den inneren Ebenen keinen Ort gibt, an dem gewisse Dinge in die Tat umgesetzt werden können. Es bedarf der physischen Gegebenheiten, um durch Krisen und menschliche Prüfungen jene Bewusstseinszustände zu erreichen. Die Seele fühlt sich gedrängt, auszuziehen und erneut zu *handeln* und dieses Mal das menschliche Leben sinnvoller zu gestalten. Die Rückkehr wird nötig, wenn Aufgaben mangelhaft und unvollständig erledigt wurden. Eine Stufe muss abgeschlossen werden, um bereit für die nächst höhere zu sein.

Im Devachan werden wir den Planetarischen Logos und Seine Vorstellung von uns erkennen. Die großen Seelen und Engel sprechen in Farben, die von einem zum anderen sprühen. Der

Inspirationsfluss aus dieser Kausalebene ist jenen zugänglich, die sich ihrer göttlichen Wahrheit und Herrlichkeit bewusst werden.

Innere Kraftzentren

Der esoterisch ausgerichtete Christ begreift, dass es sich bei den sogenannten *Himmeln* um außerordentlich aktive Schwingungsbereiche handelt. Es gibt Kraftzentren, die einem spezifischen Zweck dienen. Diese Regionen sind Reservoire bestimmter Wirkungen, Eigenschaften und Energien, auf die der Weise für konstruktive Vorhaben zurückzugreifen vermag.

Die bekanntesten Zentren sind *Shambhala, Nirvana, Elysium, Arkadien* und *Ebrilium,* das *Paradies,* der *Olymp* und die *Walhalla.* Diese auch im Geistigen räumlich begrenzten Orte dienen, entsprechend den jeweiligen Bedürfnissen der Menschheit, zur energetischen Aufladung und tragen die Verantwortung für das Gelingen der mit der jeweiligen Region verbundenen Bemühungen. *Shambhala* erhebt sich in unmittelbarer Nähe der physischen Welt auf ätherischer Ebene über der Wüste Gobi und bildet die unsichtbare Regierung unseres Planeten. Seine kreativen organisatorischen Frequenzen und die Beziehung zum ersten Strahl machen es zum Zentrum der Macht.

Nirvana, das Zentrum des zweiten Strahls, strömt göttlichen Frieden aus. Jemand, der unter enttäuschter Liebe leidet, wird von den schweigenden Hütern der Menschheit mit dieser Quelle des Friedens verbunden. *Elysium* ist das Zentrum des dritten Strahls, das der Erreichung vollkommenen Verstehens dient. Es strahlt göttliche Weisheit aus und spornt Menschen wie Architekten, Erzieher, Ärzte und Erfinder, die der Menschheit auf humanitärem Wege helfen wollen, an und inspiriert sie. *Arkadien,* das vierte Zentrum, befindet sich auf der ersten Ebene der Kausalwelt. In ihm existieren alle kreativen Bemühungen als ideale Urformen. Es übermittelt seine Gaben all jenen, deren Idealvorstellungen, Talente und Dienste in Zusammenhang mit irgendeiner Kunstform und deren Vergeistigung stehen. *Ebrilium,* das höchst entwickelte Zentrum der Administration und Durchführung auf dem fünften Strahl, dem Strahl der Wissenschaft, kann nur von Erleuchteten betreten werden. Dieses ungeheure Kraftzentrum birgt Ideen, Archetypen und Kräfte, die alle Informationen hinsichtlich der breitgefächerten Wissenschaftszweige beinhaltet. Im *Paradies*, dem Zentrum des sechsten Strahls, finden sich die lebendigen Formen religiöser Lehren und Symbole. Diese Ideen-Kräfte üben eine magnetische Wirkung auf jene aus, die eine derartige Kraft in die Welt hinauszutragen vermögen. Heiler nutzen die stärkenden Frequenzen dieses Umfeldes, die ebenfalls bei geistiger Erneuerung ihren Einsatz finden. Der *Olymp* liegt in der überirdischen Region eines Berges gleichen Namens. Dieses Zentrum verleiht dem Mutigen Stärke. Die Kräfte der gewaltigen Riten werden vom sechsten Strahl beherrscht.

In der *Walhalla* fließen Energien von Menschen und Engeln zusammen, die bei schwerwiegenden körperlichen, emotionalen und mentalen Abnormitäten benötigt werden. Geistige Trägheit lässt sich beheben, wenn man die Seele während der Meditation in Richtung *Paradies* oder *Walhalla* lenkt, um für Augenblicke auf ihre eigene Schwingungsebene zurückzukehren.

Wegen ihrer goldenen Strahlung, zu der sich Individuen hingezogen fühlen, die auf solche Schwingungen eingestimmt sind, wird Shambhala die „Goldene Stadt" genannt. Seit der Geburt des Lebens auf unserem irdischen Planeten bildet sie den geistigen Hauptsitz der unsichtbaren Führung der Menschheit. Die frühen Schirmherren, die den Evolutionsprozess planvoll lenkten, kamen von Planeten, die uns in ihrer Entwicklung weit voraus waren. Für die beiden ersten Lebenswogen entsandte Merkur seine Helfer, um das Wachstum auf unserer Erde zu fördern. Sie wurden die „Söhne des Feuernebels" genannt. Venus unterstützte unseren Planeten von der dritten Lebenswoge an und schickte die meisten Avatare der frühen Zivilisationen, zu denen auch Maitreya gehörte. Der *Erhabene Herrscher*, der Sanat Kumara, der *Herr der Welt*, wacht über Shambhala.

Die innere Regierung besitzt ein Gebäude für jede große Nation der Welt. Das Stadtzentrum beheimatet die grenzüberschreitenden und internationalen Aufgaben der Hierarchie. Die Versammlungsräume jener Adepten, denen die Führung der Nationen obliegt, befinden sich ebenfalls in diesem Bereich.

Außerdem werden hier die einzelnen Schritte zur Anleitung derjenigen besprochen, die der Hierarchie dienen. Diese findet sich in Shambhala ein, um über Angelegenheiten zu entscheiden, die sich auf die Welt auswirken.

Während des Tages hält sich der Christus eine Zeit lang in den *Hallen des Lernens* auf und unterweist die Adepten und die an diesen Ort berufenen eingeweihten Schüler. Es gibt Zeiten, in denen es notwendig wird, Kraftströme aus diesem Zentrum freizusetzen. In solchen Augenblicken ruft der Christus alle Administratoren, die Adepten und Meister, die der Erde dienen, sowie Schüler, Jünger und Eingeweihte in der Haupthalle Shambhalas zusammen. Gewöhnlich steht er auf einem Podium, zu seiner Rechten der Mahachohan, der Herr der Kultur, zu seiner Linken der erhabene Manu, der Herr der Völker und Systeme. Der schweigenden Vereinigung ihrer Willenskraft gehen tiefgründige Diskussionen voraus. In einem von Christus bestimmten Augenblick rufen sie gemeinsam die Kräfte der Archai und Logoi des Engelreiches an.

Jemand, der sich für die geistigen Wirklichkeiten zu interessieren beginnt, steht unter der Beobachtung Shambhalas. Bei seiner ersten Einweihung wird der Schüler bewusst in die heilige Stadt aufgenommen. Sein Urbild findet in einer großen, von den Meistern genutzten Halle seinen Platz, und er gelangt in den Zuständigkeitsbereich eines dieser erhabenen Wesen. In der Aura des Schülers leuchtet der permanente Archetypus des Meisters.

Eine andere innere Stadt, das „Neue Jerusalem" genannt, befindet sich auf der siebten Ebene der Astralwelt in der Region über dem irdischen Jerusalem. Diese viereckige Stadt besitzt besonders transparente Wände. In jeder Ecke erheben sich riesige Säulen von individueller Schönheit. Da sie hohl sind, vermögen sie Frequenzen aus der Adonai-Welt zu übertragen. Besucher dieser Stadt gelangen zunächst zu der Säule, die zur Linken des Eingangstores steht und in der ein weißer Strom der *Läuterung* fließt. Diese springbrunnengleiche Säule ermöglicht es dem Bedürftigen, in ihren beständig fließenden Energiestrom einzutreten, der ihn innerlich überflutet.

Die zur Rechten des Eingangs stehende Säule dient der *Heilung*. In ihr zirkuliert ein klares blaues Licht. Eine duftende Essenz durchdringt das Individuum und verströmt eine besänftigende, wunderbare Freiheit, die jedes einzelne Atom aufjauchzen lässt. Die dritte Säule, die sich zur Linken des Ausgangstores erhebt, strömt eine goldene Essenz aus, die in farbigen Tropfen zerstäubt. Das abwärtsfließende Licht durchflutet Formen, gestaltet sie um und verschönert sie. Diejenigen, die sich in diesen See begeben, gehen wie neu geboren daraus hervor. Die vierte Säule, die zur Rechten des Ausgangstores steht, enthält ein *Elixier.* Dabei handelt es sich um einen Energiestrom, der erneuernde, belebende und stärkende Eigenschaften besitzt, die lange Zeit wirksam sind und eine ungewöhnliche Lebendigkeit verleihen.

Das *Neue Jerusalem* ist rein geist-christlicher Natur und Regierungssitz des Christus. Andere Glaubensüberzeugungen sind ebenfalls willkommen, obgleich jede große Religion ihre eigene Hauptstadt besitzt. So empfängt der hebräische Glaube seine Kraft aus einem Zentrum mit dem Namen *Zion.*

Man stelle sich das *Neue Jerusalem* als eine ideal konzipierte und erbaute Stadt vor, die hauptsächlich aus Kirchen besteht. Jeder Zweig des Christentums besitzt seinen eigenen Tempel sowie einen zweiten Ort, welcher der Erholung dient. Im Mittelpunkt erhebt sich die dem Christus geweihte Kirche, die sogenannte *Emanuel-Kathedrale,* die aufgrund ihrer Größe, Schönheit und Bedeutung das Stadtbild dominiert. Sie besteht aus einem kristallklaren Material, und die Turmspitzen symbolisieren das Lichtspektrum der inneren Welten. Zwölf Erzengel, die den Allerhöchsten preisen, sind stets zugegen. Christliche Meister verfügen über ein Arbeitszimmer, einen Garten oder einen Tempel innerhalb dieser wunderbaren inneren Stadt, um Schüler zu unterweisen.

Und er zeigte mir die heilige Stadt Jerusalem, wie sie von Gott her aus dem Himmel herabkam im Besitz der Herrlichkeit Gottes. Ihre Leuchte ist gleich dem kostbarsten Edelstein (Off. 21,10).

Außerdem gibt es noch weitere Kraftzentren der Erleuchtung und Heilung, wie die Stadt des heiligen Johannes und des heiligen Stephan. Große Seelen haben in den inneren Welten Heiligtümer erbaut, die zu Städten wurden, weil sich die Menschen von ihnen angezogen fühlten und sich dort einfanden, um ihre Kraft aufzunehmen.

In den höheren Dimensionen zirkulieren kosmische, galaktische, solare und planetarische Energieströme. Die solaren Einflüsse versorgen uns auf physischer und geistiger Ebene. Ebenso wie sich unsere sieben Körper in unserer Aura darstellen, existieren die sieben Dimensionen in der Aura des Planeten, die sich weit in den Raum erstreckt. Die Ätherwelt reicht bis zur Grenze unserer Atmosphäre. Die Astralwelt überlappt sich mit der Ätherhülle und dehnt sich in einem breiten Band bis zur Venus aus. Sie durchdringt die Erde und ihr Umfeld. Die Mentalwelt erstreckt sich bis zum Merkur und die Kausalebene noch weiter, sie berührt die Aura anderer Planeten und die der Sonne. Auf der Ebene des Adonai sind alle Welten miteinander verbunden.

Innere und äußere Stille entwickeln eine kreative Empfänglichkeit für die inneren Welten, während sich die Aufmerksamkeit auf die Schwelle Gottes konzentriert, ohne dabei auf menschliche Ebenen und Überlegungen abzusinken. Einigen fällt es leicht, die Energien aus höheren Ebenen zu erkennen. Gewöhnlich bemerken die Menschen diese starken Energieströme nicht, da sie kaum daran interessiert sind, die lebendigen Gedankenimpulse in der menschlichen Aura zu verankern. Die Gedankenformen gleiten hinein und verlassen sie wieder, um sich anderen Geistern zuzuwenden, die sie aufnehmen und lebendig halten.

Diese durchaus menschliche Tendenz erkennend, sollten wir eine überirdische Wachheit entwickeln, die durch Stille und disziplinierte Achtsamkeit erreicht werden kann, ohne die geistige und seelische Einstimmung auf das Ewige zu beeinträchtigen. Durch eine stille Aufnahmebereitschaft wird dem wachen Individuum allmählich der volle Gehalt der Unterweisung offenbar.

7
Reinkarnation

Staunen erfüllt uns, blicken wir in das Antlitz eines Neugeborenen, das noch die Schwingungen der göttlichen Welt trägt. Vielleicht fragen wir: „Woher kommst du? Warum bist du hier?" Um Antworten auf solche Fragen zu finden, sollten wir uns den inneren Lehren Christi zuwenden.

Wir kommen von Gott und werden zu ihm zurückkehren. Die reinen Seelen, die Gott erschuf, bedurften des irdischen Daseins, um zu erwachen. Sie mussten das Gute erfahren, das Böse überwinden und die Schwächen der menschlichen Natur besiegen. Die Seele kommt von weither und taucht viele Male in das irdische Leben ein. Dem Gesetz der inneren Reiche zufolge dient jede Inkarnation dazu, an Wissen zu gewinnen und voranzuschreiten. Der Entwicklungspfad verläuft spiralförmig und führt Leben um Leben aufwärts. Dieser Aufstieg bringt mehr Verantwortung, stärkt den Anreiz zu weiterem Wachstum und lässt uns bewusster werden.

Gott senkte in jeden Menschen einen individuellen, unvergänglichen Archetypus, der von dem Göttlichen Gedanken getragen wird. Im Laufe der Entwicklung erscheint er deutlicher und farbiger am Scheitel der Aura. Er hält uns das Ideal vor Augen und veranlasst uns, jeden Tag besser zu werden. Haben wir das Evolutionsziel, unsere Vervollkommnung, erreicht, werden wir mit dem Archetypus eine Einheit bilden.

Die Erde ist eine Schule, in der wir im Laufe zahlreicher Leben alle Klassen durchwandern. Eine einzige Inkarnation reichte nicht aus, uns ein umfassendes Wissen zu vermitteln und eine beachtliche Bewusstseinserweiterung zu erreichen. Es bedarf vieler Unterrichtsstufen und Lektionen, ehe die Schule des Lebens abgeschlossen werden kann.

Unsere Unzulänglichkeit macht es notwendig, zur Erde zurückzukehren. Erst die Weiterentwicklung wird den Prozess der Vervollkommnung, Verfeinerung und Vergeistigung abschließen. Die Erkenntnis, dass uns eine erneute Chance geboten wird, unsere Fehler zu korrigieren, und die Möglichkeit besteht, ein Leben auf einer höheren Stufe zu führen, lässt den Wunsch zur Rückkehr in uns erwachen. Den Körper, den wir tragen, und die Persönlichkeit, die wir kennen, werden zwar niemals mehr dieselben sein, aber der Geist ist unsterblich und unbesiegbar, und es bedarf der Erde, um ihn zu entfalten.

Viele Menschen wundern sich, dass Jesus auf diese wichtige Lehre nicht einging. Doch wenn wir genau hinschauen, finden wir den Reinkarnationsgedanken in der Bibel. Im Zusammenhang mit Johannes dem Täufer spielte Jesus auf die Wiedergeburt an, wenn er meinte: *Und wenn ihr es annehmen wollt: er ist Elia, der kommen soll* (Mat.11, 14). *Ich sage euch aber: Elia ist schon gekommen, und sie haben ihn nicht erkannt, sondern mit ihm getan, was sie wollten. So wird auch der Sohn des Menschen unter ihnen leiden müssen. Da verstanden die Jünger, dass er zu ihnen von Johannes dem Täufer redete* (Math. 17, 12-13).

Und an anderer Stelle fragt Jesus seine Jünger: *Für wen halten die Leute den Sohn des Menschen? Da sagten sie: Etliche für Johannes den Täufer, andre für Elia, noch andre für Jeremia oder einen der Propheten* (Math. 16, 13-14). *Ich, Jesus, habe meinen Engel gesandt, euch dies für die Gemeinden zu bezeugen. Ich bin der Wurzelspross und das Geschlecht Davids, der glänzende Morgenstern* (Off. 22, 16). Jesus wollte damit sagen. „Ich bin David, der zurückgekommen ist.“ Diesen Hinweisen auf eine unumstößliche Wahrheit sollten wir Beachtung schenken und sie verinnerlichen.

Für Jesus und die meisten der fortgeschrittenen Israeliten und Essener seiner Zeit bedeutete die Reinkarnation eine Selbstverständlichkeit. Gewöhnlich unterschied Jesus klar zwischen dem, was Er das Volk lehrte, und den Unterweisungen, die er seinen Jüngern gab. Was die Wiederverkörperung betraf, bedurften die Eingeweihten keiner weiteren Erklärung, da sie darum wussten und sie akzeptierten. Das Volk musste lernen, dass jeder Mensch ein Kind Gottes ist und der Schöpfer Seine Schöpfung zutiefst liebt.

Im Laufe der Jahrhunderte haben alle großen Religionen, der Buddhismus und der Hinduismus, die Lehre des Zoroaster, die Sufis und das Judentum die Reinkarnation in ihre Lehre mit einbezogen. Im Talmud, im Sohar und in der Kabbala ist häufig die Rede von der Fortdauer individuellen Lebens.

Die frühen Christen lehrten die Reinkarnation bis ins sechste Jahrhundert. Die Einflussnahme des byzantinischen Kaisers Justinian I. auf den Papst und die religiösen Lehrer bereiteten der Lehre ein Ende. Schon während des Konzils von Nicäa veröffentlichten engstirnige Männer eine Bibel, in der einige der tieferen Wahrheiten fehlten. Origenes, einer der frühen Kirchenväter, war von der Reinkarnationslehre zutiefst überzeugt, wenn er äußerte: „Jede Seele kommt in diese Welt, gestärkt durch die Siege oder geschwächt durch die Niederlagen ihres vergangenen Lebens. Ihre Werke in dieser Welt entscheiden über den Ort in jener Welt, die dieser folgt..."

Der Reinkarnationsgedanke lässt eine andere Betrachtungsweise und Einschätzung des irdischen Daseins zu. Bei der Wiederverkörperung handelt es sich um die einzig gerechte und weitblickende Gesetzmäßigkeit, die es in unserer Welt gibt. Alles andere würde Gott nicht gerecht werden. Allein diese Lehre vermag uns Frieden, Geduld und die Gewissheit zu schenken, dass wir uns in Gottes Zeit vom Urmenschen zum Heiligen entwickeln. Sie betont die Verantwortung, Identität und Unsterblichkeit des Individuums. Reinkarnation bedeutet die stufenweise Vervollkommnung auf dem Pfad zur Meisterschaft.

Gott bestraft nicht. Die Reinkarnationslehre ist eine einzige Lehre des Mitgefühls und offenbart das Verständnis und die unsagbare Liebe Gottes. Es erwartet uns keine Strafe für unsere Fehler, sondern immer wieder Vergebung. Im Laufe unseres Entwicklungsprozesses werden uns zahlreiche Gelegenheiten geboten, um uns zu vervollkommnen. Hat es Beziehungsschwierigkeiten gegeben, wird man sich erneut begegnen, um das Miteinander schöner, aufrichtiger und harmonischer zu gestalten.

In der Reinkarnations- und Karma-Lehre finden wir die beiden Aspekte, die uns die Bedeutung des Lebens in einer Weise enthüllen, die keine andere Philosophie oder Lehre bietet, denn sie offenbart das Wesen der eigentlichen Zielsetzung der Menschheit. Diese beiden Aspekte rücken alles in das richtige Licht und lassen uns vertrauensvoll in die Zukunft blicken.

Glaube

Zwischen der orthodoxen Vorstellung eines „einzigen Lebens" und der Reinkarnationslehre besteht ein großer Unterschied. Die *Ein-Leben-Theorie* versetzt den Menschen in eine zeitlich begrenzte Lebensspanne, in der er Ungerechtigkeiten erfahren muss. Warum wird ein Kind verkrüppelt oder blind geboren, kommt zu Eltern, die es nicht lieben oder nicht einmal wollen, während ein anderes Kind ein glückliches Umfeld vorfindet und sich zum Genie entwickelt? Solche Ungerechtigkeiten begegnen uns überall, wenn wir davon ausgehen, dass dem Menschen nur ein einziges Leben zur Verfügung steht.

Im Gegensatz zu der Lehre von der durch die Wiedergeburt erfahrenen individuellen Kontinuität bleibt die Frage der Ungerechtigkeit in allen anderen Philosophien dieser Welt weitgehend unbeantwortet. Die Seele wird immer wieder geboren, um mehr Wissen zu gewinnen und im Laufe der Zeit Verbrechen zu sühnen und Beschränkungen aufzuheben. Ohne den Reinkarnationsglauben mag es den Anschein haben, es gäbe keine göttliche Gerechtigkeit.

Nicht Gott trägt die Verantwortung für die vielfältigen Bewusstseinszustände und Erfahrungen dieser Erde, sondern wir tragen sie. Er schenkte uns das Leben, und wir sollen etwas daraus machen. Gäbe es nur ein einziges kurzes Erdendasein, wüssten wir nichts über unsere Vergangenheit aus eigener Erfahrung. Es bliebe kaum Zeit für Wachstum und Charakterbildung, die eigentlichen Ziele der sich inkarnierenden Seele. Die Lehre von der Kontinuität bestätigt das Positive dieser unsterblichen, umfassenden und weitblickenden Gerechtigkeit, die das Universum regiert. Sind wir uns unserer Verantwortung bewusst, die Welt für unsere Nachkommen zu gestalten und zu verbessern, betrachten wir das Leben mit anderen Augen. Unsere stufenweise

Höherentwicklung erfordert die Überwindung der Vergangenheit und die Gestaltung unserer Zukunft im Hier und Jetzt.

Akzeptieren wir eine existenzielle Kontinuität und unsere lange Vergangenheit, bedeutet das Leben für uns eine Herausforderung, in der Gewissheit, dass wir es schaffen werden. Die Möglichkeit, im nächsten Leben gesund, stark oder mutig zu sein, falls es uns in diesem Leben versagt blieb, wirkt erleichternd. Gott lässt alle Menschen auf der gleichen Stufe beginnen, und sie werden einst gleich sein, wenn sie die Meisterschaft erlangt haben. Die Häufigkeit einer erneuten Inkarnation gestaltet sich individuell. Wir kehren so oft zur Erde zurück, bis wir allen unseren Verpflichtungen nachgekommen sind und uns der materielle Aspekt des irdischen Daseins nicht länger reizt. Sobald sich unser Interesse an dieser Dimension verloren hat, unsere Wunschnatur geläutert ist und unsere Gedanken und unser Charakter veredelt sind, erübrigt sich eine Rückkehr.

Manche Menschen möchten niemals mehr auf die Erde zurück. Niemand zwingt uns zu einer Rückkehr, aber wir erkennen unsere unerledigte Arbeit, die sich nur in einem Menschendasein abschließen lässt. Die wunderbare Ruhe in den inneren Welten befriedigt uns nicht länger. Wir beschließen, zurückzukehren und die notwendigen Lektionen zu lernen. Mit einem neuen Persönlichkeits-Selbst betreten wir ein neues Umfeld, um an der Stelle fortzufahren, an der wir aufgehört haben. Diesen Wechsel von der inneren in die äußere Welt haben wir viele Male vorgenommen und werden in dieser Weise fortfahren, solange wir nicht alle unsere Pflichten erfüllt haben. Sind wir eines Tages vollkommen geworden und frei von Schuld, wird ein Leben auf der Erde überflüssig.

Mancher wendet ein, dass man sich nicht an seine Vergangenheit erinnert. Warum sollten wir uns an das Vergangene erinnern, wenn wir einen neuen Körper, neue Emotionen und einen neuen Verstand besitzen? Die Natur in ihrer Weisheit verschont uns davor, mögliche Grausamkeiten oder Unfälle der Vergangenheit ertragen zu müssen. Die eigene Vergangenheit nicht zu kennen, ist ein großer Segen. Das Gleiche gilt für die Zukunft, denn in beiden Fällen kann das Wissen Störungen hervorrufen. Die Göttliche Gerechtigkeit und Gnade lassen uns vergessen.

Neue Freundschaften sollten wir ohne Vorurteile beginnen und unser Bestes geben. Jeder hat in der Vergangenheit Feinde gehabt und unklug gehandelt. Sich nicht daran zu erinnern, befreit von der Bürde der Reue oder sogar des Erschreckens. Das universelle Göttliche Prinzip, das sogenannte Kausalgesetz, schlägt sich in unserer allmählichen Reinigung von der Vergangenheit nieder.

Mitunter werden Einblicke in die Vergangenheit gewährt, was von der Seelenreife abhängt oder falls ein in der Gegenwart anstehendes Problem geklärt werden muss. Solche Erinnerungen tauchen unvermittelt auf, und wir sollten ihnen Beachtung schenken. Bestimmte Erlebnisse hinterlassen einen solch starken Eindruck, dass sie uns bekannt vorkommen. Personen oder Orte mögen uns vertraut sein, obwohl wir sie im gegenwärtigen Leben niemals gesehen haben. Dies sind Erinnerungen aus der Vergangenheit. Manche Menschen verspüren eine besondere Liebe für ein Land oder eine Zeitperiode. Unsere Vorliebe für gewisse Dinge weist gewöhnlich auf Bekanntes und Gutes hin. Bei unseren Abneigungen handelt es sich in den meisten Fällen um Vorurteile aus früheren Erfahrungen.

Meine persönlichen Erinnerungen an die Vergangenheit sind vielfältig. Ich erinnere mich an mein Leben in Palästina ebenso wie an meine in diesem Leben verbrachte Kindheit. Manche Dinge erscheinen verschwommen, während andere hervortreten. Meine griechische Inkarnation ruft mir vor allem Pythagoras und seine Lehren ins Gedächtnis, und meine Erinnerung an Ägypten bezieht sich auf das Tempelleben und die in der Nähe des Tempels auf dem Nil dahingleitenden Boote. In einem weit zurückliegenden Dasein im heutigen Ekuador lebte ich als Indianerin zu Füßen des Mt. Chimborazo und unternahm eine Pilgerreise zum Titicacasee. Es war der Brauch in meinem Stamm, diesen Heiligen See einmal im Leben aufzusuchen. Unauslöschliche Eindrücke gewähren mir Einblicke in die Vergangenheit und bestätigen meinen Glauben an die Reinkarnation. Etwas über die Vergangenheit erfahren zu wollen, bedarf der richtigen Motivation und darf nicht aus Neugier oder Eitelkeit geschehen, sondern mit dem aufrichtigen Interesse, ehrfurchtsvoll nach der Wahrheit zu suchen.

Goethe schrieb in einem Brief an seinen Freund: „Wie gut, dass die Menschen sterben, nur um ihre Eindrücke auszuradieren und sauber und gewaschen zur Erde zurückzukehren." Wir sterben, damit unsere gesamte Persönlichkeit ausgelöscht werden kann. Unser Lichtkörper hat niemals Geburt oder Tod gekannt. Die Seele weiß um die Vergangenheit und vermag ihr standzuhalten. Sie wird dem Menschen Hinweise auf vergangene Existenzen geben, sobald dieser bereit ist, sie aufzunehmen.

Zu den großen Seelen, die sich zum Reinkarnationsgedanken bekannten, gehören Pythagoras, Platon, Sokrates, Origenes, Paracelsus, Thomas Payne, Benjamin Franklin, William Shakespeare, William Wordsworth, Ralph Waldo Emerson und Albert Schweitzer. C.G. Jung überzeugten erst die Analysen der Aussagen seiner Patienten und die Tonaufnahmen ihrer Träume von der Wiedergeburt. Allein der Reinkarnationsgedanke vermochte ihre Erfahrungen zu erklären.

Niemand, der das schöpferische Bewusstsein und die unendliche Gerechtigkeit des ewigen Gottes anerkennt, kann umhin, die Kontinuität des Seins nicht nur als Gegebenheit der höheren Dimensionen zu akzeptieren, sondern auch in Bezug auf das Leben in menschlicher Form.

Karma

Bei den Menschen lassen sich zahlreiche Bewusstseins-, Intelligenz-, Charakter- und Erfahrungsebenen beobachten. Manche Personen haben mehr durchzustehen als andere, deren Bürde leicht zu sein scheint. Bei genauer Betrachtung erkennt man das unterschiedliche Seelenalter der Erdbewohner. Einige sind jünger, andere älter und wieder andere besonders fortgeschritten. Ihre individuellen Erfahrungen in der Vergangenheit machten sie zu dem, was sie heute sind, und gereichen ihnen zum Segen oder werden ihnen zum Schicksal. Jedes Individuum trägt die Verantwortung für sein eigenes Los. *Ich, der Herr, erforsche das Herz und prüfe die Nieren, einem jeden zu vergelten nach seinem Wandel, nach der Frucht seiner Taten* (Jer. 17, 10). *Denn was der Mensch sät, das wird er auch ernten* (Gal. 6, 7).

Unter dem Begriff *Karma* versteht man die Folgen vergangener Taten, Gedanken und Bestrebungen. Dieses Prinzip von Aktion und Reaktion wirkt so lange auf den Menschen ein, bis er die Meisterschaft errungen hat und den Lektionen der Erde entwachsen ist. Man sollte Karma nicht fürchten, da es sich um eine Kraft handelt, die genau in derselben Weise auf den Menschen einwirkt, in der er sie nährte. Gefällt sie ihm nicht, kann er sie durch seine Lebensweise verändern. Karmischen Verbesserungen sollte man sich nicht widersetzen, sondern bedacht und ehrfurchtsvoll leben, um die Voraussetzungen für positives Karma zu schaffen.

Das karmische Gesetz konfrontiert das Individuum mit Dingen, über die es hinauswachsen muss. Diese Kraft rückt die geistigen Schulden in den Vordergrund und sorgt für Umstände, die der Mensch aufgrund seiner vergangenen Handlungsweisen verdient, um ihnen mutig gegenüberzutreten und sie zu bewältigen.

Es gibt drei verschiedene Arten von Karma, die auf das irdische Leben eines Menschen und selbst auf seine Ausdrucksform in der inneren Welt einwirken. Das allgemeine Karma betrifft die Nation, der er dient und die sein Umfeld bestimmt. Die täglichen Widrigkeiten und Hindernisse gehören in diesen Bereich. Außerdem gibt es anstehendes und hinausgeschobenes Karma. Unter *fälligem Karma* versteht man aktuell Freudiges und Positives oder zu überwindende Schwierigkeiten und Prüfungen. Wenn wir in der Begegnung mit den Wechselfällen des Lebens auf von uns selbst hervorgerufene Situationen stoßen, gilt es, sie zu beherrschen oder sich an ihnen zu erfreuen. *Noch nicht reifes Karma* gleicht einem riesigen, nicht klar umrissenen Kreis, erfüllt von symbolisch dargestellten Archetypen und Gedankenformen jener Dinge, die noch anstehen, die positiven wie die unangenehmen. Käme alles auf einmal auf uns zu, wären wir überfordert. Wir könnten es weder emotional noch mental ertragen. Aus diesem Grunde achten die *Herrn des Karma* darauf, dass wir in jedem Leben nur einen bestimmten Teil verarbeiten müssen, obwohl noch eine ungeheure Menge von ungelöstem Karma ansteht.

Wird das Individuum vor den erhabenen Kindel-Erzengel gerufen, der das Lebensmuster für eine erneute Inkarnation zusammenstellt, darf es mitentscheiden, welche karmischen Verpflichtungen es übernehmen will. Es werden ihm seine Schwächen und Fehler vor Augen geführt, die es zu bearbeiten gilt. Der Erzengel baut jene Kräfte in das Diagramm mit ein, die es physisch und in seinem Umfeld beeinflussen werden. Anschließend formt er einen Archetypus, der sich als Wolke über dem Kopf als sogenanntes *ungelöstes Karma* erhebt. Das Diagramm enthält außerdem karmische Kräfte, die auf seinen Emotional- und Mentalkörper einwirken. In jeder Inkarnation entwickeln sich diese beiden Körper neu. Sie setzen sich aus Astralenergien des Logos zusammen, der die Verantwortung für die gesamte Menschheit trägt. Während die physische Hülle im Mutterleib entsteht, bleibt die astrale und mentale Form noch undefiniert. Nach der Geburt des Kindes nimmt der Astralkörper allmählich seine natürlichen Konturen an und entfaltet seine Schönheit, besonders nach dem vierzehnten Lebensjahr. Der Mentalkörper benötigt mehr Zeit (bis zum Erwachsenenalter), um sich gleichmäßig auszubilden. Wie sich diese Körper entwickeln, hängt von dem jeweiligen Karma und dem Fortschritt der Seele ab.

Kurz bevor sich karmische Auswirkungen manifestieren, verdunkelt sich sich die Aura des betreffenden Individuums. Ein Hellseher erkennt daran, dass dieser Person eine tiefgreifende Seelenerfahrung bevorsteht. Dabei kann es sich um Krankheit, Traurigkeit, Arbeitsverlust oder eine ähnliche Prüfungssituation handeln. Bei einer solchen Seelenprüfung sollte man sein inneres Haus in Ordnung bringen, um sich mit den alltäglichen Problemen, Herausforderungen und Möglichkeiten zu befassen.

Die Konsequenzen dessen, was er gesät hat, werden in dem Augenblick auf den Menschen zukommen, in dem er sich am besten mit ihnen auseinandersetzen kann. Obwohl ihm diese Auseinandersetzung ungeheure Kräfte abverlangen mag, wird die weise und fortgeschrittene Seele erkennen, dass dies der Zeitpunkt ist, um Schulden zu begleichen. In der Gewissheit, die Last der Vergangenheit bewältigen zu können, sollten alle Prüfungen in konstruktiver Weise angegangen werden. Wir bemühen uns, unser Bewusstsein zu heben und ihnen bereitwillig, demütig und dankbar entgegenzutreten. Daraus ergibt sich Wachstum. Letztlich dient eine Inkarnation dazu, an den Erfahrungen zu wachsen. Bisweilen lernt man mehr durch Trauer als durch Freude. Freude wirkt zu entspannend, und man vergisst zu handeln. Die Trauer lehrt, das Leben als Wachstumsprozess zu betrachten. Sie läutert und hilft, mit aller Kraft auf das Bevorstehende zuzugehen.

Das Leben setzt sich aus vielen Aspekten zusammen, über die wir nicht Herr sind und die bereits vor unserer Geburt beschlossen wurden. Andererseits besitzen wir einen freien Willen, der unsere Reaktion auf vorherbestimmte Kräfte beeinflussen kann. Das karmische Gesetz mag uns einer Situation unterziehen, die wir selbst herbeigeführt haben. Aber es ist unser freier Wille, der entscheidet, ob wir uns von unserem Karma überwältigen lassen oder Schwierigkeiten als Stufen der Selbstüberwindung betrachten.

Es gibt drei Aspekte, die positives oder negatives Karma bewirken, was davon abhängt, wie sie gelebt werden. Es sind der *Wille*, die *Liebe und ihre Ausdrucksform* sowie die *Weisheit*. Verlangt es uns nach Ruhm und Wohlstand, mangelt uns aber an Willenskraft, sind wir trotz möglichen Erfolges in gewisser Weise mental, astral oder physisch lahmgelegt, da wir nicht die Selbstbeherrschung besitzen, dem Talent zu entsprechen. Liebe wirkt innerlich bereichernd und dient dem Nehmen und Geben. Der Mangel an Liebe beeinträchtigt alle Beziehungen und die Zwiesprache mit Gott. Weisheit schenkt Unterscheidungsvermögen, Ausgeglichenheit, gute Urteilsfähigkeit und inneren Frieden. Der Mangel an Weisheit lässt den Menschen in fast allen Dingen scheitern.

Enge zwischenmenschliche Verbindungen offenbaren karmische Gegebenheiten besonders deutlich. Familiäre oder freundschaftliche Beziehungen bringen Belastungen und bisweilen Schwierigkeiten mit sich, bereiten aber auch Freude. Wir sollten uns bemühen, nicht zu versagen, denn das nächste Mal wird sich eine vergleichbare Situation mühsamer gestalten. Aus diesem Grunde ist es ratsam, im jetzigen Zeitpunkt an jeder Beziehung, gleich welcher Art, zu arbeiten.

Niemand besitzt das Recht, in das Karma eines anderen Menschen einzugreifen, ohne sich schuldig zu machen. Dies sollte man sich stets vor Augen halten, wenn man sich zu intensiv um einen Mitmenschen bemüht und ihn unberechtigterweise beeinflusst, ohne um Hilfe gebeten worden zu sein. In solchen Fällen ist Vorsicht geboten.

Am meisten leiden wir unter karmischen Gegebenheiten, die durch Fehlschläge hervorgerufen wurden. Sehen wir uns einer besonders schwierigen Situation gegenüber, sollten wir bedenken, dass es sich um die Folgen eines Fehltritts in der Vergangenheit handelt und wir eine erneute Chance erhalten, uns damit auseinanderzusetzen. Diesmal wird sich uns die Lehre, die wir daraus ziehen, für die Zukunft einprägen.

Es gibt geistige Prinzipien, an die wir uns erinnern sollten, wenn wir bestimmten Situationen in unserem oder im Leben anderer gegenüberstehen. Erstens: Wir erschaffen unsere Umstände selbst. Wir setzen die auf uns einwirkende Kraft in dem Moment frei, in dem wir die Auswirkungen unserer früheren Schöpfungen am besten verkraften können. Zweitens: Es wird uns nichts zuteil, was wir nicht verdient oder verursacht haben. Daher sollten wir uns niemals beklagen oder in Selbstmitleid verfallen, sondern tief in unserem Inneren nachforschen, ob wir unsere Lektion lernen. Drittens: Das Gesetz von Ursache und Wirkung zu erkennen, bedeutet, sich für immer von einer solchen Einflussnahme zu befreien. Weise, ohne Widerstand zu leisten, vertrauensvoll und mutig sollten wir die Gelegenheit der Kompensation ergreifen, da sie Wandel und Wachstum ermöglicht. Für den geistig reifen Menschen sind Zeiten der Prüfung ebenso inspirierend wie Augenblicke der Freude.

Karma bedeutet nicht Vergeltung, sondern eine Richtigstellung falschen Verhaltens. Es bringt uns wieder ins Gleichgewicht und sorgt für die richtige Perspektive. Das Leben setzt uns disziplinarisch unter Druck, da wir unsere Lektion offensichtlich nicht gelernt haben. Die karmischen Auswirkungen können durchaus erhellend sein. Den Prüfungssituationen eines anderen Menschen sollten wir ebenso viel Verständnis entgegenbringen wie unseren eigenen und ihn niemals beurteilen. Mitgefühl und nicht das Empfinden „heiliger zu sein" ist von großer Bedeutung, denn es geht um seine, nicht um unsere Prüfung.

Unseren Geschmackssinn, unsere Bestrebungen und unser Bedürfnis nach Selbstüberwindung bringen wir aus der Vergangenheit mit. So schlägt sich Furchtsamkeit in einem schwachen Nervensystem nieder, das uns rasch erregen, ungeduldig und impulsiv werden lässt. In einem solchen Falle ist es wichtig, Gottvertrauen zu lernen.

Jede Heilung ist karmisch bedingt. Sie mag als Segen wirken oder nicht erfolgen, wenn der Zeitpunkt für den Patienten gekommen ist, in die innere Welt entlassen zu werden. Eine auf karmischen Gegebenheiten basierende Krankheit, die zum Tode führt, kann von keinem Heiler oder Arzt geheilt werden. Hat sich das Karma erschöpft, darf die Person gehen.

Es gibt eine karmische Schuld, die auf jedem Menschen lastet und deren Begleichung seine Fähigkeit bei weitem übersteigt. Wir schulden Gott das Leben, das Er uns schenkte, und unseren geistigen Brüdern, wie Christus und allen großen Seelen, das Erbe ewiger Weisheit. Die Ausgießung des Geistes der Gnade und Barmherzigkeit segnet uns und erleichtert diese karmische Schuld.

Die Wurzeln der Vergangenheit

Hinter jedem Individuum liegt die Geschichte unzähliger Leben, die es in verschiedene Länder, Völker und Nationen führte. Wir alle begannen auf einer niedrigen und annähernd gleichen Stufe, bis im Laufe der Leben unsere Pfade auseinanderliefen. Die sieben Lebensstrahlen entscheiden in gewisser Weise über den Hintergrund der Seele, indem sie den Einzelnen mit bestimmten Temperamenten ausstatten und ihn einen eindeutigen Weg durch die Kulturen und Nationen der Welt führen. Jeder Strahl verfolgt eine Hauptrichtung, die seit den Anfängen des Steinzeitmenschen besteht.

Die unter dem Impuls der Hierarchie stehenden Anfänge der Evolution auf diesem Planeten lagen in Shambhala. Die Bibel bezeichnet diesen Ort als den *Garten Eden*. Unsere ersten, kurz aufeinanderfolgenden Leben verliefen in Astral- und Ätherkörpern auf den inneren Ebenen und bereiteten uns auf unseren Entwicklungsweg in der physischen Form vor. Die Wiege der Menschheit stand in den fruchtbaren Grassteppen der Mongolei. Von hier aus begannen die frühen Steinzeitmenschen ihre Reise über die verschiedenen Lebenspfade.

Der Zivilisationsweg, auf dem sich ein Individuum des sechsten Strahls entfaltet, der sogenannte *minoische Weg*, führte es in streng religiöse Kulturvölker. Jemand auf dem zweiten Strahl beschritt den sogenannten *sumerischen Weg*, den Pfad intellektueller Kulturen. Der *assyrische Weg* brachte eine Person des vierten Strahls zu Völkern, in denen die Kunst vorherrscht.

Im Anschluss an ein Leben in der Mongolei setzte beispielsweise ein Mensch auf dem sechsten Strahl seine Entwicklung in der Umgebung von Französisch-Westafrika fort. Nach drei Leben, die jeweils zwischen den einzelnen Hauptinkarnationen liegen, folgte auf dem Hochplateau von Südamerika die Zivilisation der Anden. Die nächste Hauptstation der Reise lag vielleicht in China. Hier oder in anderen asiatischen Ländern mag er mehrere Leben verbracht haben. Danach folgte für die Seele des sechsten Strahls Chaldäa, das für seine Magier, heiligen Männer und Astrologen berühmt war. Die minoische, ägäische oder kretische Kultur bildete die nächste Stufe, die einen starken Einfluss ausübte, das bis dahin Erreichte zu verbessern.

Jede vierte Inkarnation stellt eine Zusammenfassung der Erfahrungen aus den drei vorangegangenen Leben dar. Sie besitzt eine besondere Bedeutung, da Seelen, die allen Strahlen angehören, in eine Nation geführt werden und sich in einer ihnen vertrauten spirituellen Familie zusammenfinden.

Die nächste Stufe im Laufe der Entwicklung des Menschen auf dem sechsten Strahl bildete dann möglicherweise ein Leben in Persien. In jener Zeit stand Persien unter dem geistigen Einfluss Zoroasters. Die Liebe zu schönen Dingen und Farben entspringt größtenteils den vagen Erinnerungen an jenes Leben. Im Anschluss an drei dazwischenliegende Inkarnationen folgte Ägypten und später die griechische Kultur, die auf künstlerischem, philosophischem und individuellem Wege die Logik lehrte. An Griechenland schloss sich eine Inkarnation in Palästina zur Zeit Christi an. Nach mehreren Zwischenstufen folgte eine Inkarnation in Europa, in einer seiner entwickelten Kulturen, wie Italien, Spanien oder Portugal. Und dann kann Amerika an der Reihe gewesen sein.

Diejenigen, die sich auf dem zweiten Strahl entwickeln, setzten nach der Inkarnation in der Mongolei ihren Weg in Nubien fort. Die nächsten Hauptstationen waren Mesopotamien und Südbabylon, Länder, in denen die Geschicklichkeit, Klugheit und Fähigkeit für eine planmäßige Agrarwirtschaft ausgebildet wurden. Es folgte China, ein Treffpunkt aller Strahlen, und danach ein Leben in Nordindien, das der Verfeinerung und Vorbereitung diente. Anschließend gab es ein Leben in Elam, dem heutigen West-Iran. Die Elamiten waren Nomaden, die in Babylon einfielen und es besiegten. Ihr scharfer Verstand ließ sie eine neue Kultur begründen.

Die nächste Station der Seelen des zweiten Strahls war das Land der Philister, die sowohl im Alten als auch im Neuen Testament erwähnt werden. Es folgten Phönizien und später Griechenland, das ebenfalls als Treffpunkt der Seelengruppe aller Strahlen diente. Die Seelen auf dem zweiten Strahl inkarnierten sich in der Region von Smyrna, dem nördlichen Gebiet Griechenlands, und zogen weiter nach Athen, dem geistigen Zentrum jener Kulturperiode. Nach mehreren Leben durften sie zwischen England und Deutschland wählen, beides Länder des zweiten Strahls, was ihre intellektuelle Entwicklung betrifft. Es folgte Amerika, in dem sich erneut alle Strahlen begegneten.

Das Individuum des vierten Strahls, der spontane, kreative und dynamische Künstler, lebte in Afrika, im heutigen anglo-ägyptischen Sudan. Diesem Leben folgte eine Inkarnation in Nord-Japan, in der Ainu-Kultur, und danach wahlweise in Indonesien, Sumatra, Malaysia oder Burma. Die nächste Inkarnation erfolgte in einem der Länder Polynesiens, in dem sich das künstlerische Element besonders lebendig zeigt. Es folgten die späte Kunstepoche Assyriens mit ihren Edelstein-, Emaille- Porzellan- und Kupferarbeiten, Ägypten, Nord-Griechenland und Byzanz, dessen Zivilisation für seine Architektur, Literatur und wundervolle Teppichkunst bekannt wurde. In Ungarn oder Armenien erfolgte das nächste Zusammentreffen, gefolgt von Frankreich oder Italien und schließlich Amerika.

Die Mandschurei gehört zu den Hauptländern, die der erste Strahl durchwanderte, während der dritte Strahl durch Siam zog. Der fünfte Strahl war in Tibet und der siebte in Japan. Das nächste gemeinsame Leben aller Strahlen (nach Amerika) wird Süd-Amerika sein.

Eine jüngere Seele inkarniert sich in rascher Aufeinanderfolge, während die Inkarnationen der älteren Seele weiter auseinanderliegen. Die vielen Leben zwischen den Hauptinkarnationen lassen das Individuum einen unverwechselbaren Pfad beschreiten. Es gibt ähnliche, aber niemals dieselben Wege. Den Hütern der Akasha-Chronik zufolge gibt es keine identischen Aufzeichnungen. Auf Wunsch suchen wir bestimmte Länder auf oder unser Karma führt uns dorthin, um uns mit unserer spirituellen Familie zusammenzuführen.

Die Religion übernahmen wir ebenso wie unsere Nationalität. Jeder Glaube bringt die Wahrheit dem Strahl entsprechend, auf dem er sich entfaltete, zum Ausdruck. Die einzelnen Religionen, denen wir im Laufe unserer Inkarnationen begegneten, dienten dazu, uns innerlich aufzubauen, unsere Entwicklung zu lenken und die Strahlen stärker auszugleichen.

Eine für den ersten Strahl charakteristische Glaubensrichtung offenbart sich im Konfuzianismus, dessen Begründer die inneren Werte seiner Kultur lehrte. Konfuzius erstrebte eine Renaissance der Moral, Lebensart und Regierung des Goldenen Zeitalters Asiens. Es lag nicht in der Absicht dieses edlen chinesischen Weisen, seine Lehre zur Religion zu erheben. Man verehrte ihn, da er seine Überzeugung lebte. Jene Seelen, die sich in China inkarnierten, lernten die Werte von Geduld und Heiterkeit kennen sowie die Bedeutung von Schönheit, Höflichkeit und Alter. In den Familien entwickelten sich gegenseitige Liebe und Respekt.

In Indien prägten Hinduismus oder Buddhismus das Leben. Beide Religionen, in denen die Reinkarnationslehre tief verwurzelt ist, schwingen auf dem zweiten Strahl. Der Hinduismus lehrt den Glauben an die einzelnen Gottesaspekte, während der Buddhismus den Aspekt der Loslösung und Unpersönlichkeit hervorhebt.

Alle großen Philosophen Griechenlands gehörten dem dritten Strahl an. Die meisten Lehren basierten auf der *Vernunft*. Die Einweihungen in die Eleusinischen Mysterien oder in die Pythagoreische Akademie dienten dazu, das innere Schauen und die Einstimmung auf die höheren Welten zu fördern.

Der Shintoismus, eine Religion des vierten Strahls, übte seinen Einfluss in Japan aus. Die Gottesanbetung ist eingebettet in den Ahnenkult und die Naturverehrung. Die Japaner lieben Bäume, die sie gewissenhaft pflegen, da sie in allen einen *kami* (Engel) sehen. Der vierte Strahl offenbart sich in der Liebe des Shintoisten für die Natur und Schönheit sowie in der Freude am Drama, der Tempelmusik und dem Tanz.

Eine Religion des fünften Strahls ist nicht bekannt. Der sechste Strahl verehrt Christus als den Herrn aller Weltreligionen. Die sogenannten Mithras-Mysterien, eine frühe Religion dieses Strahls, waren persischen Ursprungs. Mithras, die Gottheit der Wohltätigkeit, legte großen Wert auf Wahrheit und Integrität und verhieß die Unsterblichkeit. Die Anhänger des Mithraismus nannten sich Brüder und gaben dem Sklaven ebenso wie dem Adligen ein Gefühl von Brüderlichkeit. Der Mithras-Kult übte einen starken Einfluss auf das römische Heer aus, da der Trost, den die Söldner aus ihrer Religion schöpften, sie endlose Märsche, die Isolation und den Umgang mit barbarischen Völkern ertragen ließ.

Auf dem siebten Strahl entstand der Zoroastrismus, begründet von Zarathustra, dem Adepten des persischen Volkes. Dieser lehrte die Bedeutung eines reinen Geistes, der Ordnung, Weisheit, Ehrfurcht, des Wohlbefindens und der Unsterblichkeit. Er glaubte an Sauberkeit, die Freundlichkeit Tieren gegenüber, nützliche Arbeit und geistiges Wissen. Der Islam, der Tibetische Buddhismus und der Katholizismus schwingen ebenfalls auf dem siebten Strahl.

Die einzelnen Weltreligionen haben uns auf unserem Weg durch die verschiedenen Kulturkreise stark bereichert. Einige Aspekte unseres Hintergrundes zu erkennen, führt zu einem besseren Verständnis für andere und für uns selbst. Die Betrachtung der einzelnen Länder mag bestimmte Gefühle in uns wachrufen. Sie haben uns geprägt, und unsere Vorlieben und Abneigungen sind das Ergebnis dieser Prägung. Man sollte alles daran setzen, aus der Vergangenheit überkommene Vorurteile auszumerzen. Es gibt niemals einen Grund für Stolz oder Vorurteil, denn wir gehörten jeder Hautfarbe an. Jedes Land und jede Kultur hat zu unserem Wuchs, unserem Charakter und unserer Entwicklung beigetragen. Was wir heute sind, ist das Ergebnis eines langen Weges, und eine weite Pilgerreise steht uns noch bevor.

Es sollte uns mit großer Dankbarkeit erfüllen, dass wir bei den Entscheidungen, welchen Weg die Seele in den einzelnen Leben gehen muss, geführt und unterstützt werden, um die anstehenden Lektionen zu lernen und nicht den Mut zu verlieren. Je schwieriger diese sind, desto länger haben wir sie in der Vergangenheit aufgeschoben. Um voranzuschreiten, müssen wir uns den Herausforderungen verantwortungsbewusst stellen und sie meistern.

Unser Entwicklungsweg hat sich sehr abwechslungsreich gestaltet, uns durch viele Kulturkreise, Länder und Weltreligionen geführt und uns zu einem komplexen Wesen gemacht. Die Vergangenheit war interessant und produktiv. Die Gegenwart ist anregend und herausfordernd. Die Zukunft wird erhellend und ermutigend sein. In jedem Zeitalter offenbart sich die Wahrheit in neuer Form, dargelegt von in der uralten Weisheit unterwiesenen Menschen, um unser weiteres Wachstum zu fördern.

Vergangene Leben berühmter Persönlichkeiten und Völker

Franklin Delano Roosevelt, der zweiunddreißigste Präsident der Vereinigten Staaten, zeigte sich extrem egoistisch, autokratisch und autoritär. In einem früheren Leben war er der römische Kaiser Nero. Wenn jemand als Staatsmann versagt, muss er die Zügel der Macht erneut ergreifen und sich seiner Aufgabe stellen. Nach mehreren Inkarnationen, die ihn auf sein Leben als Präsident vorbereiteten, erhielt Roosevelt eine solche Chance.

Julius Cäsar kehrte als General Douglas MacArthur zurück. Er und Roosevelt misstrauten einander, denn sie waren beide Kaiser gewesen. Auch zwischen MacArthur und Präsident Harry Truman bestand eine gewisse Feindseligkeit. Truman war während der Regierung Julius Cäsars römischer Staatsmann. Der Hunne Attila kehrte als Stalin zurück.

Den inneren Aufzeichnungen der Vergangenheit zufolge, verbrachte Jesus ein Leben als König David und als der große

Reformer-Pharao Echnaton. Johannes der Täufer war Elijah, wie schon die Anhänger Jesu glaubten. Johannes, der Lieblingsjünger, lebte einst als Jonathan, König Sauls Sohn, und später als Prester John. Der Jünger Petrus kehrte als Albert Schweitzer zurück; Pontius Pilatus als Charles Lindbergh und Aristoteles als Paulus. Judas Ischariot wurde der Schriftsteller Sholem Ash. Judas, der den Herrn verraten hatte, erhielt mit diesem Leben die Chance der Sühne. Seine Aufgabe bestand darin, über die heilige Familie zu schreiben.

Abraham Lincoln lebte einst als Epiktet, ein befreiter Sklave. Dieser Eingeweihte vierten Grades nahm das Karma Amerikas auf sich und führte das Land durch eine schwierige Zeit. Benjamin Franklin hatte als Sokrates mit seiner direkten Art oft die Gefühle anderer verletzt. Als Franklin wirkte er als Diplomat. Elisabeth II. von England lebte einige Jahrhunderte zuvor als Elisabeth I., die den Earl von Essex töten lassen musste, obgleich sie ihn liebte. Dieser Earl steht heute Elisabeth II. als ihr Ehemann zur Seite. Sir Walter Raleigh, zu dem sich die erste Königin hingezogen fühlte, ist heute ihr Sohn Charles. Der berühmte Dirigent Leopold Stokowski war einst Leopold Mozart, der Vater des Genies Wolfgang A. Mozart.

Nationen reinkarnieren sich ebenso wie Individuen. Griechenland war die Reinkarnation der Elite der minoischen Zivilisation und wurde später Amerika. Rom reinkarnierte sich als England und Karthago als Deutschland. In der Vergangenheit waren diese Nationen erbitterte Feinde, und selbst in jüngerer Zeit misstrauten sie sich.

Im Strahlungsfeld dieser frühen Zivilisationen entwickelte der Mensch Begabungen, die später zum Tragen kamen. Griechenland führte während seines Goldenen Zeitalters die am weitesten fortgeschrittenen Seelen, die in dieser Periode auf der Erde weilten, zusammen und schulte jene Individuen, die in der Zukunft mit der Sprache arbeiten sollten, wie Perikles, der spätere Thomas More in England. Die englischen Dichter Byron, Keats und Shelley waren in einem früheren Leben ebenfalls Griechen. Goethe, Schiller und Lessing sowie die meisten Denker Deutschlands hatten in Griechenland gelebt. Eine Gruppe von einstigen Griechen, wie Michelangelo und Donatello, die die

Schönheit in ihrer reinsten Form zum Ausdruck brachten, reinkarnierte sich in Italien. Händel, ein Schüler des Pythagoras, setzte die transzendente Philosophie teilweise in Rhythmen um. Die pythagoreische Lehre umfasste ebenfalls Musik und Zahlen.

Die *kosmische Evolution* ergibt sich aus den Reinkarnationen der Nationen und der Vorbereitung verschiedener Planeten unseres Sonnensystems, irgendwann Leben zu beherbergen, sobald die physische Existenz in einer Sphäre abgeschlossen ist. Im Gegensatz zu den Erdbewohnern, sind die auf der Venus in Ätherkörpern lebenden Wesen gottähnlich, wohingegen Jupiter noch sehr primitive Lebensformen trägt. Dieser große Planet wird darauf vorbereitet, die Lebenformen aus unserem Tierreich aufzunehmen, die auf ihm das Steinzeitalter ihrer Entwicklung durchleben und voranschreiten werden.

Unsere Verantwortung

Die Reinkarnationslehre weist auf die entscheidende Bedeutung jedes einzelnen Tages hin. Das Leben sollte nicht zu Ende gehen, ohne dass wir die minderwertigen und hässlichen Dinge überwunden haben. Wir müssen uns über Kleinheit, Feigheit, Schamgefühl, Furcht, Demütigung und Unterlegenheit hinwegsetzen und dafür sorgen, dass das Göttliche in uns die Führung übernimmt. Dem Wachstum, der Überwindung und dem Fortschritt eines jeden Menschen Interesse entgegenzubringen und ihn darin zu unterstützen, beflügelt unseren eigenen Aufstieg.

Die Befreiung von den Fehlern der Vergangenheit setzt die Anerkennung des Gesetzes von Ursache und Wirkung voraus. Dieses Gesetz muss so fest in uns verankert sein, dass wir seine momentane und in die Zukunft reichende Einflussnahme nicht aus den Augen verlieren. Wir müssen die Lektionen, die sich uns bieten, zu verstehen lernen, an ihnen wachsen und an dem Neuen teilhaben wollen.

Unsere Herausforderungen sind unsere Möglichkeiten. Je mehr Gelegenheiten dieser Art wir annehmen, desto freier werden wir sein und unser Bewusstsein wird sich rascher entwickeln. Göttlichkeit zu erlangen, bedeutet, sich in jeder Inkarnation darum zu bemühen, die noch nicht bemeisterten Aspekte unserer selbst in erwachter, geläuterter und verbesserter Form mit in die Ewigkeit zurückzunehmen.

Ein Christ, der den Reinkarnationsgedanken akzeptiert, wird erkennen, dass er seit jeher die Verantwortung für alles, was ihm widerfährt, trägt. Gott schenkte ihm das Leben, geistige Möglichkeiten, Arbeit und Menschen, um sie zu lieben. Alles andere ergibt sich aus dem Gesetz der Kompensation.

Gesundheit, Glück, innerer Friede und Erleuchtung müssen im Jetzt geduldig, vertrauensvoll und mit Begeisterung erarbeitet, schädliche Neigungen ausgeräumt und durch neue, konstruktive Eigenschaften ersetzt werden. Wir sollten stets einsatzbereit sein, unsere Liebe und Ehrfurcht vertiefen und uns Gott immer stärker nähern. Charakterbildung und zunehmende Selbstlosigkeit besitzen positive Auswirkungen. Seine Zeit und seine Talente weise und sinnvoll einzusetzen, zahlt sich jetzt und in Zukunft aus.

Unsere zukünftigen Inkarnationen werden weitgehend durch die im gegenwärtigen Leben erreichte Entwicklung und gewonnene Freiheit bestimmt. Ein grundlegendes Element unseres Fortschritts ist die *Dankbarkeit*. Um besserer Gegebenheiten würdig zu sein, bedarf es unserer tiefen Dankbarkeit für die Segnungen und Lektionen dieser Existenz. Wir können keine konstruktiven Eigenschaften, Umgebungen und Talente aufbauen, wenn wir sie nicht zu schätzen wissen.

Wir müssen lernen, aus jeder Inkarnation das Beste zu machen. Abgesehen vom Namen Christi, lautet das wichtigste Wort: *Wandel*. Jede Veränderung, gleichgültig in welchem Bereich, sollte freudig begrüßt und das Alte bereitwillig abgestreift werden. Wir blicken dem Tag entgegen, an dem wir dem Kindel-Erzengel gegenüberstehen und ihn lächeln sehen dürfen, wenn wir Ballast abgeworfen haben.

Unsere Hauptaufgabe besteht darin, zur geistigen Erhebung der Menschheit beizutragen, indem wir auf dem Weg dienen, der zu Gott führt. Alles, was uns für Gott öffnet, wirkt sich positiv auf uns aus. Unser geistiges Streben darf nicht egoistisch sein. Auf dem von uns gewählten Weg müssen wir unser Bestes geben, um die Erneuerung, Entschlossenheit und Hingabe in anderen und in uns zu fördern. Alles Unerfreuliche bedarf der Vergebung. Schwierigkeiten müssen geschultert werden, denn aus ihnen erwächst die Stärke zur Meisterschaft. Ein weiser Mensch fürchtet sich nicht vor der Wiedergeburt. Er blickt ihr erwartungsvoll entgegen und erkennt die Möglichkeit, vermehrt zu dienen und zu wachsen.

Hinter uns liegt eine endlose Inkarnationskette und vor uns erhebt sich eine glorreiche Zukunft. Unter einem Genius versteht man ein Individuum, das den höchsten Stand der Zukunft eines gesamten Volksstammes erreicht hat. Er steht als leuchtendes Beispiel für das, was jeder von uns erreichen kann. Gott bevorzugt niemanden. Wir besitzen einen freien Willen, eine Tatsache, die uns zu Beginn unserer Evolution ein wenig berauschte. Mit der Zeit haben wir gelernt, ihn weise zu nutzen.

Wirken wir im Einklang mit dem Evolutionsgesetz, gibt es keine Schwierigkeiten, Frustrationen oder Entmutigungen, da wir planvoll vorgehen. Die Läuterung und Erweiterung unseres Bewusstseins, unser Bestreben, zu wachsen und das Wachstum und die Entfaltung unserer Mitmenschen und der Natur zu unterstützen, machen uns in zunehmendem Maße frei. Das Leben wird zum Abenteuer.

8
Einweihung

Die Evolution führt zu einem allmählichen Bewusstseins- und Charakterwandel der Menschheit. Die Bibel spricht von zwei Möglichkeiten, den Gipfel der Meisterschaft zu erreichen. *Denn die Pforte ist weit und der Weg ist breit, der zum Verderben hinführt, und viele sind es, die auf ihm hineingehen; denn die Pforte ist eng und der Weg ist schmal, der zum Leben hinführt, und wenige sind es, die ihn finden* (Math. 7, 13-14). *Ringet danach, dass ihr durch die enge Tür hineingeht! Denn viele, sage ich euch, werden hineinzugehen suchen und es nicht vermögen* (Luk. 13, 24). Bei dem ersten Weg handelt es sich um die langsame, breite Landstraße und im zweiten Fall um den steil und rasch aufwärts führenden Weg, den heiligen Pfad. Diesen wählen jene, die, vom Geist entfacht, den höheren Weg anstreben, der zur Befreiung führt.

Seine Schriften lassen erkennen, dass Paulus die Mysterien lehrte und den Menschen auf die Einweihung vorbereitete, wenn es heißt: „Wir verkünden Weisheit unter den Vollkommenen." Der Begriff „vollkommen" in Bezug auf Männer und Frauen bedeutet in diesem Zusammenhang „eingeweiht". Paulus erklärte daher: „Wir verkünden Weisheit im Kreise jener, die in die Mysterien eingeweiht wurden."

Mit dem Begriff *Einweihung* umschreiben fortgeschrittene spirituelle Lehrer bestimmte Überwindungen und Erleuchtungserfahrungen im Laufe unserer Entwicklung. Jede Einweihung erschließt eine neue Bewusstseinsebene, in etwa vergleichbar mit einer Semesterprüfung. Es gibt kleinere und Haupt-Einweihungen. Erstere sind Erfahrungen, bei denen wir Versuchungen, Prüfungen, Ängste und Negativitäten bewältigen. Die Haupt-

Einweihungen symbolisieren bewusste spirituelle Schritte und Gelübde, die auf der geistigen Ebene des Seins vollzogen werden.

Im höheren Sinne bedeutet *Initiation* eine zur Transformation führende Prüfung. Es handelt sich dabei um kleinere Einweihungen der Läuterung und Vorbereitung. Im Laufe der menschlichen Zivilisation haben wir zahlreiche Krisen erlebt, die zu Veränderungen führten und die uns in allen Aspekten berührten. Begegnen wir unseren Herausforderungen weise und denken an unsere Verbundenheit mit Gott und den Meistern, durchschreiten wir eine Einweihung und erkennen die Entfaltung anderer. Es stehen uns zahlreiche Einweihungen bevor, die wir bestehen werden, halten wir uns die Begriffe *Wachstum* und *Gleichgewicht* vor Augen.

Seit Anbeginn der Menschheit auf dieser Erde hat es kein Zeitalter gegeben, in dem die Lehre von der Bedeutung des Lebens zurückgehalten wurde. Adepten, Lehrer und Seher von anderen Planeten unterstützten die Menschen, bis sie schließlich ihre eigenen großen Eingeweihten hervorbrachten, die diese Geheimlehren an bestimmten Orten hüteten. Sie wurden nicht aus Überlegenheit geheimgehalten, sondern aufgrund der Tatsache, dass die Massen noch nicht reif waren, sie innerlich aufzunehmen.

In der Antike, besonders in Ägypten und Griechenland, gab es Mysterienschulen, die von dem geraden, engen Pfad oder dem Initiationsweg sprachen, der zur Vollkommenheit führt. Organisationen, wie die Freimaurer oder der einstige „Orden des Sterns im Osten“, verwandten den Begriff Initiation für den Aufstieg in ein neues Amt. Die Person, die den leeren Sitz einnimmt, muss dessen würdig sein und ihre Aufgabe gut erfüllen. Der Vorgänger übernimmt eine höhere Pflicht. In den antiken Mysterienschulen ging man in gleicher Weise vor.

In der Mysterienschule des Pythagoras gab es Schüler aller Einweihungsgrade. Pythagoras war ein Eingeweihter fünften Grades (ein Meister). Bei den jährlichen großen Zeremonien, die er leitete, kam es zu bewegenden Erleuchtungserfahrungen. Es gab Perioden der Unterweisung und der Vorbereitung, gefolgt von den Feuerproben – den Versuchungen und den Prüfungen. Danach brachte man den Kandidaten in den Tempel und legte ihn in einen Sarkophag, ein Symbol des Todes. Pythagoras berührte die Stirn des Aspiranten, der daraufhin das Bewusstsein verlor. Nach drei Tagen berührte ihn der Meister erneut und holte ihn auf einer höheren Bewusstseinsebene ins Leben zurück. Man befragte ihn nach seinen Erlebnissen in den inneren Welten. In der Antike pflegte der Meister das *dritte Auge* des Kandidaten mit den Worten „Möge der Stern erstrahlen" zu berühren. In der Pythagoreischen Akademie gab es sieben Stufen. Die beiden ersten lagen eng beieinander. Zwischen der zweiten und dritten Stufe erstreckte sich ein größerer Abstand. Der vierte und fünfte Treppenabsatz war ziemlich breit. In der Kirche von Questhaven[1] gibt es fünf Treppenstufen, ein Symbol für die fünf Haupteinweihungen.

In der Antike durchliefen die wenigen Individuen, die für eine Einweihung bereit waren, eine zeremonielle Initiation. Die heutige Zeit bedarf keiner Einweihungsschulen, da es sich um eine Bewusstseinserfahrung handelt, die Tausenden aufgrund ihrer würdigen Lebensführung und inneren Bereitschaft zuteil wird. Die moderne Welt konfrontiert uns mit gewaltigen Herausforderungen, Prüfungen und Versuchungen, die es zu meistern gilt und deren Überwindung das Bewusstsein mit Jubel und einer unsagbaren Freude erfüllt.

Jeder geistige Schüler blickt seinen höheren Einweihungen erwartungsvoll entgegen. Zahlreiche Leben der Vorbereitung liegen hinter ihm. Allein ein hingebungsvolles Leben führt zu diesem überwältigenden Moment. Kein Mensch kann einen anderen initiieren. Äußere Riten wirken zwar belebend, führen aber nicht den Zustand der Erleuchtung herbei, der eine Frage des Bewusstseins ist. Die bewusste Sehnsucht nach Gotteserkenntnis öffnet die Tore.

Bei dieser inneren Erfahrung werden bestimmte Barrieren durchbrochen, um in eine größere Welt einzutreten. Die Bewusstseinserhebung erfolgt einzig und allein durch die Anstrengung des Individuums, das die Wärme des einhüllenden Lichtes spürt, aber die Hürden überwinden muss, die es verdunkeln. Bei diesen Hürden handelt es sich um unspirituelle Qualitäten und begrenzte Vorstellungen.

---

1 Questhaven ist das Zentrum, das Flower A. Newhouse in Südkalifornien gründete. (Anm. d. Vlg.)

Das Ereignis umfasst drei Schritte. Erstens die *Vorbereitung*, zweitens die *Entsagung* und drittens die *Erfahrung* – ein Zusammenwirken aller geistigen Prinzipien. Die Verfeinerung, Wandlung und Läuterung dient der Bereitschaft für das gewaltige Aufbrechen des Lichtes. Unsere fortwährende, tiefe und erwartungsvolle Sehnsucht nach Gott öffnet die Tore zur Erleuchtung.

Einweihung bedeutet: *Übergang vom Glauben zum bewussten Wissen.* Ob sich die Gegenwart Gottes als Lichtblitz offenbart oder still nähert, diesen höchsten Augenblick im Leben wird man in jedem Fall erkennen. Alles wird eine neue Schönheit und Bedeutung annehmen, und unsere Sinne werden klarer und schärfer sein.

Der Kandidat bringt gewaltige innere Stärke und großen Mut auf, Versuchungen, Ängste oder Trägheit zu überwinden, die ihn von seinem Weg abzubringen suchen. Dieser Kampf mit dem Selbst mag mehrere Stunden oder Tage anhalten, aber auf dem Höhepunkt des Sieges über die unmittelbaren Hindernisse wird er eine ihm bis dahin unbekannte Bewusstseinsebene erreichen. Dieses Aufleuchten bezeichnet man als Einweihung. Jedes Eintauchen in eine größere Bewusstheit bedeutet eine höhere Entwicklungsstufe.

Im Augenblick der Einweihung wird alles von einem blendenden Licht durchdrungen. Unsere Monade, unser unsterblicher Gott-Geist, bricht hervor und verleiht uns für einige Sekunden, Tage oder Monate sozusagen einen überirdischen Blick. Der Eingeweihte fühlt die Göttliche Gegenwart wie niemals zuvor, denn der Vater-Mutter-Gott erfüllt ihn mit dem Bewusstsein der Sohnschaft – und neue Kräfte werden belebt. Während des gesamten atemberaubenden Geschehens durchfluten den Erleuchteten und die ihn umgebende Atmosphäre eine prickelnde Lebendigkeit und Freude. Diese Verzückung mag nur einen Augenblick oder aber mehrere Tage währen.

Während eines Aufenthaltes in einer Berggegend, der meine besondere Liebe galt, spürte ich während der täglichen Meditationen unter meinem Lieblingsbaum etwas herannahen. Es war mir nicht bewusst, dass es sich um eine Bewusstseinserhebung handeln sollte, ich wusste nur, dass ich aufgerufen war, eine unvorstellbar große Verantwortung zu übernehmen. Dann geschah es. Ich fühlte mein neues Bewusstsein explosionsartig hervorbrechen. Nicht jeder erlebt das Geschehen in dieser Weise. Ein niemals zuvor erblicktes Licht erfüllte die Umgebung und verlieh allem eine harmonische Heiterkeit und Dynamik. Ich konnte den Wald vor mir sehen, aber mein Blick konzentrierte sich auf das Licht. Dann folgten unvermittelt und kurz die vor mir liegenden Aufgaben. Ich legte das Gelübde ab, zu dem man nicht gezwungen, sondern das aus freiem Willen gegeben wird.

Viele Menschen sind sich der Erfahrung einer Haupteinweihung nicht bewusst. Sie erinnern sich nur an ein Licht, das in ihrem Inneren hervorbrach, sie zu verzehren schien und ihnen Frieden und ein neues Verständnis schenkte. Eine solche Erfahrung mag sich in der Bergeinsamkeit oder inmitten einer schwierigen Prüfungssituation einstellen. Jedes Ereignis kann die Erleuchtung herbeiführen, ein freiwilliges Opfer oder eine selbstlose Tat, ein wunderschöner Morgen oder ein gehobener Bewusstseinszustand. Der Umstand ist weniger wichtig als die innere Bereitschaft des Novizen.

Diejenigen, die den Fußspuren Christi folgen, wissen um die vollkommenen Seelen, die ihm bei seiner Arbeit dienend zur Seite stehen. Die erste Einweihung eines Individuums ist die sogenannte *Wiedergeburt* oder *Salbung*. Um die zweite Stufe zu erreichen, bedarf es der *Überwindung von Furcht*. Die Merkmale des dritten Einweihungsgrades, der Stufe des Heiligen, sind geistige *Freude*, *Strahlkraft*, *Reinheit* und die *Einstimmung auf das Seelenbewusstsein*. Der Eingeweihte vierten Grades *vollendet die Aufgaben des Lebens*. Mit der fünften Einweihungsstufe ist der menschliche Entwicklungsweg abgeschlossen. Die Evolution setzt sich auf überirdischen Ebenen fort.

Probezeit

Sobald jemand an der Schwelle seines höheren Selbst zu leben beginnt, bezeichnet man ihn als Novizen auf dem geistigen Pfad. Er wird geschult, mit der Zeit pflichtbewusster, glaubwürdiger und stärker zu werden, bis er sich schließlich dem Göttlichen Willen zu unterwerfen vermag und spirituelle Integrität besitzt.

Diese sogenannte *Probezeit* des Novizen zieht sich über mehrere Leben hin. Die tiefe Sehnsucht nach Gott und eine nach den geistigen Prinzipien ausgerichtete Charakterbildung sollten im Mittelpunkt stehen. In diesem Stadium zeigt sich ein Prototyp des Novizen in Shambhala, und er steht fortan unter der Beobachtung der Adepten. Die notwendigste Vorbedingung, nach der die Meister die Reife eines Prüflings oder die Bereitschaft eines Schülers für weiteren Fortschritt beurteilen, besteht in einer Vorbereitung auf die große Heimkehr ins Grenzenlose.

Mental und spirituell sind viele Menschen für die Erleuchtung bereit, nicht aber auf physischer und emotionaler Ebene. Selbst die Sprache, die Gangart und die Beschaffenheit der Gedanken wirken sich auf die Schnelligkeit und den Abschluss der inneren Vorbereitung auf das am stärksten transformierende irdische Ereignis aus. Wir vermögen die Auswirkungen der hohen Einweihungsschwingungen nicht eher zu ertragen, als bis wir gelernt haben, läuternde und vergeistigende Willenskräfte in uns wachzurufen.

Manchmal bedarf es für den letzten Schritt durch die offene Tür in das Reich des Lichtes nur der Fähigkeit, zu einem Gelüst „Nein" zu sagen oder „Weiche für immer von mir", wenn der animalische Magnetismus persönlicher Anziehung die Sinne erregt. Eigensinniger Stolz und Ichbezogenheit auf emotionaler und mentaler Ebene können das Tor zu den tiefsten Geheimnissen verschließen.

Wenn sich die Sehnsucht nach Gott und die Bereitschaft zu geistigem Wandel und Wachstum die Waage halten, erreicht das Individuum unter dem wachsamen Blick der Adepten allmählich die Stufe des *Schülers*. Die Atome eines jeden Bewusstseinsträgers werden der jeweiligen Einweihung entsprechend durchlichtet. In dem Augenblick, in dem alle Körper erwartungsvoll eingeschwungen sind, dringt der Strahl der Erleuchtung in die Aura des aufnahmebereiten Individuums, das mit dem ersten Atemzug die Unendlichkeit Gottes einatmet und sein Bewusstsein das Feuer Gottes widerspiegeln fühlt.

Die Seelen, in deren Aura das geistige Feuer brennt, erregen die Aufmerksamkeit jener Wesen, die ihre Schulung übernehmen. Man führt den Eingeweihten zu einem Jünger jener Meister, die der Welt dienen, oder stellt ihn einem Lehrer der Wahrheit vor. Seine intuitiven Fähigkeiten werden zunehmen, und er wird während seines gesamten Trainings unter der Beobachtung der Meister stehen.

Die erste Einweihung

Die erste Einweihung wird die *Geburt* genannt, da der Kandidat zu einem neuen Leben erwacht. Die vollständige Identifikation mit dem Persönlichkeits-Selbst verändert sich zugunsten einer Beeinflussung durch das höhere Selbst. Bei der ersten Einweihung sind auf innerer Ebene neben dem Schutzengel stets zwei Meister zugegen. Der Strom der Erleuchtung entspringt dem Herrn aller Religionen auf diesem Planeten, dem Christus.

Die Erleuchtung überflutet den Schüler mit unsagbarer Freude, wenn er die feierliche Entscheidung trifft, sein Leben dem Ewigen Geist zu weihen. In dem Moment, in dem er in die neue Dimension eintaucht, fühlt er sich von einem wunderbaren Licht umhüllt und wird sich bewusst, was er Gott verdankt. Die gewonnene Erkenntnis muss er in sein persönliches Leben einbauen, was eine Weile dauern wird, obwohl er die Notwendigkeit sieht, sein Leben zu vergeistigen und seine niedere Natur zu beherrschen, um der Menschheit umfassender dienen zu können. Sein Bestreben gilt der bedachten Lenkung seines Verhaltens. Er muss lernen, seine Zeit und seine Energien weise einzusetzen, da sein Leben für die Hierarchie wertvoll ist.

Jede Einweihung besteht aus vier Stufen: Der Erleuchtung, dem Gelübde, der Disziplin und der Entfaltung. Im Augenblick der Erleuchtung sieht der Schüler die vor ihm liegende Aufgabe in Bezug auf sich selbst und die Sache, der er dient. Er gelobt, Gott mit allen Kräften und für immer zu lieben. Dieses Gelübde wird von dem Wunsch nach Selbstlosigkeit begleitet: *Ich will das Ego überwinden und der Sache selbstlos dienen.* Die Disziplin bezieht sich auf die Kultivierung vollkommener Aufrichtigkeit, der Geduld, des Durchhaltevermögens und der Ruhe. Die Auswirkungen lassen sich an der Einflussnahme auf sein Umfeld ablesen.

Die erste große Einweihung ruft in der Persönlichkeit des betreffenden Individuums einen transzendenten Wandel hervor. Vor seiner Erleuchtung war Graf Leo Tolstoi ein stolzer Grundbesitzer. Danach kleidete er sich wie ein Bauer und hegte in seinem Herzen eine tiefe Liebe für die ganze Welt. Die allumfassende Liebe ist das Hauptmerkmal des Eingeweihten ersten Grades.

Er ist glücklich, liebevoll, heiter und rein in seiner Ausstrahlung. Er neigt dazu, viel über sich selbst und seine Erfahrungen zu reden, was seiner Begeisterung über die inneren Veränderungen und Segnungen entspringt.

Es ist wichtig, sich von den uns widerfahrenden Ereignissen zu lösen. Neben der eigenen Instabilität, versuchen die Kräfte der rückläufigen Entwicklung uns daran zu hindern, unsere Ziele zu verwirklichen. Diese subtilen Einflüsse, die unsere Selbstdisziplin attackieren, dienen der Stärkung unserer Willenskraft. Widerständen sollten wir Entschlossenheit, Wachsamkeit und Anstrengung entgegensetzen.

Die Gefahr auf dieser ersten Einweihungsstufe zeigt sich im Fanatismus. Im Bemühen um Zielstrebigkeit und aufrichtige Hingabe dürfen wir nicht den Sinn für das Gleichgewicht verlieren. Humor, sinnvolle Erholung und körperliche Bewegung sind unerlässlich. Wir sollten eine gewisse Unbeschwertheit entwickeln, um die Ernsthaftigkeit, die tiefe Meditationen oft mit sich bringen, auszugleichen. Außerdem sollte man auf die Neigung zu Extremen achten, sei es in der Ernährung, der Gesundheit oder in anderen Bereichen.

Die Arbeit des Eingeweihten ersten Grades besteht darin, seine Aufmerksamkeit auf das Wahre zu lenken. Menschliche Anfälligkeiten, wie Trägheit, Halbherzigkeit, mangelnde Selbstbeherrschung und materielle Neigungen, stehen uns im Weg. Wir können nicht alles auf einmal ändern, aber beginnen, Zeugnis von der Wirklichkeit Gottes abzulegen. Dem Eingeweihten liegt die Verherrlichung Gottes am Herzen. Er sucht nach Wegen, andere durch sein Leben oder seine Schriften zu berühren. Für ihn trifft die Aussage zu: „Außer ein Mensch wird wiedergeboren, vermag er das Reich Gottes nicht zu sehen."

Die zweite Einweihung

Das Tor der zweiten Einweihung öffnet sich langsamer als das der ersten. Sie wird als *Taufe* bezeichnet. Obwohl den Aspiranten das gleiche Staunen erfasst, sind seine Selbstbeherrschung und Ehrfurcht größer. Das Licht und die Schönheit des zweiten Erleuchtungsstromes übertreffen die des ersten. Es können drei Meister zugegen sein – der dritte als Abgesandter des Christus. Der Eingeweihte empfindet eine größere Einheit mit dem Ewigen Geist und eine tiefere Erkenntnis dieser Unvergänglichen Gegenwart. Allein der Mut des innewohnenden Gottesfunkens ermöglicht es ihm, über seine Beziehung zu den Wundern, die seinem Bewusstsein offenbart wurden, nachzusinnen. *Wachsam behüte dein Herz, denn daraus quillt glückliches Leben* (Spr. 4, 23). Das Wort „Herz" bedeutet in diesem Zusammenhang die Bewusstwerdung sich offenbarenden Lebens. Alles wird als heilige Kostbarkeit wahrgenommen.

Die Aufgabe des Eingeweihten zweiten Grades besteht darin, aus der Vielfalt der Wahrnehmungen des Sechsten Sinnes zu lernen. Er ist sich bewusst, dass sich ihm Unerfreuliches ebenso zeigen wird wie Wunderbares. Je mehr er sieht, desto größer wird sein Wunsch nach Stille und wenigen Worten, um den Gedanken Aufmerksamkeit zu schenken.

Er muss lernen, physische und seelische Ängste zu überwinden und eine Furchtlosigkeit zu erlangen, die ihn angesichts eines Feindes oder eines Unglücks weder die Beherrschung noch die Einstimmung auf Gott verlieren lässt. Nur Furchtlosigkeit wird uns die Kraft geben, Macht über die Elementale zu gewinnen, ansonsten werden sie uns beherrschen. Wir stehen unter dem Beschuss der niedrigen Kräfte, die danach trachten, das Licht zu vernichten. Wir sollten uns von jeglichem Aberglauben befreien und geistigen Mut und Vertrauen entwickeln, um die Oberherrschaft über das Böse zu gewinnen, sei es auf dem politischen Feld oder in anderen Bereichen. Das Gelübde des Eingeweihten zweiten Grades lautet: *Ich will mich über die Furcht erheben und den Göttlichen Plan von menschlichen Fesseln befreien.*

Die Entwicklung des Eingeweihten zweiten Grades erfordert Mut, einen disziplinierten Willen, Demut und Bescheidenheit.

Er wird nachdenklich, spürt seine ungeheure Verantwortung und arbeitet hart daran, Vertrauen und Furchtlosigkeit zu entwickeln, um anderen zu helfen. Einige seiner Merkmale sind Entschlossenheit, ein aktiver Glaube und eine gewisse Zurückhaltung, geistige Erfahrungen preiszugeben.

Die Gefahr liegt im *Formalismus*. Es besteht die Tendenz zum Rituellen und zur Überbewertung bestimmter Meditationshaltungen, Atemübungen und Wiederholungen feststehender Gebete und Affirmationen. Diese Aspekte besitzen ihren Wert, aber der Schüler muss die Abhängigkeit von der Form meiden.

Wenn die Seele Gott ausreichend liebt und verehrt, können die beiden ersten Einweihungsgrade in einem Leben genommen werden, was allerdings unwahrscheinlich ist. Aufgrund des umfangreicheren Wissens, einer erweiterten Bewusstheit und eines umfassenderen Verantwortungsbereiches vergrößern sich die Abstände vom dritten Einweihungsgrad an.

Einige bekannte Eingeweihte zweiten Grades sind: Max Heindel, Rudolf Steiner und Alice Bailey.

Die dritte Einweihung

Bei der dritten Einweihung, der sogenannten *Verklärung*, überschattet das höhere Selbst den Eingeweihten in besonderer Weise. Der Körper scheint von innen heraus zu leuchten. Die außergewöhnliche Sensitivität des Schülers bewirkt eine Transparenz der Haut, die einer aufstrahlenden Lampe gleicht, sobald das höhere Selbst die Verantwortung übernimmt. Er wird sich der Initiatoren, die den Eintritt in die höheren Bewusstseinsebenen ermöglichen, bewusster als zuvor.

Er erfährt nicht nur das Aufblitzen des Erleuchtungsstrahles aus der Quelle des Geistes und der Liebe Christi, sondern erlebt zum ersten Mal bewusstes Einssein mit dem *Herrn der Welt*, dem Sanat Kumara. Bei den vorangegangenen Einweihungen spürte er die Gegenwart von Wesen. Nun erkennt er seine Schirmherren und den Hohepriester, die sein Gelübde bezeugen.

Die Unterweisungen der dritten Initiation fasst der Vers zusammen: *...die Opfergabe in reinem Gefäße in das Haus des Herrn* *bringen* (Jes. 66, 29), was bedeutet, dass der Eingeweihte aufgefordert ist, in einem geläuterten Körper und in aufrichtiger Weise die Gabe seines Dienstes in das „Haus des Herrn" zu tragen. Die Läuterung des menschlichen Selbst durchzieht seine gesamte Inkarnation und erfüllt ihn in zunehmendem Maße mit dem Göttlichen. Der Eingeweihte dritten Grades ist lauter, kindlich und demütig, denn er ist frei von der Last menschlicher Bindungen.

Man erwartet von ihm, „im Namen der Sache zu wirken". Es bedarf nicht nur eines umfangreichen metaphysischen Wissens und der Kenntnis esoterischer Prinzipien und Gesetze, sondern auch der Fähigkeit, dieses Wissen zur Heilung und Entlastung anderer einzusetzen. Aufgrund seiner starken Gebetskraft, durch die er ungewöhnliche Dinge zu bewirken vermag, wird er vom Laien als *Heiliger* bezeichnet. Das Gelübde des Eingeweihten dritten Grades lautet: *Ich werde dem Herrn ein Gefäß sein. Meine Freude wird sein, in seinem Sinne zu wirken.*

Auf dieser Stufe der „Rückkehr" muss der Schüler Initiative, Kühnheit und die Bereitschaft zur Selbstaufopferung entwickeln. Außerdem werden Reinheit, Integrität und spirituelle Reife von ihm verlangt. Es besteht die Gefahr, das Interesse an der Welt zu verlieren. Er neigt zur Askese und Einsamkeit. Doch die Hierarchie wünscht nicht die Entsagung, sondern die Überwindung des Verlangens, der Welt zu entsagen. Unsere Freiheit liegt nicht in der Flucht, sondern in der geistigen Transzendenz gesellschaftlicher Begrenzungen.

Das Hauptmerkmal des Eingeweihten dritten Grades liegt in seiner Fähigkeit, sich der Sache, weniger sich selbst zu widmen. Er besitzt die ungewöhnliche Kraft, mündlich oder schriftlich eine *Lebenswahrheit* zu formulieren, die mit jedem Hören oder Lesen neue Bedeutungen enthüllt. Zunächst erkennt man nur die fremde Wahrheit. Dann scheint der metaphysische Aspekt aus dieser Aussage hervorzutreten, bis sich vor dem überraschten Sucher die esoterische Deutung entfaltet.

Zwei bemerkenswerte Eingeweihte dritten Grades waren Franz von Assisi und der indische Heilige Ramakrishna.

Die vierte Einweihung

Während der vierten Einweihung erhält der Jünger den Segen vom Rat der Meister, denn bald wird er seinen Platz unter ihnen einnehmen. Sie wissen, wie mühsam der Pfad zwischen der vierten und fünften Einweihung sein wird. Den Jünger erfasst das Gefühl, von Feuerzungen verzehrt zu werden. Sobald dieses Empfinden schwindet, erfüllt ihn ein tiefer Friede, den das Wissen um die bevorstehenden Feuerproben nicht trübt. Eingeweihte vierten Grades werden *Arhat* genannt. *Siehe, er tötet mich, ich halte es nicht aus; nur will ich meine Wege ihm ins Angesicht dartun.* (Hiob 14, 15) Diese Aussage mag die Gefühle eines Arhat beschreiben.

Das Gelübde des Eingeweihten vierten Grades lautet: *Ich werde mein Leben für die Sache hingeben.* Die Disziplin dieser Stufe beinhaltet, das persönliche Selbst aufzugeben und allein für die Gerechtigkeit auf Erden zu leben. Es mögen mehrere Leben vergehen, um Selbst-Liebe und Egoismus zugunsten der Sache völlig aufzugeben. „Nicht mein, sondern Dein Wille geschehe", muss unter Beweis gestellt werden. Der Eingeweihte durchlebt Marterqualen, denn bei dem Versuch, sich von seinem Ego zu befreien, tritt es tausendmal deutlicher und mächtiger hervor als jemals zuvor. Aus diesem Grund bezeichnet man die vierte Einweihungsstufe als die *Kreuzigung*, was bedeutet, dass das Ego und der persönliche Wille auf das Kreuz der Überwindung genagelt werden müssen.

Die Aspekte dieser Einweihung sind die *Aufgabe des Ego* und die *Überwindung des Bösen.* Die Gefahr besteht, dass sich der Arhat von dieser ungeheuren Verantwortung überfordert fühlt. Obwohl von ihm erwartet wird, seinen Teil dazu beizutragen, lastet das Gewicht dieser Aufgabe nicht allein auf ihm. Er wirkt nur als Durchlassgefäß, und die Adepten, die ihn führen, sorgen für ihre Durchführung. Der Arhat darf den richtigen Blick für seinen Platz im Göttlichen Plan nicht verlieren.

Er entwickelt Diplomatie, Weisheit, Ausdauer, Mut und Mitgefühl, erkennt die Notwendigkeit der Selbstaufopferung und richtet sein Augenmerk nur darauf, der Sache noch intensiver zu dienen. Manchmal bedeutet dies den Märtyrertod. Jeder Meister kann von dieser Zeit behaupten: *Den guten Kampf habe ich gekämpft, den Lauf vollendet, den Glauben bewahrt* (2. Tim. 4, 7).

Die Merkmale der vierten Einweihungsstufe waren deutlich erkennbar bei Sokrates, Paulus, Johannes, dem Lieblingsjünger, Jean d´Arc, Abraham Lincoln, Kahlil Gibran, Albert Schweitzer, Toyohiko Kagawa und Gandhi.

Die fünfte Einweihung

Bei der fünften Einweihung, die der Meisterschaft entspricht, wird der Geist des fortgeschrittenen Eingeweihten nach Shambhala geführt. Der Planetarische Logos betraut ihn mit neuen Aufgaben, und er kommt unter den Strahl des Solaren Logos.

Den Meistern zufolge lassen sich die Ereignisse und Empfindungen der fünften Einweihung nicht in menschliche Worte kleiden. Die Verzückung, die den Initiierten auf der letzten Stufe zur *Sohnschaft* erfasst, übersteigt jede jemals erlebte Freude. Ein Meister hat das Ziel erreicht, das die gesamte Menschheit anstrebt. Er ist nicht länger ein Leuchtturm, sondern eine strahlende Sonne. Jene, die die Bezeichnung *Meister* erwarben, haben die Lektionen der Erde abgeschlossen.

Dann wird dein Licht hervorbrechen wie die Morgenröte … und die Herrlichkeit des Herrn wird deinen Zug schließen (Jes. 58, 8). Jenseits der Meisterschaft gibt es höhere solare und kosmische Einweihungen. Die Seele eines Meisters erstrahlt als Stern am unsichtbaren Firmament der Erde. Er ist im Vollbesitz göttlicher Kräfte.

Der Einfluss der Eingeweihten

Neben der Entdeckung der göttlichen Wahrheit steht das Beispiel großer Seelen, die es nur nach der Vereinigung mit dem Ewigen verlangte. Der Mensch bedarf ihrer Inspiration und Bestätigung, ihres Mutes, ihrer Stärke und Hingabe, die ihm den Weg zu seiner eigenen Vollendung weisen. Wir sollten mehr über ihr Leben, ihre Worte und ihre Ausstrahlung in Erfahrung bringen.

Mystiker finden sich in allen Lebenssparten, bei Historikern, Wissenschaftlern, Philosophen und Dichtern. Hat das Feuer der Erleuchtung sie entfacht, besitzen sie die Fähigkeit, in zwei Welten gleichzeitig zu leben und den inneren Aspekt in die äußere Welt einfließen zu lassen, eine Gabe von unschätzbarem Wert. Es waren die Eingeweihten mit Sinn für das Praktische, die humanitäre Einrichtungen gründeten oder den Armen und Bedürftigen halfen. Gott entsandte sie, um die Bürde der Welt zu erleichtern. Das Leben der Heiligen bildet eine wunderbare Quelle, um ihre Gewohnheiten und Lehren zu studieren. Jeder Heilige ist ein herausragendes Beispiel an Sorgfalt, Selbstlosigkeit und lauteren Absichten. Wir danken Gott, dass sie auf der Erde lebten und uns wie ein Leuchtfeuer den Weg in die Ewigkeit weisen.

Zu allen Zeiten wirkte das Licht hoch entwickelter Seelen auf die Menschheit ein. Ihnen verdanken wir den Fortschritt unserer Welt. Jene bemerkenswerten reinen Kanäle, von denen einige noch nicht die Meisterschaft errungen haben, aber kurz davorstehen, besitzen die Fähigkeit, mit geistigen Archetypen, den Symbolen bedeutsamer Wirklichkeiten, in Verbindung zu stehen. Aufgrund ihrer Spiritualität, Konzentration, Zielstrebigkeit und Hingabe sind sie in der Lage, die Höhen urbildlicher Herrlichkeit zu erreichen und diesem Planeten lebendige Energien zuzuführen, die sein Schicksal in besonderer Weise verändern.

Im Laufe der Zeitalter haben überragende Seelen das Heilige Licht lebendig gehalten. Während zahlreicher Leben bemühten sie sich, Gottesbewusstsein bis zu einem Grad zu erlangen, dass sich die göttlichen Kräfte in ihnen entfalteten. Dieses Licht brach aus Franz von Assisi, Jakob Böhme, Gandhi und vielen anderen hervor, die das Wort Gottes verkündeten und Seinen Willen unter den Menschen erfüllten.

Jeder von uns sollte sich der Tatsache bewusst sein, dass ihn diese Lichtträger vor seinem niederen Selbst bewahrten und er auf einer höheren Stufe wiedergeboren wurde. Obwohl es in der heutigen Zeit vielleicht aufrichtige und engagierte Seelen gibt, legen sich sehr viele nicht fest. Eine dritte, in Dunkelheit lebende Gruppe bedarf in besonderem Maße der Eingebungen, um auf den richtigen Entwicklungsweg zurückzufinden.

Geistige Entwicklung verläuft nicht gleichförmig. Es gibt Individuen, die einen außergewöhnlichen Charakter besitzen, aber keine Novizen sind. Die vollkommene Selbstlosigkeit, Hingabe und Gläubigkeit einer Mutter mögen vor der Initiation erworbene Charakterzüge sein, die den Abstand zwischen den Einweihungen verkürzen. Ein Geschäftsmann mag edle Eigenschaften besitzen, wie Integrität, Mut und scharfe Urteilskraft, die ihm nützlich sein werden, wenn ihn das Verlangen nach geistigem Fortschritt ebenso gefangennimmt wie der Wunsch nach materiellem Gewinn.

Der Eingeweihte wählt den einfachen Weg, der alles Überflüssige, Künstliche und Konventionelle vermeidet. Es liegt nicht in seiner Absicht, die Menschen damit zu beeindrucken. Er will nur seine Hingabe an Gott zum Ausdruck bringen. Er benötigt ungeheuren Mut und großes Vertrauen, um Gott an die erste Stelle zu setzen und dem Spott der Massen entgegenzutreten. Seine geistige Großmut wirkt erhebend auf seine Mitmenschen. Die Worte eines eingeweihten Schriftstellers werden von einem Lichtstrom durchzogen, der sich dem Hellseher als goldener Faden zeigt. Die Schriften Jakob Böhmes, der die Wahrheit äußerst wortgewandt darzulegen vermochte, haben viele Menschen beeinflusst.

Alle Eingeweihten weisen uns auf die Tatsache hin, dass wir uns nicht selbst gehören, sondern Gott, denn Er hat uns erschaffen. Sie machen uns bewusst, dass latente Qualitäten durch eine kluge und sinnvolle Lebensweise entfaltet werden können. Die auf Gott und die Wahrheit ausgerichteten Werte des Lebens sind von solch unschätzbarem Wert, dass wir unser Leben neu gestalten und uns engagieren wollen. Wenn wir uns der Wahrheit nicht widersetzen und ihr erlauben, uns zu verfeinern, neu zu gestalten und zu transformieren, werden wir alles gewinnen.

Betrachten wir Menschen wie Albert Schweitzer, erkennen wir das Wirken Gottes in unserer Welt. Sie rütteln uns aus unserer Eintönigkeit, Verschlafenheit und üblichen Konventionalität auf und öffnen uns für die jenseitigen Dimensionen, denn sie leben in Zeit und Ewigkeit.

Die Vorbedingung für die Einweihung besteht in der erforderlichen Vorbereitungsarbeit. Unserem Verständnis entsprechend, haben wir uns von unserem niederen Selbst befreit und haften nicht länger an den weltlichen Dingen, die Körper, Geist und Seele vergiften. Unser Streben nach dem Gotteslicht wird durch die überwältigende Einweihungserfahrung belohnt.

Es versteht sich von selbst, der Neugier zu widerstehen, nach der Entwicklungsstufe eines anderen zu fragen und Stillschweigen über die eigene zu bewahren.

Die Frage der Einweihung betrifft jeden, der den Christus-Weg beschreitet. Es wird von niemandem erwartet, diese Stufe zu nehmen, bevor ihn seine Sehnsucht nach der eigenen Vollkommenheit darauf vorbereitet hat. Diese Vorstellung mag einige überfordern, aber der Aufstieg gestaltet sich nicht so steil, da wir immer nur einen Schritt nehmen. Nicht die Schwierigkeit der jeweiligen Einweihungsdisziplin sollte uns beunruhigen, sondern eher die Sinnlosigkeit und das Leiden unseres unbemeisterten Selbst.

Es stehen uns täglich vierundzwanzig Stunden für den Aufstieg zur Verfügung. Für jene, die den Christus und die ewigen Lehren wahrhaft lieben, gibt es keine Alternative. Jeder, der in vollem Bewusstsein der inneren und äußeren Welten leben und alle seine Fähigkeiten einsetzen will, muss täglich ein wenig mehr wachsen. Wir sollten still werden und die erlösende Kraft des Christus bitten, uns von allen Negativitäten zu befreien und zum Sieg über unsere Umstände zu verhelfen.

9

Die Meister

Und Größeres, als ich getan habe, werdet ihr in meinem Namen tun. Mit dieser Aussage weist Christus darauf hin, dass die Vervollkommnung des Lebens jedem bevorsteht. Die Erfahrungen, die wir im Laufe unserer Entwicklung machen, formen und verfeinern uns, bis wir diese Stufe erreicht haben. Wir sollten über das Ziel der Evolution nachsinnen. Jeder muss sich mit dem Lichtgewand bekleiden und mit den flammenden Kräften und Fähigkeiten der Meisterschaft ausgestattet werden.

Humboldt sprach die Wahrheit, als er sagte: „Die edelste Frucht, die die Erde ihrem Schöpfer darbietet, ist ein *vollendeter Mensch.*" Aus der Seelenschar, die die Menschheit in den inneren und äußeren Sphären bildet, sind einige hervorgegangen, die das Evolutionsziel trotz der ungeheuren Aufgabe erreicht haben. Diese großen Seelen besitzen alle Charaktertugenden in reinster Form und sind die leuchtenden Vorbilder unseres Werdeganges. Die Tatsache, dass einige wenige die Meisterschaft errungen haben, bedeutet eine beständige Herausforderung. Trotz der Schwierigkeiten wird von jedem Menschen erwartet, dieses Ziel zu erreichen.

Mit der Stufe der Meisterschaft wird der irdische Lernprozess abgeschlossen. Ein Meister beherrscht alle seine Körper. Diese vollendeten Männer und Frauen waren einst Menschen wie wir. Mit ihrer ersten Einweihung traten sie mit der Hierarchie in Verbindung, die unsere Welt auf innerer Ebene lenkt. Die fünfte Einweihung öffnete ihnen den Weg in die über-irdische Evolution. Die Anzahl vollendeter Männer und Frauen, die aus der menschlichen Existenz aufgestiegen sind, bilden den *Rat der Meister.* Sie bekunden, welche ungeheure Arbeit die Schüler anderer Planeten, die Meister, Adepten und Logoi auf die Erde entsandten, auf diesem Globus verrichteten. Unsere Menschheit bedurfte dieser Vorboten der Erd-Evolution, da sie noch keine eigenen Meister hervorgebracht hatte. Vollendete Seelen aus unseren eigenen Reihen werden diese göttlichen Boten von ihren Verantwortungen entbinden.

Zu allen Zeiten haben sich weit fortgeschrittene Männer und Frauen inkarniert, um der Menschheit zu dienen. Die Meister, welche den frühen Menschen in der Musik, Mathematik, Astronomie und Wissenschaft unterwiesen, stammten nicht von diesem Planeten. Die größten Lehrer der Menschheit wirken oft im Verborgenen, regen andere zu stärkerem Wachstum an, fördern eine gute Sache und beseitigen Unruhen, indem sie als Übermittler starker Kräfte wirken. Allein durch ihre Anwesenheit in der physischen Dimension vermögen diese lebendigen Kraftwerke die Energie weiterzuleiten. Andere wiederum wirken in der Öffentlichkeit als religiöse Führer, Philosophen und Alchemisten. Sie treten durch den Genius ihres Intellekts und einen erlösergleichen Charakter hervor. Wo immer diese großen Seelen aufgetreten sind, wurde die Menschheit aufgerüttelt und ihre Weiterentwicklung erneut angespornt. Sie stand unter dem Einfluss des Buddha, Konfuzius, Krishna, Pythagoras, Quetzalcoatl, Zoroaster und vor allem unseres Herrn Christus. Diesen außergewöhnlichen Seelen, die der Menschheit zur Seite standen und ihre Evolution beschleunigten, verdanken wir sehr viel.

Steigt ein Individuum zum Meister auf, feiern die Himmel seine Krönung. Lobgesänge ertönten zu Ehren Christi, der den Weg ebnete. Da der neue Meister seinen irdischen Werdegang abgeschlossen hat, gilt seine Aufmerksamkeit nicht länger sich selbst, sondern der Überwindung von Unwissenheit, Krankheit und Chaos. Wie ein alles durchdringender Suchscheinwerfer konzentriert er sich auf Personen und Gegebenheiten. Seine Prüfungen ergeben sich aus dem Bösen in der Welt, das den Evolutionsplan behindert. Er lebt im Dienste anderer. Bis zur Vervollkommnung der gesamten Menschheit bedeuten ihre Probleme und Begrenzungen für den Meister eine Herausforderung. Seine nächste Wachstumsstufe hängt davon ab, möglichst viele Personen auf die Stufe der Erneuerung zu führen. Der Weg vom Meister zum kosmischen Lehrer umfasst eine lange Zeitspanne, vergleichbar mit jener, die zwischen einem Novizen und dem fünften Einweihungsgrad liegt.

Meister stehen unter Beobachtung von noch höheren Wesen, die ihrerseits von dem göttlichen Wesen eines bestimmten Entwicklungspfades überschattet werden. Die Aufgabe eines Eingeweihten sechsten Grades besteht darin, Kraft, Liebe und reine Gedanken in das All auszustrahlen. Seine Aufmerksamkeit gilt dem Kosmos, Seine Unterstützung der Welt. Erhabene Logoi sind mit dem Geist Gottes in einer Weise verschmolzen, dass Sie als Kanäle für Seine Gedanken, Seine Güte und seine Gesetze, die die Welt regieren, wirken. Obwohl der Weg von der Passivität zur bewussten Göttlichkeit schwierig und kompliziert erscheint, wird der gesamte Prozess von unsagbarer Einfachheit, Ordnung und Weisheit gelenkt. Nur die Höchste Gottheit vermochte einen Plan zu entwerfen, nach dem sich alles Leben allmählich entwickelt, um vom Schlummerzustand in die volle Bewusstheit Seiner Schöpfung aufzusteigen. Im Laufe der Zeitalter sind die fortgeschrittensten der Kulturen Wächter der Göttlichen Absichten gewesen.

Warum sollten wir um die Existenz der Meister wissen? Der Hauptgrund hierfür liegt in der Tatsache, dass sie Wirklichkeit sind. Wir sollten nicht versäumen, alles, was unser Wissen bereichert, in Erfahrung zu bringen. Es wäre ein großer Mangel, sich der inneren Weltregierung und ihrer Mitglieder nicht bewusst zu sein. Da sich jeder von uns auf dem Wege zum Adepten befindet, unterstützt dieses Wissen zudem unsere Entwicklung, denn sie sind die Hüter des Wissens, der Weisheit und der Talente. Sie gehen uns mit leuchtendem Beispiel voran, und obwohl eine gigantische Aufgabe vor uns liegt, wirkt ihr Vorbild anspornend und herausfordernd, unsere Lebensaufgabe darin zu sehen, dieses Ziel anzustreben. Wir wissen, dass auch wir zu gegebener Zeit Gottes Majestät und Güte selbstlos, makellos und weise reflektieren werden.

Vollendete Männer und Frauen wünschen nicht, dass wir sie verherrlichen. Ihr einziger Wunsch besteht in unserer Gottesanbetung und einem sinnvollen, entschlossenen inneren Wachstum. Sie erwarten unseren Respekt und unsere Verehrung.

Verehrung ist etwas anderes als Anbetung. Es bedeutet, sich in Liebe, Respekt und Demut an sie zu wenden. Wir dürfen von ihnen lernen und dabei ihre Nähe andeutungsweise fühlen. Zu einem späteren Zeitpunkt werden wir sie erkennen und einen Punkt erreichen, an dem wir für sie als Durchlassgefäß wirken. Auf diese Weise wird vielen Menschen Zufriedenheit und Fortschritt als Segnung der Hierarchie zuteil werden.

Arbeit und Verantwortlichkeiten

Wenn jemand die Stufe eines Meisters erreicht hat, darf er ein Betätigungsfeld wählen. Doch keine Aufgabe ist dauerhaft. Unter Aufsicht des Lehrers, der die Verantwortung für seinen weiteren Entwicklungsweg trägt, wird er bestimmte Verpflichtungen eingehen. Einige Meister beschließen, dort zu dienen, wo sie benötigt werden, während es andere vorziehen, ihren Fähigkeiten entsprechende Aufgaben zu übernehmen.

Ein Meister mag beschließen, sich in das *Paradies* oder ins *Nirvana* zurückzuziehen und in diesem gewaltigen Lebensstrom fortwährend im Zustand der Meditation oder Kontemplation zu verharren und zum Wohle der Menschheit Ereignisse und Vorgänge auszulösen, die jenseits menschlichen Verständnisses liegen. Unser gesamtes Sonnensystem stützt sich auf diese innere Arbeit.

Eine andere Möglichkeit besteht darin, die geistigen Strömungen und Kräfte des transzendenten Lichtes, das der Planetarische Logos über die Evolution ergießt, zu verteilen. Es gibt Meister, die es vorziehen, mit der nächsten Evolutionskette zu arbeiten, mit Menschheiten, die sich in Zukunft außerhalb der Erde entwickeln werden. Ein anderer Adept mag sich mit der atomaren Evolutionslinie befassen, die für die Läuterung der *Essenzen* verantwortlich ist. Wenn wir nach dem Tode unsere Körper abstreifen, bleiben jene Atome erhalten und strömen in die Lichtessenz. Dies geschieht unter Aufsicht eines Meisters, der in diesem Fall mit den Engeln zusammenarbeitet.

Wenn ein Meister es wünscht, kann er sich den Reihen der Engel anschließen und den Rang eines Erzengels einnehmen.

Meister Serapis, der Meister der Literatur und schöpferischen Künste, kam ursprünglich aus der Deva-Evolutionslinie, beschloss aber, sich als Mensch zu inkarnieren, um seine Entwicklung zu beschleunigen. Als Adept wünschte er zurückzukehren und wurde ein Erzengel.

Eine weitere Möglichkeit besteht darin, sich in den Dienst des Solaren Logos zu stellen und als Bote zwischen den Planeten zu wirken. Diese Aufgabe bedeutet eine ungeheure Verantwortung, die großer Stärke bedarf. Meister können Mitglieder der inneren Hierarchie werden und die Welt lenken und unterstützen. Von jenen, die sich entschließen, hier zu bleiben, werden wir erfahren, denn diese Gruppe bildet auch weiterhin eine Quelle der Erleuchtung für uns.

Es gibt Adepten, die als Träger von Kraftströmen unauffällig unter den Menschen weilen, um diese Kräfte zu erden. Nur ein Meister besitzt die Fähigkeit, der Menschheit einen solchen Dienst zu erweisen. In den meisten Fällen bleibt er völlig unerkannt. Bestimmte Meister stehen telepathisch mit diesen Adepten in täglichem Kontakt, um die Hierarchie von irdischen Geschehnissen zu unterrichten, die ihrer Aufmerksamkeit bedürfen.

Jede Person, die den Anspruch erhebt, hier auf der Erde ein Meister zu sein (oder falls andere die Behauptung aufstellen), liegt weit unter dieser Stufe. Sie mag zwar bis zu einem gewissen Grad Zugang zu Phänomenen besitzen und erleuchtet sein, um anderen zu helfen, der wahre Meister bedient sich jedoch niemals irgendwelcher Phänomene, um Neugier zu erregen, und spricht niemals über sich selbst, seinen Rang, sein Wirken und seine Ausstrahlung. Seine Verkörperung genügt als Beweis.

Ein Meister mag beschließen, die Verantwortung für ein Land zu übernehmen und Ereignisse herbeiführen, die sein Volk die notwendigen Entwicklungsschritte erkennen lassen. Im Bereich des Machu Picchu residiert der Meister von Südamerika, *Tolari* mit Namen, auf den inneren Ebenen. Der Blick dieser ungeheuer starken Seele mit den mandelförmigen Augen und der leicht gebräunten Haut lässt erahnen, dass diese Seele große Einsamkeit gekannt hat. Der Meister, der die Verantwortung für Amerika trägt, ist Meister Americus. Sein Machtzentrum befindet sich über dem Lincoln Memorial in Washington, D.C. Der gesamte asiatische Kontinent steht unter Führung des Meisters Ashoka. Meister Rakoczy, früher bekannt als St. Germain, ist der führende politische Meister Europas. Er beaufsichtigt nicht ein einzelnes Land, sondern trägt die Verantwortung für die Meister der jeweiligen Länder, die das Schicksal Europas beeinflussen.

Im Dienste des Christus widmen sich einige Meister der Heilungsarbeit. Einer von ihnen ist Meister Shallwanawaki, ein wunderbarer Adept im Erscheinungsbild eines Hindu. Er befasst sich mit zukünftigen Heilungsformen, fortgeschrittenen Methoden, die die Menschheit von ernsthaften Beschwerden befreien werden. Meister Dratzel ist ein großartiger Diagnostiker, der Einfluss auf die intuitive Fähigkeit des Arztes bei der Diagnose schwieriger Fälle nimmt. Meister Amiel heilt durch Anwesenheit. Ebenso wie Christus steht er am Fußende eines Bettes und erhöht die Schwingungen des kranken Körpers, um sie zu läutern. Ein Hellseher vermag seine strahlend helle Aura kaum zu ertragen.

Einige Meister unterstehen unmittelbar dem Christus, dem Oberhaupt der geistigen Universität, und wirken als Lehrer. Jede große Abteilung besitzt ihren eigenen Dekan. Diese vollendeten Männer und Frauen haben das Überbewusstsein erreicht. Ihre Hauptaufgabe besteht in der Unterweisung des Menschen, das Göttliche in sich zu entfalten. Dies geschieht durch Unterricht, Training, Beispiel, Herausforderung und mitunter konstruktive Kritik. Akzeptiert der Meister einen Jünger, steht dieser unter der sorgsamen Betreuung dieser Seele, die ihn in sein Bewusstsein aufnimmt, mit ihm arbeitet und darauf achtet, dass er zur wahren geistigen Demut gelangt, ohne Vorurteil oder Furcht.

Jene Meister und Engel, die die Anweisungen Christi ausführen, nähern sich den Menschen und durchdringen sie mit den notwendigen Schwingungen, um erforderliche Entwicklungsschritte auf sozialer und Weltebene zu fördern. Je größer die Liebe, die wir den Menschen entgegenbringen, desto stärker unsere Verbindung zu den Meistern, die Christus dienen.

Ein Avatar ist ein Meister, unter dessen Einflussnahme ein Individuum religiöse Schriften verfasst oder ein Glaubenssystem begründet. Eine solche Überschattung erfordert eine hohe Sensibilität und Bewusstheit.

Die innere Regierung

Die *Innere Regierung der Welt* setzt sich aus vollendeten Seelen der Menschen- und Engel-Evolutionslinie zusammen. Diese Hierarchie ist auch bekannt als die *Erhabene Weiße Bruderschaft.* Der Verwaltungskörper ähnelt in seinem Aufbau einer großen Universität oder Regierung in der äußeren Welt. Die niedrigste Manifestationsstufe dieses Regierungssitzes befindet sich auf der Ätherebene und liegt in Shambhala. Die unterschiedlichen Repräsentanten der geistigen Hierarchie schenken dieser inneren Regierung der Menschheit unablässig ihre dienende Aufmerksamkeit.

Die Stufe über einem kosmischen Lehrer ist die eines Logos oder *Aeons.* Diese mächtigen Söhne und Töchter Gottes tragen die Verantwortung für die Vervollkommnung jedes Systems in Ihrem Wirkungsbereich. Sie herrschen über Planeten, Sterne, Galaxien und Milchstraßen. Der Solare Logos, Osiris, dessen physischen Körper die Sonne darstellt, ist das höchst entwickelte Bewusstsein und der Erhalter des Lebens in unserem Sonnensystem. Er herrscht über diese unvorstellbar strahlende Sphäre durch die unmittelbare Verbindung mit dem Reinen Gott-Geist.

Unser Planet wird von dem dynamischsten Genius Göttlichen Lebens, dem Planetarischen Logos, gelenkt. Diese Göttliche Intelligenz trägt die Verantwortung für die Energiestrahlungen, die unsere Erde auf allen Ebenen umhüllen. Seine niedrigste Kommunikationsebene ist die Adonai-Welt. Der *Herr der Welt,* der Sanat Kumara, der nicht aus unserer Menschheit hervorging, übermittelt seine Gedanken durch die Hierarchie. Es folgt der *Alte der Tage,* der ebenfalls aus einer anderen Sphäre stammt. Seine Aufgabe besteht darin, die Hierarchie zu lenken und zu inspirieren. Der Sanat Kumara tritt nur dann in Erscheinung, wenn der Rat der älteren Brüder und Schwestern seiner Hilfe bedarf.

Die größte Seele unserer Menschheit, der lebendige Christus, steht in direkter Verbindung zum Planetarischen Logos. Der Herr aller Religionen trägt die Verantwortung für die Erlösung der Welt. Der Mahachohan strahlt den Geist der Wahrheit aus und verleiht den Menschen die Kraft, die geistigen Wahrheiten zu erkennen. Der erhabene Manu bildet das Oberhaupt der Welt-Regierung. Ihm obliegt die Förderung der Zivilisationen.

Die Ausgießung der göttlichen Gnade steht unter der Obhut einer *Regina*, einer Eingeweihten sechsten Grades aus dem Engelreich. Unter ihr arbeiten mehrere weibliche Adepten. Meisterin Maria dient als Weltenmutter und bereitet sich darauf vor, das Amt der zur Zeit amtierenden Regina zu übernehmen, wenn diese voranschreitet. Meisterin Kwan Yin wirkt in besonderer Weise für das asiatische Volk. Beide befassen sie sich mit den Frauen und wirken Wunder, wenn das Karma es erlaubt. Sie transformieren die Welt.

Die großen Versammlungshallen der Meister befinden sich in der Astral- und Mentalwelt, ihre höchsten Sitzungssäle auf der Kausalebene. Die meisten Adepten wirken unablässig in der Seelenwelt. Sie sind aufeinander eingeschwungen, und ihr Hauptaugenmerk gilt der Erleuchtung der Menschheit. Bei ihren Zusammentreffen in den *Hallen der Weisheit* übernimmt Christus den Vorsitz. Jeder Meister dient Ihm. Er seinerseits wacht über diese innere Regierung, segnet und lenkt sie.

Jene Meister, die sich für eine Zusammenarbeit mit der Hierarchie entschieden haben, bekunden ein besonderes Interesse für die irdische Menschheit und durchfluten alle Dimensionen mit göttlichem Licht. Ebenso wie das Leben der physischen Welt durch das Sonnenlicht aufrechterhalten wird, lebt der Mensch auf innerer Ebene durch das Licht Gottes. Die Arbeit der vollendeten Seelen gilt der Evolution. Zu diesem Zweck erfüllen sie unsere Atmosphäre unablässig mit Energien, die dem Fortschritt dienen.

Ihr Aufgabenbereich erstreckt sich vom abstraktesten bis zum konkretesten Aspekt. Es gibt gewisse Gruppierungen von Meistern, die bestimmte Pflichten erfüllen und *Organisatoren religiöser Bewegungen und Systeme* genannt werden. Andere Meister tragen den Titel *Verteiler der Macht* und wieder andere werden als *Direktoren* bezeichnet, *Designer, Initiatoren* oder *Hüter der Nationen.*

Die Meister dienen auf jedem der sieben Strahlen und in allen Bereichen, die unsere Welt betreffen – Religion, Philosophie, Erziehung, Wissenschaft, Kunst, Mathematik, Staatsführung,

Volksgut und Kultur. Bedarf eines dieser Gebiete der Weiterentwicklung, werden die entsprechenden Gedanken von den Meisterseelen als Archetypen auf der Mentalebene ausgesendet, bis sensitive Menschen sie aufzunehmen vermögen.

Die bekanntesten Meister, die sich der Erziehung widmen, sind Meister Djwal Khul (auch *der Tibeter* genannt), Meister Kuthumi und Meisterin Elision. Dem *Tibeter* obliegt das systematische Denken – Weisheiten und Gebräuche, die von den Massen eingehender verstanden werden müssen. Meister Kuthumi widmet sich der Aufnahme und Verbreitung höheren Wissens, das mittels Gedankenformen wahrgenommen und angewendet werden kann. Meisterin Elision bereitet Seelen vor, die sich als Überbringer einer speziellen Botschaft inkarnieren. Aufgrund ihrer ruhigen, heiteren Unterweisung sinken die Samen zur Geburt neuer Weltbewegungen und Zielsetzungen in das aufnahmebereite Bewusstsein dieser Seelen. Meister Hilarion widmet sich dem wissenschaftlichen Fortschritt. Er steht in engem Kontakt mit unserer Welt, um jene Individuen zu ermutigen und zu inspirieren, die an den entsprechenden Möglichkeiten arbeiten.

Die Meister besitzen eine einzigartige Gabe, sich über eine Angelegenheit zu informieren. Sie wenden dem Thema ihre Aufmerksamkeit zu und sehen aufgrund ihrer telepathischen Fähigkeit sofort alle Aspekte vor sich und treffen dementsprechend ihre Entscheidungen.

Ein Meister ist sich seiner äußeren Schüler und ihrer Bedürfnisse stets bewusst. Während er ihnen Kraft und Trost spendet, leistet er gleichzeitig seinen Vorgesetzten ungeheure Dienste. Diese Adepten setzen sich dafür ein, dass der Kreislauf irdischer Erfahrungen abgeschlossen wird.

Wenn die Meister ihre Schüler in kleinen Gruppen in den *Hallen der Weisheit* versammeln, blicken sie jeden Einzelnen mit einer tiefen, aber vollkommen unpersönlichen Liebe an. Sie durchdringt jeden Einzelnen. Sie beobachten ihre Schüler, urteilen aber nicht. Jeder Schüler ist für den Lehrer unendlich kostbar.

Meister sind Ausdruck der Vollkommenheit. Ihr Antlitz und ihre hochgewachsene Gestalt strahlen Adel und Würde aus. Sie erscheinen in einem Alter, in dem sie sich am wohlsten fühlen. Ihre bisweilen wie von Feuerranken durchzogenen Gewänder leuchten. Andere tragen weiße Roben, die das Licht sanft dämpfen, während in der Gewandung der weiblichen Adepten bisweilen wunderschöne juwelengleiche Gedankenformen aufblitzen. Je weiter die Seele fortgeschritten ist, desto heller erstrahlt sie.

Persönliche Erfahrung

Im Alter von sechs bis etwa einundzwanzig Jahren stand ich unter der Obhut des Meisters Johannes, des Lieblingsjüngers unseres Herrn. Zu der Zeit Jesu war er ein Eingeweihter dritten Grades. Als Prester John erreichte er im Mittelalter den vierten Einweihungsgrad und ist inzwischen zum Meister aufgestiegen. Mein Schutzengel pflegte mich auf seine Unterweisungen vorzubereiten, indem er mich anwies, ihnen nach der Klärung meiner Aura und Gedanken erwartungsvoll entgegenzublicken. Plötzlich wusste ich, dass der Meister mich in eine andere Sphäre rief. Er erwartete mich auf der Astralebene in seiner Kapelle im Neuen Jerusalem. Jeder seiner Schüler, an den der Ruf erging, verweilte eine Zeit lang in dieser Kapelle, um sich auf die Begegnung mit dem höchst liebevollen, strahlenden und von Freude erfüllten Adepten vorzubereiten. Dann traf ihn ein goldener Lichtstrahl, und er begab sich in das innere Sanktuarium des Meisters, dessen Symbol ein weißes, mit lieblich duftenden Blumen umranktes Kreuz ist. Dieser Meister führte mich zu bestimmten Orten in den inneren Welten, indem er seine Hand auf die meine legte. Er sorgte dafür, dass ich anderen Mitgliedern der Hierarchie begegnete. Mein Schutzengel machte mich auf Beratungen, zu denen die Jünger der Meister zugelassen wurden, aufmerksam. Ich bereitete mich darauf vor und pflegte mit anderen Schülern außerhalb der Runde zu sitzen, zu lauschen und zu beobachten und empfand tiefen Dank für diese Momente.

In meinen späten Teenagerjahren führte Meister Johannes meine Begegnung mit Meister Azabar, einem chaldäischen Adepten, herbei, der die Verantwortung für die weltlichen Finanzsysteme trägt. Er lehrte mich, Wohlstand durch die Kraft des Vertrauens anzuziehen und mir bewusst zu machen, dass alles, dessen man bedarf, aus der Ewigen Quelle gespeist wird.

Jakobus dem Jüngeren, einem der Jünger Jesu, galt mein größter Respekt. Damals war er fortgeschrittener als Johannes und erreichte bald die Meisterebene. Alles, was ich über das geistige Heilen weiß, hat Meister Amiel mich gelehrt.

Am 14. August 1950 erhielt ich von Arthur Learned aus Stamford ein Bild, das einen mir vertrauten Meister darstellte, dessen Namen ich aber nicht kannte. Am nächsten Tag wurde das Bild zu Beginn der Morgenmeditation im Beisein einiger Mitarbeiter Questhavens auf den Altar unserer kleinen Kapelle gestellt. Plötzlich bemerkte ich auf der Mentalebene eine weiße Feuerkugel aus der Ferne auf uns zukommen, in der einige Silbertupfen aufleuchteten, als sie die Astralebene erreichte. Die Kugel öffnete sich, und ich erkannte den wunderbaren Mann auf dem Gemälde. Diesem Meister war ich bei verschiedenen Sitzungen auf den inneren Ebenen begegnet.

Ein starker weißer Lichtstrahl entströmte seiner Aura, der meine Stirn berührte und durch den er zu mir sprach. Seine Worte erreichten meine Mentalebene mit der Klarheit eines Telefongespräches. Er begann: *Ich werde dir Frieden bringen und dich in das Allerheiligste führen.* Er hielt inne, und mir wurde bewusst, dass ich seine genauen Worte an die anderen weitergeben sollte, die sie Satz für Satz niederschrieben. Ich konzentrierte mich intensiv darauf, jedes einzelne Wort korrekt zu übermitteln und verfolgte mit geöffneten Augen genau seinen Gesichtsausdruck. Bisher war ich stets auf den inneren Ebenen unterwiesen worden, niemals in meinem physischen Körper und in Anwesenheit anderer. Es bedurfte aller meiner Kräfte, um den Schwingungen der Adepten standhalten zu können. Diese Aufgabe erwies sich als die schwierigste und zugleich inspirierendste meines Lebens.

Sein Name war Gamaliel. Zu der Zeit unseres Herrn war er jenes Mitglied des Sanhedrin gewesen, das sich zu Christus bekannte. In früheren Inkarnationen hatte er als Joshua und Ezra gelebt. Sein Symbol stellt ein Hexagon dar, in dessen Mitte sich ein römisches Kreuz, dessen Balken die Dreieckseiten berühren, oder ein weißer Kelch befindet. Er ist ein Repräsentant des dritten Aspektes der Trinität, was seinen rein weißen, mit Silberpartikeln durchzogenen Strahl erklärt. Als seine Gedankenformen verblassten, ertönten die Stimmen der *Engel der Anbetung* und der *Engel des Gesanges*. Meinem Schutzengel zufolge hatte dieser Meister bewussten Kontakt zu einer Gruppe aufgenommen, die als einer der Außenposten der Hierarchie wirken sollte.

Später am Tage versammelten wir uns wieder zur Meditation, und der Strahl des Meisters leuchtete erneut auf. Seine Botschaft lautete: *Ihr werdet meine Wächter auf Erden sein, und da ihr die Wahrheit bezeugen sollt, achtet darauf, dass die Wahrheit euch in einer Weise lenkt, dass ihr das, was ihr bezeugt, unter Beweis stellt.* Der Adept erklärte, uns eine Zeit lang fortlaufend unterweisen zu wollen, aber nur wenn wir seine Lehre umsetzten. Sein Hauptaugenmerk liegt auf der Erreichung des Seelenbewusstseins. Er lehrte uns, aus der inneren Mitte heraus zu leben.

Am 19. August leuchtete während der Nachmittagsmeditation, nachdem sich der Strahl Meister Gamaliels zurückgezogen hatte, der Strahl des Meisters Konfuzius auf. In einem früheren Leben war dieser große Meister als der gleichnamige chinesische Philosoph tätig gewesen. Sein kräftiger, warmer goldener Strahl glich dem plötzlich aufbrechenden Sonnenlicht. Es erhellte die gesamte Kapelle und flutete darüber hinaus. Er besitzt ein heiteres Wesen, und seine Weisheit sprüht vor Humor. Die ersten Worte, die er an uns richtete, lauteten: *Der Ernst ist angemessen, aber er gehört zum Geist, während der Jubel allen euren Trägern gebührt, die sich uns öffnen. Mein Bruder beabsichtigt, euch vom Novizen zum Wissenden zu führen... Wir wünschen, dass ihr geistige Ausgeglichenheit, geduldige Aufnahmebereitschaft und ein entspanntes Verhalten zum Ausdruck bringt... Ihr seid Menschen, denen bewusst der Weg zur Gottwerdung gewiesen wird. Dieses Werk Gottes bedarf noch der formenden Schöpferhand, damit das Göttliche seinen Weg mit euch geht, während ihr vor allen Dingen lernen müsst, stille zu sein.* Dieser Adept legt besonderen Wert auf inneren Frieden und Selbstbeherrschung.

Während der folgenden zweieinhalb Jahre kamen diese drei Meister – Konfuzius, Gamaliel und Johannes – regelmäßig und vermittelten uns ein tiefes geistiges Wissen. Bisweilen begannen sie ihre Unterweisung mit den Worten: „Habt ihr Fragen?“ Einer nach dem anderen stellten wir Fragen und erhielten Antworten, die unser Leben verändern sollten. Mitunter brachten sie einen weiteren Adepten mit, um uns spezielle Dinge zu lehren. Einer von ihnen war Meister Ashoka, bekannt als der *Überwinder*, der über die Weltlage sprach. In einer früheren Inkarnation lebte er als Moses und später als der große König Ashoka von Indien.

Am ersten Jahrestag jenes Ereignisses fühlte ich während der Meditation eine heitere, liebevolle Wesenheit, begleitet von einem zarten Duft. Ein weiblicher Adept wurde von ihren Brüdern vorgestellt. Meister Konfuzius stand zu ihrer Rechten, Meister Johannes hinter ihr und Meister Gamaliel zu ihrer Linken. Sie wandte sich mit den Worten an uns: *Dieser Tag wurde freudig erwartet. Es bietet sich mir zum ersten Mal die Gelegenheit, als Adept Kontakt aufzunehmen. Die älteren Brüder haben mich dazu ausersehen, euch bei euren zwischenmenschlichen Beziehungen zu beraten und euch als ältere Schwester helfend und aufbauend zur Seite zu stehen, wenn die Hierarchie es für angebracht hält. Ich werde Meisterin Athena genannt, da ich in Griechenland lebte, als die Göttin der Weisheit, Pallas Athene, verehrt wurde. Unter dem Namen Tabitha oder unter der christlichen Bezeichnung Dorcas werdet ihr mich in der Bibel finden. Meine selbst erwählte Aufgabe wird darin bestehen, euch mit den Verantwortlichkeiten und Bemühungen der weiblichen Meister vertraut zu machen sowie die Vervollkommnung eurer christlichen Bruderschaften beratend zu unterstützen.*

Die außergewöhnliche Schönheit Meisterin Athenas strahlt zurückhaltende Tiefe und große Liebe aus. Wo immer sie auftritt, bewirkt sie tiefgreifende Veränderungen. Ihr Symbol ist das Vergissmeinnicht. Es erfüllt ihre auf astraler Ebene weiße und auf der Mentalebene lichte goldene Aura. Wenn sie mehrere ihrer Schützlinge gleichzeitig ruft, versammelt sie diese auf der Mentalebene in der *Halle der Weisheit*. Meisterin Athena und Meister Gamaliel, die sich aus uralter Zeit kennen, verbindet eine tiefe geistige Freundschaft. Sie ergänzen sich gegenseitig, und ihr Gedankenstrom bietet anderen eine große Hilfe.

Im Mai 1952 stellte uns Meister Konfuzius einen weiteren Adepten, den hochgewachsenen, schlanken Meister Aldebar vor, der sein dunkles Haar fast bis zu den Schultern trug und wunderschöne violett-blaue Augen besaß. In seiner chaldäischen Inkarnation hatte er sich intensiv mit der Astronomie befasst und gehört nun zu einer Gruppe, die interplanetarische Aufgaben übernommen hat. Er nahm in einer Zeit Kontakt zu uns auf, als unser Planet von dämonischen Kräften angegriffen wurde, die bestrebt waren, durch eine einzige Nation unsere Erde in die Gottlosigkeit zu führen.

Die Meister haben mich während meines gesamten Lebens unterwiesen, aber in diesem Falle gestaltete es sich schwieriger. Ich musste mich auf meine höchste Seelenebene erheben, um jedes Wort aufnehmen zu können und gleichzeitig die Gedanken der Anwesenden ausschalten. Die von der Aura einer vollendeten Seele ausgehende elektrische Spannung lässt sich nur auf der Kausalebene ertragen.

Sobald wir keine weiteren Informationen aufzunehmen vermochten, zogen sich die Adepten zurück und gewährten uns Zeit zur Verarbeitung. Sie suchten mich auf innerer Ebene und an den Jahrestagen im Beisein der Gruppe auf. Im November 1967 erschien Meister Gamaliel, zu seiner Rechten Meisterin Elision, die seinerzeit in der Pythagoreischen Schule gewesen war, und zu seiner Linken ein neuer Meister, ein ehemaliger Franziskanermönch, Meister Augustus. Meisterin Elision gab uns eine knappe Antwort auf unsere Fragen in Bezug auf die Hierarchie: Einhundertvierundfünfzig Meister sind bereit, Schüler und Jünger anzunehmen. Vierundzwanzig Adepten befinden sich im Zustand von Samadhi (geistiger Einkehr), sechsunddreißig wirken als Vermittler zwischen den Logoi innerhalb der Galaxien und zweiundvierzig Meister leben in menschlicher Form unerkannt auf der Erde.

Meisterin Elision, die wunderschöne violett-blaue Augen und blondes Haar besitzt, unterweist die Schüler auf dem Pfad. In ihrer letzten Inkarnation war sie die furchtlose Griechin Hypatia.

Meister Augustus wurde aufgrund seines einzigartigen psychologischen Wissens gewählt. Gemeinsam mit Meister Gamaliel unterwies er uns mehrere Monate lang. Die Unterweisungen, die uns im Laufe der Jahre durch die Adepten zuteil wurden, bedeuteten eine große Ehre und Verantwortung. Sie versprachen, uns allzeit zu unterstützen. Allein ihre Anwesenheit genügte, um ihre Vollkommenheit und Heiligkeit zu fühlen.

Der Einfluss der Meister

Die vollendeten Söhne und Töchter des Lebens stehen der Menschheit sehr nahe. Sie fühlen mit uns und arbeiten für uns und entziehen diesem Planeten niemals ihre Aufmerksamkeit. Die Meister scheinen nur deshalb entfernt und geheimnisumwoben zu sein, da sie weit über dem Schüler stehen. Unsere Mühen und Bedürfnisse bleiben nicht unbeachtet. Wir können uns des Mitgefühls und der Hilfe jener, die uns auf dem menschlichen Evolutionspfad vorangeschritten sind, gewiss sein. Das Wissen um diese vollendeten Frauen und Männer segnet und stärkt unser Erdendasein.

Die zahlreichen unterschiedlichen Meister tragen der Vielzahl menschlicher Bedürfnisse Rechnung. Sie bringen der Menschheit das göttliche Licht und unterstützen ihren geistigen Werdegang. Sobald wir unter die Beobachtung eines Adepten treten, werden wir menschlichen Erfahrungen, Aufgaben, Beziehungen und Prüfungen unterzogen, die uns sensibilisieren und verfeinern, um die Eingebungen des Meisters intuitiv aufzunehmen. Diese zart beginnende Beziehung zwischen Meister und Schüler festigt sich mit jeder Inkarnation mehr, bis der Schüler schließlich in der Lage ist, das Licht des Meisters zu erden, wodurch er die Evolution in seinem Umfeld beschleunigt.

Auf physischer Ebene erstreckt sich die Aura eines Meisters etwa eine Meile in alle Richtungen. Mit jeder höheren Welt nimmt ihr Radius zu, bis sie auf der Kausalebene ein ganzes Land oder eine geistige Ausrichtung zu durchdringen vermag. Die auf der Erde weilenden Adepten führen gewöhnlich ein schlichtes, einfaches Leben, da sie unerkannt bleiben möchten. Die meisten fortgeschrittenen Brüder und Schwestern leben in feinstofflichen Körpern und Regionen und erreichen uns über Gebete und Gedanken.

Da Sie den Göttlichen Plan am besten kennen und ihm dienen, sollten wir uns Ihre Wirklichkeit vergegenwärtigen und uns in den Dienst Ihrer göttlichen Aufgabe stellen. In dem Maße, in dem wir diesen Plan, der unserem Aufstieg vom Neandertaler zum Meister zugrundeliegt, verstehen, wird sich uns das Göttliche erschließen.

Für diejenigen, die sich der Wirklichkeit der Meister bewusst sind, gestaltet sich jeder Tag sinnvoll. Es mögen Dinge geschehen, die auf eine unsichtbare Lenkung hinweisen, oder unsere Angelegenheiten scheinen sich wie von selbst zu lösen. Verbunden mit geistigem Fortschritt, wird die Existenz des wohlwollenden Mentors immer stärker wahrnehmbar. Wenn der Meister sich dem Schüler offenbart, bedeutet dies den Beginn einer Verbundenheit, die das Leben des Aspiranten durchlichtet.

Der ernsthaft Suchende, der sich der Meister bewusst werden möchte, vermag seine Wahrnehmungsfähigkeit zu stärken, wenn am Morgen sein erster und am Abend sein letzter Gedanke der Realität dieser erhabenen Wesen gilt. Sich während der Meditation oder im Gebet ihre Wachsamkeit ins Gedächtnis zu rufen, fördert die geistige Verbindung zu ihnen.

Es gibt Zeiten, insbesondere an spirituellen Festtagen, wie Weihnachten, Ostern, Wesak und dem Schutzengel-Fest, in denen uns die Meister sehr nahe sind. Dies gilt ebenfalls für Geburtstage oder schicksalsbestimmende Momente. In Augenblicken, in denen wir uns in der Anbetung Gottes und in der Verherrlichung des Göttlichen Planes völlig vergessen, öffnen wir uns für die Einflussnahme eines Adepten. Möge uns die Freude über die Existenz der Meister in einer Weise erfassen und erneuern, dass sie zur Erleuchtung und zum Wohle anderer gereicht.

10

Das Engelreich

Wir sind von Ausdrucksformen göttlichen Lebens umgeben, deren Reinheit und Entwicklung dem Menschen fremd sind. Eine besonders beglückende Erkenntniss, die uns zuteil werden kann, ist es, etwas über diese Wesen zu erfahren, die den äußeren Sinnesorganen verborgen bleiben. Der Mensch ist nicht die einzige Schöpfung Gottes. Jene anderen Ordnungen kennenzulernen, bedeutet eine Erweiterung und Vertiefung unseres Bewusstseins. Zwischen der schweigenden, unwandelbaren Vollkommenheit Gottes und dem unfertigen, unvollkommenen Menschen stehen die Engel, auserwählte Boten, die den Willen Gottes ausführen und Güte, Weisheit und Vollkommenheit fördern.

Engel bilden die Brücke zwischen Mensch und Gottheit. Ihr unsichtbarer Einfluss hält das Böse unablässig in Schranken, läutert es und weckt das in allen Dingen schlummernde Gute. Diese gewaltigen Intelligenzen, die der gesamten Schöpfung Gottes dienen, haben der Menschheit seit deren Auftreten beigestanden. Solange es Leben auf diesem Planeten gibt, werden sie weitgehend für uns zuständig sein.

Das Wort „Engel" stammt aus dem Griechischen und bedeutet „ein Bote, der gesendet wird". Gewöhnlich werden die „dienenden Geistwesen", die Gottesboten, mit diesem Begriff belegt. Gott bedarf keiner Engel, die ihm helfen. Er bedient sich ihrer Dienste, um ihrer eigenen Entwicklung willen. In nahezu allen religiösen Schriften wird Bezug auf die erhabenen Wohltäter der Menschheit genommen. Unzählige persönliche Berichte bestätigen die Existenz dieser Lichtwesen. Abgesehen von den zahlreichen Apokryphen, erwähnt die heutige christliche Bibel zweihundertfünfundneunzig Mal das Wirken und die Gegenwart von Engeln. Aufgrund ihrer Befürchtung, sie könnten der Verehrung Christi den Rang streitig machen, übergingen die frühen Kirchenväter einen großen Teil der Lehre über diese strahlenden Lichtwesen.

In der *Offenbarung* heißt es: *Und ich sah einen mächtigen Engel in einer Wolke vom Himmel herabsteigen, und ein Regenbogen lag auf seinem Haupt.* Die Wolke bedeutet die Aura des Engels, und die von seinem Haupt ausgehenden Strahlen weisen darauf hin, dass es sich um einen Engel von hohem Rang handelte, dessen zahlreiche Kräfte sich in den unterschiedlichen Farben zum Ausdruck brachten. *Und seine Füße glichen Feuersäulen.* Diese Aussage weist auf seine hohe Entwicklungsstufe hin, die seine Füße erglühen ließ. An anderer Stelle spricht Johannes von den „himmlischen Heerscharen". Ihr Gesang wird als *Stimme brausender Wasser* beschrieben. Paulus bezeichnete sie als „Geistwesen im Dienste Gottes", deren machtvolle, harmonische Emanationen die Erde reinigen und energetisch aufladen.

Einige der eindeutigsten Beschreibungen der Engel-Hierarchie finden sich in den Apokryphen. Henoch war eine reine Seele mit klarer Vision. Er besaß die Fähigkeit, sich auf die höheren Ebenen emporzuschwingen und authentische Einsichten und Lehren zurückzubringen. In einer Passage heißt es: *Und es erschienen mir zwei Männer von außergewöhnlicher Größe, wie ich sie noch niemals zuvor auf der Erde gesehen hatte. Ihre Augen strahlten wie die Sonne, wie brennendes Feuer, und ihren Lippen entströmten umwölktes Feuer und Gesang.* (Umwölkt bedeutet hier Emanationen oder Gedankenformen.) *Ihre Schwingen leuchteten strahlender als Gold, ihre Hände weißer als Schnee. Sie standen am Kopfende meines Lagers und riefen mich beim Namen. Sie führten mich von Angesicht zu Angesicht zu den Ältesten und Herrschern der himmlischen Ordnungen und zeigten mir zweihundert Engel, die über die Sterne herrschen und dem Himmel dienen.* (Sie führten Henoch in seinen höheren Körpern in das innere Königreich und zeigten ihm die planetarischen und solaren Engel.)

Als Jesus von Seinen „anderen Schafen" sprach, die „nicht zu dieser Herde gehören", bezog er sich auf das Engelreich, jene glorreiche Lebenswoge, die dem Christus eine noch tiefere Verehrung entgegenbringt als der Mensch. Christus ist der Hierarch der Engel und Menschen. Die Engel schenken Ihm ihre Liebe und hingebungsvolle Unterstützung bei der Entwicklung der Menschheit. Der jüngste Engel ist größer, reiner, intelligenter und spiritueller als ein Heiliger auf Erden. Diese Evolutionslinie ist älter und daher weiser, um die ihr übertragenen Pflichten im Sinne der Menschheit und der eigenen Evolution auszuführen.

Die Engel wurden erschaffen, um als Mitarbeiter Gottes zu wirken, als Seine tapferen, intelligenten, mitfühlenden Diener. In den inneren Sphären gibt es mehr Engel als Menschen auf der Erde. Wir befinden uns stets unter der Beobachtung und unter dem Schutz eines dieser gewaltigen Wesen. Damit unsere Welt weiterhin bestehen bleibt, bedarf es des vereinten Wirkens des Engelreiches und unserer eigenen Evolutionslinie – der Eingeweihten, Meister und Adepten. Die höheren Reiche werden sich zunehmend darum bemühen, ausreichend entwickelte Individuen auf der Erde zu erreichen, um sich ihrer als Kanäle bedienen zu können.

Das Engelreich ist eine ältere und weisere Gottesschöpfung als unsere eigene. Es gibt darin Intelligenzen, die uns in jeder Hinsicht überlegen sind, Intelligenzen, die von Gott in einer Weise gelenkt und geschult wurden, die jenseits unseres Begreifens liegt. Obwohl sie um Dinge wissen, die uns für Äonen verborgen bleiben werden, zeichnen jeden einzelnen Engel kindliche Einfachheit, Reinheit und Sanftmut aus. Jeder vermag im Rahmen seines Verständnisses mächtig wie der Blitz und gewaltig wie der interstellare Raum zu sein.

Ebenso wie das Menschenreich, befindet sich das Engelreich auf dem Pfad sich entwickelnden Lebens, der einer endgültigen Vereinigung mit dem Allerhöchsten entgegenstrebt. Im Gegensatz zu unseren irdischen Körpern besteht der Engelkörper aus Äthermaterie. Der Engel erreicht seine Vervollkommnung durch freudigen Dienst. Den Entwicklungsweg des Menschen zeichnet das Streben nach Liebe und Weisheit aus. Die Himmelsbewohner kennen weder Zwietracht noch das Böse. Der Mensch erstarkt durch die Überwindung disharmonischer und boshafter Kräfte in seinem Inneren. Engel sind unsterblich. Menschen bedürfen der Erholungsphase des Todes, um sich auf neue Zyklen des Selbstausdruckes vorzubereiten. Der Evolutionspfad der Engel ist anspruchsvoll und lang, während sich der Weg der Menschenlinie als anstrengend und vergleichsweise kurz erweist.

Nach seiner dritten Einweihung kann der Mensch in die Engel-Evolutionslinie überwechseln, was die Stufe des jüngsten Engels bedeutet. Andererseits besteht die Möglichkeit, dass ein Engel den Menschen-Evolutionspfad betritt, um einige irdische Inkarnationen zu durchleben, was sehr selten vorkommt und aus Neugier geschieht oder weil er auf der Erde eine Mission zu erfüllen hat.

Das Bewusstsein eines Engels ist *vertikal* ausgerichtet, während der Mensch das Leben *horizontal* betrachtet. Engel sind auf höhere Lebensoktaven ebenso bewusst eingestimmt wie auf jüngere, niedrigere Lebensformen. Bis zu seiner Erleuchtung fällt es dem Menschen, der die Einheit aufwärtsstrebenden Lebens noch nicht erkennt, oft schwer, alle Ebenen gleichermaßen zu lieben. Selbst die unterste Engelstufe steht über dem nicht eingeweihten Menschen. *Denn seine Engel wird er für dich entbieten, dich zu behüten auf allen deinen Wegen* (Ps. 91,11).

Ebenso wie der Mensch, durchläuft auch der Engel bestimmte Einweihungsstufen. Für den Menschen heißt dies, Entsagung zugunsten neuer Bewusstseinsebenen. Die Einweihungsstufen der Engel-Evolution bedeuten individuelle Bewusstseinserweiterung sowie das Erlangen und die Stärkung neuer Fähigkeiten, die ein dem Engel zugewiesener Auftrag im Rahmen seines Aufgabenbereichs erfordert. Für den Menschen bringt die Einweihung vertiefte Einsicht und vermehrte Selbstüberwindung. Für den Engel bedeutet sie, höhere Aufgaben zu übernehmen und das Betätigungsfeld seines dienenden Wirkens zu erweitern. Der Mensch nähert sich Gott durch Selbstaufgabe, der Engel durch sein Wirken. Je erfolgreicher seine Arbeit, desto aufnahmefähiger wird er für höhere Einweihungsgrade.

Engel-Hierarchien

In Seiner unendlichen Güte und Weisheit schuf Gott dieses wunderbare Netzwerk hierarchischer Wesen, die selbst geduldig und stetig aufwärtssteigen, indem sie der gesamten Schöpfung Belehrung, Inspiration, Ermutigung, Heilung, Liebe, Erneuerung, Erlösung und Läuterung schenken. Engel dienen entsprechend ihrem Temperament und ihrer Entwicklungsstufe. Häufige Initiationen tragen sie von Ordnung zu Ordnung.

Ebenso wie es eine Hierarchie der Inneren Regierung unserer Welt gibt, gibt es eine Engel-Hierarchie. Hundertvierundzwanzig Einweihungen sind erforderlich, um ein Engel zu werden. Er begann als Elementarwesen, stieg zum Deva auf und betrat schließlich den Entwicklungspfad eines Engels. In dem Augenblick, in dem das Licht der Einweihung auf den Deva herabströmt, verwandelt er sich in ein noch strahlenderes Wesen.

Der Deva erfüllt den Willen Gottes, da er keinen anderen Willen kennt, was nicht Gottesliebe bedeutet, sondern ehrfürchtige Scheu der Göttlichen Gegenwart gegenüber. Sobald er die Stufe eines Engels erreicht hat, öffnet sich sein Bewusstsein in Liebe und Anbetung. Er verherrlicht Gott. Fortgeschrittene Engel, die ihrerseits stets unter Anweisung ihrer Vorgesetzten stehen, entdecken früh in unter ihnen stehenden Engeln die selbstlose Liebe und das brennende Verlangen, das Leben zu vervollkommnen. Sie wirken als Initiatoren und Lehrer der jüngeren Engel. Die zahlreichen, sich steigernden Einweihungen führen den Engel über viele zugewiesene Aufgaben und innere Erleuchtungen aufwärts, bis er alle Stufen seines speziellen Weges durchlebt hat.

Über den Engeln stehen die *Erzengel*, deren Rang einem Meister auf unserem Pfad entspricht, und dann die *Engelprinzen*, die rangmäßig dem nächst höheren Adepten einer Menschheit gleichkommen. Zu den in der Offenbarung erwähnten göttlichen Archi, zu denen alle Engel emporblicken, gehören *Fürstentümer, Kräfte, Mächte, Throne, Herrschaften, Cherubim* und *Seraphim*.

Die Erzengel werden in allen heiligen Schriften gleichermaßen als hochentwickelte Boten geachtet, welche die von ihrem Schöpfergott anvertraute Mission erfüllen. Sie sind das Haupt weit fortgeschrittener Engelscharen. Über das Wirken eines Erzengels heißt es in *Exodus. Siehe, ich sende einen Engel vor dir her, dich zu behüten auf dem Wege und dich an die Stätte zu bringen, die ich bestimmt habe* (2. Mos. 23,20).

Als Jesus auf der Erde weilte, war es der *Erzengel Gabriel*, der das Werk des Messias verkündete. Er widmet sich der Verkündigung des Wortes und sagte jenen, die im Rahmen des Göttlichen Planes als Kanäle wirkten, wichtige Ereignisse voraus. Er trug die Verantwortung für eine Epoche, die bis zur Renaissance andauerte.

Der *Erzengel Raphael* betraut jene, die es verdienen, mit kreativen Talenten, damit sie die Schönheit durch ihr künstlerisches Schaffen zum Ausdruck bringen. Außerdem befasst er sich mit dem Bereich des Heilens. Zur Zeit der Renaissance und bis ins 20. Jahrhundert hinein leitete er die Freisetzung künstlerischer Ideen. Er arbeitet nicht mit Individuen, sondern lenkt Heilströme in Krankenhäuser und Haushalte, die ihrer bedürfen, und weiht die Heilengel in deren Handhabung ein.

Die momentane Herrschaft des *Erzengels Michael* wird etwa bis zum Jahre 2500 andauern. Unter ihm hat es zahlreiche Zusammenstöße zwischen Licht und Dunkel gegeben. Michael gehört zu der Engelordnung der *Mächte*, und sein Einfluss wird in unserer unruhigen Zeit dringend benötigt. Er widmet sich in besonderem Maße der Reinigung disharmonischer und negativer Personen, Gruppen oder Orte und sorgt für den Schutz unschuldiger und hingebungsvoller Seelen. Er greift das Böse unablässig an und fordert jene heraus, die Unrecht tun, um ihre Motive und Energien in Gott gefällige Bahnen zu lenken. Sein durchdringender, reinigender, feuriger und willensstarker Blick richtet sich auf den Angriff der Dunkelheit. Dieser Engelprinz ist das Oberhaupt aller Erzengel, die im Dienste Christi stehen.

Diesem gewaltigen Erzengel Michael unterstehen ungeheure Scharen, die ihm helfen, die Menschheit zu beschützen, damit sich diese, ohne Einflussnahme zerstörerischer Kräfte, fortentwickeln kann. Man nennt sie auch die *Krieger-Engel.* Sie verabscheuen das Böse, das Gott aus dem Menschen zu verdrängen sucht. Sie greifen es an, indem sie Licht auf die mächtigen Wolken der Dunkelheit oder die dunklen Schatten in der menschlichen Aura konzentrieren. Gegebenenfalls können wir diese erhabenen Engel im Namen der Göttlichen Gegenwart und des Lebendigen Christus anrufen und im Gebet den Erzengel Michael und seine himmlischen Heerscharen bitten, sich der Erde zu nähern und für uns einzugreifen.

Der *Erzengel Uriel* wirkt als Alchemist, der kranke, entmutigte oder erfolglose Menschen erkennen lässt, dass sie durch erneute Hingabe ihre Ziele konstruktiv zu erreichen vermögen. Er wird der nächste herrschende Erzengel sein. Sein Wirken liegt im kreativen Bereich, insbesondere auf dem Gebiet der Musik, Erfindung und Entdeckung. Philosophie und Wissenschaft finden ebenfalls seine Unterstützung.

Einem weiteren Erzengel, mit Namen *Muriel*, obliegt es, die Natur zu segnen, besonders jene Naturformen, die in irgendeiner Weise mit der Menschheit in Verbindung stehen. Der *Erzengel Radael* überprüft die Leistungen der Seelen vor ihrer Einweihung. Die Arbeit des *Erzengels Seraphiel* besteht darin, eine Verbindung zwischen der Menschheit und dem Engelreich herzustellen.

Die *Fürstentümer* bevollmächtigen irdische Nationen, Regierungen, Führer und Diener der Welt. Sie ermächtigen Nationen, ihr individuelles göttliches Muster zum Tragen zu bringen. Die *Gewalten* besitzen eine große geistige Integrität und Aktivität. Die frühen Christen glaubten, dass Gnade und Wunder in ihren Zuständigkeitsbereich fielen. Die *Mächte* regulieren spirituelle Zielsetzungen dahingehend, dass Verwirrung und Widerstand überwunden werden. Sie attackieren das Böse und umhüllen den Göttlichen Plan mit ihren gewaltigen Lichtbögen. Die *Throne* verwalten die göttliche Rechtsprechung des Allerhöchsten Geistes. Dieses höchste Gerichtswesen bildet eine mächtige Anziehungskraft, die schließlich alles Leben zur Gotteseinheit führen wird. Die *Herrschaften* sind die Administratoren des Willens der *Throne*. Die Pläne zur Entwicklung manifestierten Lebens entspringen dem Reich der *Herrschaften*. Die *Cherubim* verharren in Kontemplation und strahlen die Weisheit Gottes aus. Sie unterstützen die Aufgabe des dritten Aspektes der Trinität, des Geistes der Wahrheit. Die *Seraphim* umgeben den ewigen Schöpfer und verweilen voller Liebe in Betrachtung Seiner unaussprechlichen Herrlichkeit. Ihre Liebe gleicht einer sich verzehrenden Flamme reiner Anbetung. Auf dieser überirdischen Ebene ertönen die höheren Noten in Einklang mit den Lobgesängen der Heerscharen und lassen den „Sphärengesang" erklingen.[2]

Der Engelkönig, das Oberhaupt aller Engel und Archi, steht an der Spitze des Engelreiches. Dieser Stufe, *Aeonen* genannt, entspricht der Rang eines Logos. Ihre Treue gilt dem Christus und dem Wirken des Planetarischen Logos und jenem herrlichen Königreich, dem Er den Willen des Höchsten überträgt. Sein Regierungsbereich befindet sich auf innerer Ebene in der Sonnenregion. An diesem wunderschönen Ort treffen sich die fortgeschrittenen Intelligenzen unseres Systems. Die Engel sind sich der Souveränität ihres Königs bewusst und verrichten die ihnen zugewiesenen Aufgaben mit seinem Segen.

Jeder der sieben Strahlen wird von einem Engelprinzen angeführt, der auf kausaler Ebene dient. Es gibt Engel, die sich den sieben Urvölkern, den sieben Dimensionen, den sieben Sinnen oder den sieben Einweihungen widmen, die wir im Laufe unserer Rückkehr zu Gott durchleben. Der Engelprinz Serapis trägt die Verantwortung für den vierten Strahl. Er spornt die Engel, die unter ihm arbeiten, zu erhöhter Kreativität an. Die *Engel der Musik* und die *Engel der Farbe* verleihen der Schönheit in den Künsten die höchste Ausdruckskraft und fördern den schöpferischen Aspekt.

Ebenso wie die Astronomen den Himmel immer eingehender erforschen möchten, sehnen wir uns danach, einen tieferen Einblick in das Reich dieser Lichtwesen zu gewinnen, von dem es vieles zu erfahren gibt. Über seine Bewohner ist kaum etwas bekannt. Von Kindheit an hat mich diese Lichtwelt mit ihren Engeln, die unablässig damit beschäftigt sind, die göttlichen Anweisungen auszuführen, die der Entfaltung und dem Fortschritt der gesamten Schöpfung dienen, inspiriert, erhoben und mit Demut erfüllt.

„Er wird euch in die Obhut seiner Engel geben, die euch auf allen euren Wegen begleiten werden." Diese Verheißung sollten wir wortwörtlich nehmen. Es gibt kaum einen Bereich in unserem Evolutionsprozess, dem die himmlischen Boten keine

2 Vgl. zur christlichen Engellehre: Dionysius Aeropagita: Die Engel-Hierarchie, Amerang 2010

Beachtung schenken. Sie senden uns heilende, erleuchtende, schützende, reinigende und erneuernde Frequenzen göttlichen Lichtes, sobald wir für ihre Unterstützung aufnahmebereit sind.

Die Eigenschaften der Engel

Engel werden weder geboren noch sterben sie. Ihre Größe übersteigt die der Menschen bei weitem und steht im Verhältnis zu ihrem Aufgabenbereich. Ihr makelloses leuchtendes Erscheinungsbild gleicht einem aufblitzenden Lichtstrahl. Sie besitzen keine Flügel und tragen keine Kleider. Eine sich bewegende Essenz bildet ihr Gewand. Sie werden von Farbschleiern umhüllt, in denen nur das Antlitz, der Kopf und der Hals, die Hände und manchmal Arme und Füße sichtbar sind. Alles andere gleicht einer Lichtwolke. Die Farbe der Aura entspricht ihrer jeweiligen Entwicklungsstufe und ihrem Weg des Dienens. Das vibrierende Energiefeld, das den himmlischen Boten unablässig umwirbelt, mag man als Flügel deuten. Aber Engel bedürfen keiner Schwingen, da sie sich in Gedankenschnelligkeit fortbewegen.

Besonders eindrucksvoll sind ihre großen leuchtenden Augen. Sie scheinen durch dich hindurch zu blicken, denn sie betrachten dich von der Seelenebene. Der machtvolle Blick dieser großen reinen Augen wirkt herausfordernd und gleichzeitig läuternd. Das Lächeln, das aus der Tiefe ihrer Seele entspringt, gleicht einer Farbfontäne mit goldenen und pfirsichfarbenen Strahlen, die aus der Aura hervorbrechen. Wird man von ihnen berührt, fühlt man sich unmittelbar erhoben. Ein Engel empfindet große Freude, wenn er einen Menschen entdeckt, der eine negative Angewohnheit besiegt hat.

Ebenso wie die Menschen, kennen auch die Engel beide Geschlechter. Das Leben in unserem Sonnensystem beinhaltet den maskulinen und den femininen Aspekt. Die Seele und ihre höheren Hüllen besitzen irgendwo im Sonnensystem ein Gegenstück, dessen Frequenzen das identische numerische Äquivalent enthalten. Demnach gibt es weibliche und männliche Engel. Jeder leistet seine einzigartige Arbeit.

Im Gegensatz zu uns, leben die Engel in einer Lichtwelt. Sie wirken von der Kausalebene aus und besitzen die Fähigkeit, mit einem Blick alle Facetten einer Frage zu erkennen. Die Wahrheit, eine unendliche Geduld und der Gehorsam motivieren sie. Wenn Engel eine Botschaft überbringen sollen, handeln sie unverzüglich. Sie warten nicht, bis es ihnen angemessen erscheint, wie dies oft bei den Menschen der Fall ist. Engel sind in der Lage, ihren Standort willentlich sofort zu wechseln.

Bei den Menschen steigt die Kundalini von der Wirbelsäulenbasis aufwärts. Im Deva- und Engelreich regt sich das Kundalini-Feuer im Scheitel-Chakra und bewegt sich abwärts, bis es die Wirbelsäulenbasis erreicht. Diese herrlichen Lichtwesen, die Gott dienen, sind völlig unpersönlich und messen dem geringsten Detail größte Genauigkeit bei. Erfüllt von Liebe und Freude, lobpreisen sie Gott ohne Unterlass. Sie wachsen durch die Vertiefung eines Gefühls der Gotteseinheit, das sie von Anbeginn besitzen, dessen sie sich aber im Laufe ihrer Entwicklung zunehmend bewusst werden. Je weiter sie voranschreiten, desto umfassender wird ihr Aufgabenbereich.

Engel erfüllen ihre Aufgaben mit kreativer Freude, einzigartigem Einfallsreichtum und anmutigen Bewegungen. Im menschlichen Bereich gibt es nichts dergleichen auf der Erde. Sie reagieren augenblicklich auf die Vorschläge ihrer Berater. Haben sie eine Aufgabe übernommen, arbeiten sie unermüdlich daran, bis sie abgeschlossen ist. Sie scheuen keine Mühe. Müdigkeit und Ungeduld sind ihnen fremd. Ihre Tätigkeiten werden häufig von blitzenden Farbfontänen, rhythmischen Gesängen und merklich erhöhten Schwingungen begleitet. Die Übertragung einer Vollmacht oder die Weisung des Christus lässt die Aura und Bewusstseinszentren eines Engels in feurigen Farben aufstrahlen.

Diese erhabenen Intelligenzen erfüllen ihre Pflichten mit einer uns unbekannten Hingabe und dienen nicht nur den Menschen, sondern ebenso dem Tier-, Pflanzen- und Mineralreich. Sie kümmern sich um die niedrigste Form ebenso hilfsbereit wie um die fortgeschrittenste, die ihrer Aufsicht nicht mehr bedürfte.

Unsere Reaktion auf das Engelreich

In allen wichtigen und kritischen Momenten seines Lebens schenken die Engel dem Menschen Segen und Kraft. Bei der Geburt, bei religiösen Festen, bei einer Hochzeit, in der Todesstunde und in anderen bedeutungsvollen Zeiten sind diese strahlenden Wesen zugegen. Als Nutznießer ihrer unzähligen Dienste sollten wir oft innehalten und über die häufigen Begegnungen mit den Engeln nachsinnen, selbst wenn wir uns ihrer Anwesenheit nicht bewusst sein mögen.

Es gibt verschiedene Wege, auf denen die Engel uns Licht und Energie zukommen lassen, wie durch die Natur, die Musik und ein vergeistigtes Bewusstsein. Durch unsere Gebete für uns und andere können wir die Aufmerksamkeit der Erlöser-Engel erregen. Sie werden uns in ihr Herz aufnehmen und nicht verlassen. Falls sie uns nicht zu helfen vermögen, werden sie einen älteren und erfahrenen Engel bitten, sich um die Angelegenheit zu kümmern.

Steht der Mensch einer Prüfung oder einer Tragödie gegenüber, sollte er sich an die Engel erinnern, die stets bereit sind, ihm ihren himmlischen Beistand, Trost und Rat zu gewähren. Jeden aufrichtig Strebenden, der um geistige Führung bittet, werden die Engel unterstützen. Ungeachtet des Bereiches, dem unsere Bemühungen gelten, werden sie sie uns mental anregen und inspirieren. Die Engel sind das schönste und wundervollste Geschenk Gottes an die Menschheit.

Nur höhere Weisheit, Führung und Kraft lässt uns Weltkrisen überstehen. Eine solche Hilfe können am besten Engelwesen gewähren, die geschult wurden, nicht nur das Böse zu bekämpfen, sondern es auch zu läutern. Die Angelegenheiten unseres Planeten bewusst den reinen Dienern Gottes zu übergeben, ermöglicht es der Menschheit, die Wolken der Unwissenheit und des Bösen aufzulösen, um Licht, Harmonie, Brüderlichkeit und Fortschritt den Weg zu ebnen.

Wir können uns dieser Lichtwesen bewusster und für ihren Beistand aufnahmebereiter werden, indem wir:

Sie in unsere Glaubensüberzeugungen einschließen.

Unablässig unser Wissen über sie erweitern.

Gott und Christus eine tiefere Verehrung entgegenbringen und dadurch unser Bewusstsein stärker für ihre Schwingungen öffnen.

Aufrichtiger und reiner leben und sie somit aufgrund unserer Ausstrahlung eher anziehen als abstoßen.

Sie einladen und im Namen Christi um ihre Hilfe und ihre Stärkung bitten.

Wirkungsvoller beten und meditieren.

Uns bemühen, ein selbstloseres Leben zu führen und somit das Licht, die Liebe, den Frieden und die Freude des Gottesreiches stärker zum Ausdruck zu bringen.

Was einem Engel zusetzt, ist die Sturheit des Menschen, willentlich Entscheidungen zu treffen, von denen er weiß, dass sie falsch sind. Jegliche Gewalt stößt einen Engel ab. Fesseln der Persönlichkeit, wie Stolz oder Selbstsucht, verabscheut er ebenso wie menschliche Trägheit. Engeln ist unsere Art der Trauer fremd. Ihre Aura kann in solchen Momenten fast farblos werden. Sobald sie sich wieder eingestimmt haben, leuchtet sie augenblicklich erneut farbig auf.

Jeder möge auf seine eigene Weise seine hingebungsvolle Anerkennung der Engel-Evolutionslinie zum Ausdruck bringen, dem Pfad jener Lichtwesen, deren Dienste mit der menschlichen Existenz aufs Innigste verwoben sind. Sie erwarten oder wünschen keine Verehrung, da sie wissen, dass diese allein dem Schöpfergott gebührt. Sie freuen sich, wenn wir uns ihre jeweiligen Wirkungsbereiche ins Gedächtnis rufen, die Natur, die Geschöpfe und den sich entwickelnden Menschen. Unsere sorgsame Beachtung dieser Dinge wird uns ihr Wirken intuitiv bewusster machen. Den Engeln gebührt unsere Liebe, Ehre und unser Respekt. Unsere inneren und äußeren Bemühungen erhalten jedes Mal einen neuen Aufschwung, wenn wir innehalten und uns in die Erhabenheit ihres selbstlosen Dienstes vertiefen.

Engel sind sich der Herrlichkeit Gottes unablässig bewusst. Sie preisen und danken ihm. Folgen wir ihrem Beispiel, werden wir den Widerhall ihrer Schwingung in uns und um uns herum spüren. Wir sollten Gott bitten, uns in diesen Zustand zu versetzen, in dem alles Leben als gleichermaßen wichtig und jede

Entwicklungsphase als kostbar betrachtet wird. Möge uns der Herr der Engel und Menschen beistehen, um im Wissen um die unsterblichen Engel die Möglichkeiten dieser Inkarnation würdig zu nutzen.

Die Realität der Engel wirkt inspirierend und erneuernd. Die Bewusstseinsweite und Entwicklung dieser Lichtwesen, deren Oberhaupt Christus ist, ermöglicht es uns, aus unserem christlichen Glaubenserbe zu schöpfen. Sie lehren uns kindliche Bescheidenheit, geistige Offenheit und Gehorsam Gott gegenüber. Liegt eine reine Absicht zugrunde, werden sie uns in zunehmendem Maße an ihrem Wissen teilhaben lassen.

Je mehr wir bei einem einsamen Spaziergang oder während der Meditation über die Engel nachsinnen, desto stärker wird sich unsere Aura automatisch verändern. Sie wird durchlässiger, was unsere Sensitivität, Aufnahmefähigkeit und Intuition für diese Wirklichkeiten steigert. Nichts möge uns von einer stärkeren Bewusstheit der transzendenten Mysterien dieser erhabenen Diener des Allerhöchsten ablenken.

Jeden authentischen Einblick in das Engelreich und seine Aufgaben sollten wir begrüßen. Die Menschheit wird stets den Rat und Beistand dieser reinen, wohltätigen Wesen benötigen. Allein das Wissen um uns bislang unbekannte Ordnungen erweitert unseren Horizont und vertieft unseren Glauben. Für das geringste Zeichen ihrer Hilfe sollten wir dankbar und bestrebt sein, die Führung und Nähe dieser Lichtwesen zu fühlen.

Die Einstimmung, Reaktion, Selbstüberwindung und Hingabe jedes Einzelnen verstärkt die Kräfte, die von Meistern, Adepten, Logoi und Myriaden von Engelwesen wahrgenommen werden. Aus diesem Grund sollten wir uns häufig ins Gedächtnis rufen, dass wir auf einfache Weise zur himmlischen Freude dieser kosmischen Wesen beizutragen vermögen.

Um unseres höchsten Schutzes und einer sicheren inneren Entwicklung willen sollten wir unsere Gedanken, unsere Liebe und Ehrfurcht der Vormundschaft der Engel unterstellen. Um mit ihnen im Gebet und in der Meditation Verbindung aufzunehmen, müssen wir unsere Gedanken, Handlungen und Ziele verfeinern. Ehrfurcht, Freude und Wertschätzung wirken anziehend auf sie. Im Laufe unserer spirituellen Bewusstseinsentwicklung werden wir in ein zunehmend enger werdendes, kameradschaftliches Verhältnis mit den Engelscharen treten. Sie erwarten keine Huldigungen, nur unsere Liebe, unser Vertrauen und unsere respektvolle Mitarbeit bei der Ausführung des göttlichen Willens.

11

Die Engel und das menschliche Schicksal

Es gibt vier himmlische Lebenswogen, die sich hauptsächlich mit der physischen Existenz befassen und dem planetarischen Leben dienen. Die zahlreichen anderen Pfade mit ihren jeweiligen Zielsetzungen betreffen uns nicht. Einer der vier Pfade ist die *Naturwoge*. Der zweite Pfad wird als *Woge der Quelle des Lebens* bezeichnet. Der dritte Pfad, die *Woge des Heiligen Geistes*, verleiht der göttlichen Weisheit Ausdruck. Der vierte Pfad ist bekannt als die *Woge der Liebe*. Ihn beschreiten die im Dienste des Christus stehenden Engel. Er übt einen wesentlichen Einfluss auf unsere eigene Evolution aus.

Unsere Beziehung zu den Engeln basiert hauptsächlich darauf, die Natur und das planetarische Wirken des Christus-Geistes zu achten. Als Hierarch und Weltlehrer benötigt Er nicht nur die Unterstützung vollkommener Menschen, sondern auch die Hilfe der himmlischen Boten. Letzteren obliegt die Aufgabe, die Menschheit aus überirdischen Ebenen zu läutern, sie anzuregen und zu inspirieren. Sie hüllen diesen Globus in gewaltige *Energiewolken*, die besonders an heiligen Festtagen deutlich spürbar sind.

Die Engelscharen, die im Dienste Christi stehen, werden gewöhnlich als *Engel der Anbetung* bezeichnet. Auf einer hohen Entwicklungsstufe darf ein Engel zum Zwecke weiterer Entfaltung seinen Aufgabenbereich wählen. Diejenigen, deren Einweihungserfahrung die unablässige Intonation der Anbetung erfordert, drängt es innerlich, ihre Hingabe zu verstärken und diese Energien auf alle, die sie erreichen können, auszustrahlen – daher ihre Ansammlung an geweihten Orten.

Jede Gruppe, die Gott aufrichtig anbetet, gleicht einem Leuchtfeuer, das die Engel anzieht, die dieses Band zwischen Gott und den aufstrebenden menschlichen Wesen festigen. In einer leeren Kapelle oder Kathedrale sind mehrere Engel anwesend, aber sobald die Gemeinde den Raum füllt, wird sich die Anzahl der *Engel der Anbetung* entsprechend erhöhen. Erfüllt von Freude und Liebe, bemühen sie sich, die andächtige Atmosphäre zu verfeinern. Sie läutern und verteilen die Gott zugewendeten Gedanken der Menschen. Die Aura dieser Engel schimmert hellrosa. In ihrem Herz-Zentrum leuchtet ein rubinrotes Licht. Es gleicht einem großen funkelnden Edelstein, der bei Bewegung rosafarbene Energiewellen ausstrahlt. Sie achten auf die geringsten spirituellen Bedürfnisse der Gemeinde, tauchen in die individuell ausgesendeten Gedankenwellen und konzentrieren starke geistige Strahlen auf Personen, die einen speziellen Beistand benötigen.

Wenn der Chor und die Gemeinde singen, sind meistens *Engel des Gesanges* zugegen. Sie inspirieren, ermutigen, heilen, erheben oder läutern das Bewusstsein und die Gefühle der Versammelten in einer Weise, wie nur Engel es vermögen. Außer den *Engeln des Gesanges* sind *Engel der Musik* anwesend, die sich besonders den symphonischen Klängen widmen und Tempel der Musik erbauen, während sie die Erde segnen.

Bereits vor Beginn des Gottesdienstes trennen die strahlenden Wesen das irdisch verhaftete Denken von den reinen, duftenden, farbigen, ehrfürchtigen Gedanken und Energien, die sich aus dem tiefsten Inneren der Menschen himmelwärts erheben. Die eine Hälfte dieser Engel konzentriert sich darauf, den gedanklichen Ballast der Gruppe tief unter die Kirche zu verbannen, bis es im Körper des weißen planetarischen Geistfeuers verschwindet. Die andere Hälfte hebt die aufrichtigen, doch noch unentwickelten und unvollkommenen geistigen Formen, um sie schließlich mit ihrer eigenen leuchtenden Essenz zu verschmelzen.

Unsere Aufrichtigkeit und Dankbarkeit ermöglicht es den Lichtwesen, unmittelbar auf uns einzuwirken. Sie tragen die Verantwortung für die erhöhte Frömmigkeit und die aurische Ausdehnung der Anbetungsstätte. Der höchste Dienst der *Engel der Anbetung* besteht in ihrer Fähigkeit, die Herzensgedanken der Menschen zu sammeln und sie höheren Engeln zur Aufbewahrung zu übertragen. Diese ihrerseits werden sie stufenweise weiterleiten, bis die Hingabe des Menschen im heiligen Lichtstrom aufgeht, den die Seraphim unablässig dem Allerhöchsten darbringen.

Die *Engel des Gebetes*, die aus den Rängen der *Engel der Anbetung* hervorgegangen sind, stehen eine Stufe über diesen. Diese würdevollen, reinen und weisen Wesen reagieren auf unsere Gebete. Stark, kühn und selbstlos, gilt ihr Interesse den Bedürfnissen anderer. Ihre Aufgabe besteht darin, sich mit dem Gruppenbewusstsein, mit einzelnen Mitgliedern und mit deren Gebeten zu befassen. Sie beantworten Gebete, gewähren Rat und spornen zu Gebeten an, die höheren Beistand erfordern. Sie beschützen eine konstruktive Gedankenform, damit sie sich uneingeschränkt weiterentwickeln kann. Unsere Gebete gleichen Samen, die ihre Zeit der Blüte und der Fruchtbarkeit haben. Die Engel tragen sie zu einem Sammelbecken empor. Es liegt ihnen daran, der Aura jedes aufnahmefähigen Individuums eine Vision, einen Impuls oder eine Erkenntnis in Bezug auf seinen weiteren Fortschritt einzuprägen.

Ich erinnere mich, einen *Engel des Gebetes* beobachtet zu haben, der sich um das Gebet eines Menschen bemühte, das dem Wohlergehen seiner Lieben zu Hause galt. Während sich die rosa geflügelte Gedankenform von dem Betenden in Richtung seines Heimes bewegte, unterbrach ein Engel ihren Weg. Nach einer Weile schien ein Scheinwerferstrahl aus rein weißem Licht unmittelbar über dem Mentalbild aufzuleuchten. Langsam dehnte sich das Bild aus, dessen leuchtendes Rosa sich in eine weiß-rosafarbene „atmende" Form verwandelte. Ich verfolgte diese Gebetsform bis zu ihrem Bestimmungsort und sah, wie sich der Engel des Ortes um sie kümmerte und sie bewachte. Sie umhüllte das menschliche Gebet mit ihrem flammenden Licht, dem ein unbeschreiblicher Duft und eine pulsierende Vitalität entströmten.

Die *Heilungsengel* reagieren auf die Bitten um Heilung und konzentrieren göttliche Heilungsenergien auf Personen, die eines seelischen und körperlichen Beistandes bedürfen. Ein eindeutiger Hilferuf lässt sie an die Seite des Kranken treten. Der von einer strahlend blauen Aura umgebene Engel nimmt den Zustand des Patienten zur Kenntnis und befreit seine Aura von allen Negativitäten. Während die blauen Heilströme in die Aura treten, richtet er die Körper des Kranken auf dessen innere Göttlichkeit aus. Zu den Aufgaben der Heilungsengel gehört es, die Ärzte zu inspirieren und die Arbeit der Krankenschwestern zu lenken. Sie kämmen die Aura eines Krankenhauses, indem sie angestaute Energien beseitigen und die Schwingungen des Leidens, besonders aus den Räumen größter Qual, durchlichten.

Ich habe Heilengel bei der individuellen, mitunter monatelangen Arbeit mit schwerkranken Patienten beobachtet, die unter kritischen Herzzuständen oder dergleichen Problemen litten. Das Individuum verdiente wohl in gewisser Weise die Hilfe, den Lebensstrom des Heilengels einatmen zu dürfen.

Über den Engeln des Gebetes und den Heilungsengel stehen – auf der Erzengelstufe – die *Engel* der *Gegenwart Christi.* Diese stets männlichen Wesen sind in Kirchen anzutreffen, in denen Christus aufrichtig verehrt wird. Im Laufe des Gottesdienstes strahlen sie göttliche Liebe, Reinheit und Segen aus. Das Neue Testament spricht von den „Engeln des Herrn".

Die Aufgabe eines *Engels der Gegenwart Christi* besteht darin, zu helfen, zu erheben, zu energetisieren und weniger fortgeschrittene Engel anzuweisen, die an den anwesenden Personen vorgenommene Arbeit weiterzuführen. Ein *Engel der Gegenwart Christi* arbeitet mit dem Seelenfeuer des Menschen und bemüht sich in allen Gottesdiensten, die Keime gottähnlicher Eigenschaften zu aktivieren und bei der Erwähnung bestimmter Themen aufleben zu lassen. Er inspiriert einen Redner, wenn dieser sich von seinem Ich zu lösen vermag und innere Klarheit gewinnt.

In der Kirche von Questhaven wird Christus von dem *Erzengel Mentiel* repräsentiert. Unsere Gedanken können ihn erreichen. Wenn wir darum bitten, wird er auf unsere Gebete antworten. Je häufiger wir die Gegenwart und den Geist des Christus anrufen, desto gegenwärtiger werden seine Abgesandten an den Altären sein.

Wenn sich eine Gemeinde zum Gottesdienst versammelt, ergießt sich auf Anordnung des *Engels der Gegenwart Christi* schützendes weißes Licht über die Gruppe. Sie wird von allen negativ einwirkenden Kräften befreit. Gegen Ende des Gottesdienstes überstrahlt sie der Christus-Geist. Der Engel der Gegenwart Christi hebt die kollektive Gedankenform an, die alle Gebete und Bedürfnisse der Versammelten enthält. Diese riesige ballonähnliche Emanation wird dann der Obhut der Seraphim übergeben.

Während einer Hochzeits-Zeremonie vereinigt ein *Engel der Gegenwart Christi* die Auren des Paares und versiegelt sie mit karmischen Banden. Die Schutzengel der beiden Eheleute verbinden das Paar mit diesem erhabenen Engel, der einen Archetypus der Ehe gestaltet und den Priester, der die Zeremonie vornimmt, umhüllt. Die für den Evolutionsplan des Paares zuständigen Kindel-Erzengel nehmen gemeinsam mit den Schutzengeln an dem Sakrament teil und segnen es. Im Laufe der Jahre können die beiden Eheleute mit Hilfe ihrer Schutzengel an dem Archetypus arbeiten, der in ihre Auren gesenkt wurde, um die Ehe lebendig und stark zu erhalten.

Die Engel des Geistes der Wahrheit

Die Engel, die auf den Menschen über die dritte Ausgießung Gottes – den Geist der Wahrheit – einwirken, dienen ihrem Oberhaupt, dem Mahachohan. Für Ihn bereiten sie neue Kanäle und sorgen für die Erleuchtung einzelner Menschen.

Die Lichtwesen, die sich der Wissensverbreitung widmen, werden als *Erwecker* oder *Remliel* bezeichnet. Auf der Mentalebene arbeiten sie mit jeweils einer Person, auf die sie ihre Aufmerksamkeit konzentrieren, was einen Großteil ihrer Zeit in Anspruch nimmt. Sie bevorzugen niemanden. Ihre Motivation entspringt dem Wunsch, mehr Individuen darauf vorzubereiten, bewusst dem Plan Gottes zu dienen. Ob sich eine Menschenseele für die geistige Vertiefung eignet, erfahren sie durch dessen Schutzengel oder Beobachter.

Sowohl weibliche als auch männliche Angehörige dieser kosmischen Lichtboten bemühen sich um die Erweckung von Menschen. In ihrer großen Weisheit bereiten die Remliel-Engel sie auf die elektrische Energie vor, die der Erleuchtung vorauseilt. Ihnen obliegt die gesamte Vorbereitungsarbeit für die Einweihung, nachdem ihnen der Schutzengel des Individuums mitgeteilt hat, dass ihr Schützling bereit ist.

Sie sorgen für die bestmöglichen Bedingungen hinsichtlich des seelischen Reifungsprozesses des Neulings, Schülers oder jeder Person, die der Wahrheit dient. Zunächst studieren sie die Mentalität des Novizen, um zu sehen, auf welche Weise er dazu gebracht werden kann, seine mentalen Irrwege zu überwinden. Der Engel begleitet seine Wahrheitssuche und lässt ihn Irrtümer erkennen. Im Anschluss an die Periode der Läuterung und Selbstoffenbarung besteht die Möglichkeit, neue Mentalbereiche zu betreten. Die *Erwecker* konzentrieren sich auf die Erweiterung und Ausdehnung des Mentalkörpers, damit sich seine Frequenzen auf Gott ausrichten. Es liegt in ihrem Aufgabenbereich, möglichst viele Personen zu erreichen und sie in den Zustand bewusster geistiger Rückkehr zu versetzen. Dies bedarf der unermüdlichen Arbeit, um den Menschen mit spezifischen Mentalenergien zu versorgen und seinen Mentalkörper rein, flexibel, erwartungsvoll und voller Begeisterung zu halten.

Die Engelschar, die danach auf den Novizen einwirkt, sind die sogenannten *Engel der Inspiration* oder *Fireal*. Diese *Engel der Wahrheit* stehen auf einer höheren Entwicklungsstufe. Sie können nur auf der Kausalebene kontaktiert werden. Ihnen obliegt es, Menschen in den höheren Dimensionen oder in einer physischen Form, die sich für das Seelenbewusstsein öffnet, innerlich zu beleben und ihnen die geistigen Wahrheiten zu offenbaren. Sie inspirieren Individuen zu Gedanken, Leistungen, Verpflichtungen und spirituellen Schritten, die ihre eigenen Kräfte normalerweise übersteigen. Ihr Wirkungsbereich umfasst Schriftsteller, Dichter, Ingenieure, Wissenschaftler und Lehrer. Jeder Wahrheitssucher wird von den selbstlosen Engelwesen beobachtet und instruiert. Alle heiligen Schriften sind auf die Aktivität dieser Intelligenzen zurückzuführen, die auf Individuen zugehen, die sich für ihre Inspirationen und Instruktionen aufnahmebereit zeigen. Die *Engel der Inspiration* arbeiten allein und unterstützen gewöhnlich eine Person, mit der sie in Berührung bleiben, bis eine bestimmte Arbeit abgeschlossen ist. Wir können um Inspiration aus dieser hohen Quelle bitten, wenn wir einen Brief, einen Artikel oder ein Buch schreiben. Ist unser Ansinnen selbstlos, werden sie uns beistehen.

Eine noch höhere Engelordnung sind die *Engel der Erleuchtung* oder *Imli.* Sie stehen mit der Vorbereitungsarbeit für die Einweihungen in Beziehung und können nur im Bereich unserer höchsten, absolut selbstlosen, auf Gott gerichteten Gedanken und Bestrebungen kontaktiert werden. Der *Engel der Inspiration* senkt bestimmte Archetypen in unsere Seelenebene. Die Imli konzentrieren ihre starken Schwingungen auf einen geistigen Novizen, der bereit ist, sich aus seiner Verkrustung zu erheben, was seine Tugenden stärkt und ihm Einblicke in wunderbare Möglichkeiten gewährt.

Über den *Engeln der Erleuchtung* stehen die *Chohi.* Sie haben dieselbe Entwicklungsstufe erreicht wie die *Engel der Gegenwart Christi* und lenken die großen Religionsbewegungen und spirituellen Neigungen der Menschheit. Ihre Archetypen sind von der Macht des Heiligen Wortes erfüllt. Diese hohen Lichtwesen arbeiten an subtilen Veränderungen sozialer Normen. Die lebendige Glut innerer Weisheit, die von den Chohi ausgeht, vermag den bewussten Menschen zu berühren und ihm die Richtung zu weisen.

Über den Chohi stehen die *Cherubim,* die auf der Adonai-Ebene wirken und ihre Kräfte unmittelbar dem Geist der Wahrheit zur Verfügung stellen. Das Wirken dieser hohen Rangordnungen übersteigt unser menschliches Fassungsvermögen. Ein mächtiger Cherubim verströmt unablässig Lichtfrequenzen, die Ideen und Impulse beinhalten, über alle Dimensionen, auf denen individualisiertes Leben existiert.

Die Woge der Quelle des Lebens

Zwischen den *Engeln des Schicksals* und dem individuellen Menschenschicksal besteht eine unmittelbare Beziehung. Die jüngsten Engel dieser Gruppe sind die sogenannten *Wächter.* Sie begannen ihre Ausbildung unter den *Engeln von Geburt und Tod* und einer gewissen Aufsicht der *Engel des Gebetes und der Heilung.* Einer Person wird erst dann ein Schutzengel an die Seite gestellt, wenn sie spirituelle Reife erlangt hat. *Wächter-Engel* kümmern sich um mindestens sieben Menschen, die noch zu den sogenannten *undifferenzierten Seelen* gehören. Sie dürfen sich bestimmte Sphären, Orte und Länder aussuchen, in denen sie dienen. Manche entwickeln eine Vorliebe für eine bestimmte Umgebung und verrichten ihre Arbeit in dieser Region, während andere durch die Erdatmosphäre ziehen und dort helfen, wo man sie benötigt.

Die Aufmerksamkeit eines *Wächter-Engels* richtet sich auf ein Individuum von dessen physischer Geburt an. Unter Umständen kümmert er sich um das Wachstum von sieben Familienmitgliedern oder von im Umkreis lebenden Personen. Seine Aufsicht endet mit dem Tod des Menschen. In der nächsten Inkarnation wird sich dann ein anderer Engel dieser Gruppe liebevoll um ihn kümmern. Im Laufe ihres Fortschritts neigen Wächter dazu, für einen ihrer unzähligen Schutzbefohlenen eine Zuneigung zu entwickeln. Jahrtausende, ehe ein Sterblicher den treuen Beistand eines *Schutzengels* verdient, wählt der Wächter-Engel, der im Begriff steht, zum Rang eines Schutzengels aufzusteigen, seinen Schützling, für den er die größten Hoffnungen hegt.

Wächter sind männlich oder weiblich. Schutzengel manifestieren den weiblichen Pol, denn sie dienen der Menschenseele als spirituelle Mutter. Die männlichen Wächter-Engel steigen zum Rang eines *Protektors* auf und werden sich eines Tages den Legionen der Krieger-Engel anschließen, die dem Erzengel Michael dienen, der sich darum bemüht, die Dunkelheit zu zerstreuen und dem Licht zum Sieg zu verhelfen.

Schutzengel und Wächter-Engel können den persönlichen Willen des Menschen, auf den sie einwirken, nicht verändern, aber es ist ihnen erlaubt, ihren Schützling mit neuen Interessen zu umgeben und frische Impulse zu setzen. Diese neuen Kräfte mögen eine Veränderung im Menschen hervorrufen, ihn entspannen oder ihm helfen, schlechte Angewohnheiten zu überwinden. Sie geben ihr Bestes, um den Einzelnen zu ermutigen, indem sie ihn zu Freunden und Büchern führen, die ihn für tiefere Erkenntnisse öffnen.

Die liebevollste Lehrerin, mit der wir in engen Kontakt treten können, ist unser Schutzengel.[3] Sie ist unsere himmlische Mutter, die mit dem höheren Selbst kommuniziert und uns lehrt, be-

3 Schutzengel sind nach Flower A.Newhouse immer von weiblicher Polarität (Anm. d. Vlg.)

wusster zu leben. Sie bewahrt uns unablässig vor Versuchungen, indem sie unser Gewissen anspricht. Sie regt uns zu kritischem Urteil, zu Andacht und Hingabe an. Zu bestimmten Zeiten, wie an Geburtstagen, zu Weihnachten oder Ostern, mag sie uns auf eine negative Neigung hinweisen, die wir überwinden müssen. Aber selbst in solchen Momenten strahlen Freude und die Verheißung aus ihren Augen, dass wir es schaffen werden. Sie ermuntert uns, die Arbeit, die wir auf der Erde zu leisten haben, jetzt zu erledigen.

Der Schutzengel begleitet einen Menschen länger als irgendein anderes Engelwesen. Selbstlos wirkt sie als spirituelle Lehrerin und unterstützt ein Individuum von der Zeit seines Noviziats bis zu seiner dritten Haupteinweihung. Sie darf ihren Schützling auch darüber hinaus begleiten, wenn sie es möchte, aber dies ist nicht zwingend. Schutzengel üben einen solch gewaltigen Einfluss auf das Leben, den Fortschritt und das Geschick des Menschen aus, dass ohne diese Hilfe dessen geistiges Interesse und Bemühen um Fortschritt erlahmen würde.

In unserem irdischen Wachzustand befindet sich der Schutzengel gewöhnlich in der Reichweite unserer Aura zu unserer Rechten. Will er unsere Aufmerksamkeit erregen, um uns zu belehren oder vor Gefahren zu warnen, stellt er sich vor uns. Während der Nacht zieht er sich zurück, es sei denn, wir sollen an bestimmte Orte geführt werden, um gewisse Dinge kennenzulernen. Zu diesem Zweck ergreift er mit der Linken die rechte Hand seines Schützlings und bewegt sich mit ihm in Gedankenschnelle fort. Im Allgemeinen sind wir uns selbst überlassen, wenn uns die irdische Hülle nicht länger bindet. Die Periode zwischen den Inkarnationen verbringen wir ohne die Begleitung unseres Schutzengels, abgesehen von den Zeiten, in denen die Unterweisungen, die wir in den höheren Schulen des Lernens erhalten, zu schwierig für uns zu sein scheinen. Dann wird unser Schutzengel uns mit seiner größeren Weisheit beistehen. Keine irdische Mutter vermag ihr Kind so zu lieben wie ein Schutzengel seinen Schützling.

Die Aura eines Schutzengels leuchtet pink- oder rosenfarben. Der hellere Ton bedeutet göttliche Zuneigung. Einige Schutzengel machen sich durch Düfte bemerkbar, andere durch bestimmte Farbsymbole. Eine Freundin erkennt die Nähe ihres Schutzengels an dem Maiglöckchenduft, der sie plötzlich umschwebt. Wären wir in der Lage, im Laufe des Tages die verschiedenen Ausdrucksformen zu sehen, die wie Lichtbögen über das Antlitz unseres Schutzengels gleiten, erfüllte sich unser Herz mit großer Dankbarkeit für diesen Segen Gottes.

Er beschützt uns, indem er uns intuitiv eine Gefahr erkennen lässt. Stolpern wir, ohne zu fallen, ist es meistens er gewesen, der uns im Gleichgewicht gehalten hat. Es sind zahlreiche Fälle bekannt, in denen Menschen durch ihre Schutzengel vor Unfällen und sogar vor dem Tod bewahrt wurden. Mein Mann und ich fuhren bei Eis und Schnee über die Autobahn. Als es unerwartet bergab ging, begannen wir zu rutschen. Ich betete. Plötzlich umhüllte uns etwas, das einem riesigen Eisblock glich, der unser Auto abbremste. Wir glitten in eine Schneewehe. Man eilte zu uns, um zu sehen, ob wir verletzt waren, aber es ging uns gut. Unsere Schutzengel hatten das Auto behütet.

Schutzengel erinnern uns an unsere Gelübde, die wir vor unserer Inkarnation ablegten. Sie bemühen sich, uns intuitiv unser Lebens-Diagramm erkennen zu lassen, das die Versprechungen enthält, die wir dem Kindel-Erzengel gaben, der die Verantwortung für unseren Entwicklungsweg trägt. Je stärker wir die karmische Last verringern, mit der wir die Inkarnation antraten, desto rascher vermag der Schutzengel voranzuschreiten. Unser Wachstum stärkt auch ihn, und wir sollten niemals aufhören, Gott dafür zu danken.

Wir benötigen ihre Führung und Weisheit und sollten Gott bitten, uns die Fähigkeit zu schenken, ihren Rat bewusster aufzunehmen und besser zu befolgen. Diese Engel erreichen uns durch Träume, durch Intuition und Kontemplation und drängen uns zu selbstlosen und toleranten Verhaltensweisen, die uns schwerfallen mögen. In Christi Namen sollten wir sie anrufen, wenn wir Schutz benötigen, eine Prüfungssituation eingehender verstehen wollen oder eine kluge Entscheidung treffen müssen. Wir sollten häufig an sie denken, Dankbarkeit und Liebe zum Ausdruck bringen, uns ihr Aussehen vorstellen und uns für intuitive Eindrücke öffnen.

Unser Schutzengel beschönigt nichts, aber in seinen Korrekturen schwingt unendliche Liebe mit. Ich hörte den Schutzengel eines Jungen ihn einen Nichtstuer nennen. Obwohl der Junge ihn nicht hörte, erhob er sich und erledigte eine Hausarbeit, zu der seine Mutter ihn nicht hatte bewegen können. Bei Gesprächen mit einzelnen Menschen geschah es häufig, dass der Schutzengel des Individuums auf erforderliche Wachstumsschritte hinwies, die ich dann der Person in taktvoller Weise übermittelte.

Die selbstlose, geduldige und aufopfernde Arbeit zum Wohle des Schützlings wird den Schutzengel in eine höhere Engelordnung erheben. Er darf sich dann den *Engeln der Geburt* oder den *Engeln des Todes* anschließen oder gemeinsam mit den sogenannten *Engeln des Schicksals* dienen. Letztere hüten die Akasha-Chronik, was eine hohe, unvoreingenommene moralische Scharfsinnigkeit erfordert.

Sollte er es vorziehen, mit den Engeln der Geburt zu arbeiten, wird er Hunderten von Seelen dienen, die sich in den höchsten Regionen der Mentalwelt aufhalten. Wenn Seelen, die vor einer erneuten Inkarnation stehen, einen gewissen Grad an Bewusstseinsklarheit und objektiver Einsicht erlangt haben und den Wunsch verspüren, vergangene Fehler zu berichtigen, werden sie in die Astraldimension entlassen, wo man sie als die *Wartenden* bezeichnet. Der *Engel der Geburt* – ein Erzengel – wird die für die Erde bestimmten Seelen, die es nach menschlicher Erfahrung drängt, begleiten, segnen und beraten. Diese erhabenen Engel sind von außergewöhnlich hohem Wuchs. Ihre Liebe übertrifft unser Vorstellungsvermögen.

Bei der Empfängnis senkt der *Engel der Geburt* den Lebenssamen des zukünftigen Kindes in die Aura seiner Mutter. Während der Geburt des kindlichen Körpers verabschiedet sich die eintretende Seele von der farbenprächtigen harmonischen Welt, die sie vorübergehend verlässt. Zuletzt sieht sie das strahlende, liebevolle Antlitz des Engels, der sie bis zu den irdischen Pforten begleitete.

Auf den höheren Ebenen wird es als ein ungeheurer Verlust betrachtet, wenn ein Baby oder ein kleines Kind stirbt, da es lange dauert, sie erneut auf die Geburt und ihr jugendliches Wachstum vorzubereiten. Erst mit dem Pubertätsalter ist ein Individuum von Nutzen. Diejenigen, die spirituell erwacht sind, unterstehen höheren Intelligenzen.

Bei unserem Tod begegnen wir einem der erhabenen Erzengel, dem *Engel des Todes*, aus dessen Aura feurige Funken sprühen. Diese starke weibliche Gegenwart strahlt unsagbare Liebe und tiefes Mitgefühl aus, denn sie weiß, was es für die Seele bedeutet, die zahlreichen irdischen Bindungen zurückzulassen. Liebevoll veranlasst der meistens feminine *Engel des Todes* die Seele, deren Lebensplan beendet ist, ihre irdische Hülle aufzugeben. Handelt es sich um widerspenstige Seelen oder solche, die sich aufgrund ihrer Anhaftung an die äußere Welt weigern, ihre physische Form zu verlassen, greift eine kleine Gruppe männlicher Engel ein, die den physischen Tod mittels einer kosmisch elektrischen Strömung herbeiführen.

Sobald der Schutzengel bemerkt, dass das Lebensdiagramm ausläuft, setzt er sich mit den mächtigen *Engel des Todes* in Verbindung, die den irdischen Pilger von der Kausalebene aus von der Gefangenschaft seiner äußeren Form befreien.

Zu der Gruppe der sogenannten *Engel des Karmas* gehören die männlichen Erzengel, die als Hüter der Akasha-Chronik wirken – die *Tawonel*. Das gesamte Leben wird in der Mentalwelt in einer hoch empfindsamen Mentalessenz aufgezeichnet. Nicht ein einziger Gedanke verlässt unsere Aura, ohne in der Erfahrungsgeschichte sichtbar zu werden. Jene erhabenen Engel schirmen die lebendigen Leinwände mit ihrem gewaltigen Licht ab. Sie beobachten unablässig die in jedem Augenblick vorgelegten Eintragungen aller Bewohner der Welt.

Angesichts irdischer Ereignisse und zum besseren Verständnis vergangener Gegebenheiten mag es erforderlich werden, dass ein Schutzengel oder andere Engel karmische Fakten erfragen, die zur Gestaltung menschlicher Erfahrung beitragen. Einem Schutzengel, einem vertrauenswürdigen Eingeweihten oder sogar einem Meister wird nur Einblick in die Aufzeichnungen gewährt, wenn er sich der eingehenden Überprüfung seitens der weisen Tawonel unterzieht.

Die *Kindel* stehen rangmäßig auf der gleichen Stufe wie die Hüter der Akasha-Chronik und verdeutlichen wohl am besten das Wirken der *Engel des Schicksals*. Sie tragen die Verantwortung für die Evolution an sich, für den progressiven Aufstieg. Der Kindel verfügt über eine gewaltige Konzentrationskraft und die Fähigkeit, den geistigen Willen wohlüberlegt einzusetzen. Aus diesem Grunde obliegt ihm die Überwachung der Aufzeichnungen des menschlichen Schicksals. Jene Engel, die diese Aufzeichnungen vornehmen, halten ihn telepathisch auf dem Laufenden, wenn einem seiner Schutzbefohlenen eine kritische Erfahrung bevorsteht. Der Kindel wohnt den Sakramenten, wie Taufe und Eheschließung, bei und beobachtet interessiert, wie sich ein Individuum angesichts schwieriger karmischer Gegebenheiten verhält.

Der Hauptlebensplan eines Individuums ist bei jeder Inkarnation bereits vorgegeben. Einer der Kindel-Engel wird für die Lebensgeschichte der gesamten Evolution einer Person verantwortlich sein. Jahre bevor sich die Seele erneut inkarniert, wird er sie rufen und mit ihr das anstehende Erdenleben im Hinblick auf ihre Bedürfnisse, Wünsche und karmischen Konsequenzen ausführlich besprechen. Anschließend wird er mehrere Diagramme formulieren, die wichtige Individuen betreffen, deren Begegnung dieser Mensch verdient, herausragende Ereignisse einplanen sowie karmische Einflüsse im Hinblick auf die Gesundheit und die Verpflichtungen dem Leben gegenüber. Alle Diagramme werden dann von dem Kindel sorgfältig und weise ineinander verwoben. Diese komplexe *Inkarnationsscheibe* besteht aus Mentalessenz und wird für die Dauer des bevorstehenden Erdendaseins in die Herzregion des Mentalkörpers gesenkt.

Nachdem wir die Erde wieder verlassen haben, müssen wir vor unseren Kindel-Erzengel treten, um gemeinsam mit ihm auf unser Leben zurückzublicken. Diese erhabene Gestalt urteilt nicht und fühlt mit uns, wenn wir versagt haben. Es werden uns Fragen gestellt, wie: *Inwieweit hast du deine spirituellen Überzeugungen gelebt? Auf welcher Grundlage hast du deine Beziehungen aufgebaut? In welchem Maße bist du charakterlich gewachsen und hast deine Talente entwickelt? Welche moralische Verschuldung hast du abgegolten und welche Verpflichtungen bist du eingegangen? Inwieweit bist du selbstloser geworden?* Diese Fragen veranlassen uns dazu, eingehend und aufrichtig nachzudenken, unsere Fehler zu erkennen und Wege in Betracht zu ziehen, das nächste Mal besser vorzugehen. Während unserer gesamten Evolution unterstehen wir einem einzigen Kindel. Jede Stufe der Selbstüberwindung, die wir meistern, stärkt auch die Engel, in deren

Verantwortungsbereich wir stehen. Unser eigenes Wachstum dient ihrem Fortschritt.

Ebenfalls zu den *Engeln des Schicksals* gehören die *Amenlee*, die auf der Rangstufe eines Schutzengels stehen. Die Einzigartigkeit dieser Gruppe besteht darin, dass sie sich ausschließlich den Unverbesserlichen widmet. Die zerstörerischen Eigenschaften dieser tragischen Ausnahmen normaler menschlicher Entwicklung schaden sich selbst und anderen. Nachdem ein Schutzengel und ein Remliel die abtrünnigen Individuen beobachtet und festgestellt hat, dass sie sich für die geistigen Einflüsse völlig verschließen, wird ein Amenlee herbeigerufen. Nach eingehender Überprüfung der Vergangenheit, der Tugenden und Schwächen, wirkt dieser Engel in unterschiedlicher Weise auf den ablehnenden Willen der Person ein. Er bringt diese entweder in die Gesellschaft spirituell starker Seelen oder in ein normales Umfeld, in dem der Wille das Gute anstrebt. Diejenigen, die unter zerstörerischen und eigensinnigen Angewohnheiten leiden, aber eine gesunde, ansprechbare Veranlagung besitzen, ändern sich oft allein durch das Beispiel.

Sollte das betreffende Individuum auf die erste Methode nicht ansprechen, zieht der Amenlee einen ungewöhnlich starken spirituellen Lehrer hinzu. Erweist sich die Reaktion als negativ, werden neue, einschneidende Faktoren ins Spiel gebracht, in der Hoffnung, den Abtrünnigen in konstruktive Bahnen lenken zu können.

In schwerwiegenderen Fällen vermögen nur zunehmend harte Prüfungen den Widerspenstigen mit der Notwendigkeit eines Wandels zu konfrontieren. Nach einer gewissen Zeit wird der Amenlee den Fall erneut betrachten, um festzustellen, ob die schweren, demütigenden und leidvollen Erfahrungen eine Veränderung in seinem Schutzbefohlenen herbeigeführt haben. Angesichts solcher Prüfungen und der dringenden Notwendigkeit, willigt er mitunter ein und fügt sich. Die wenigen, die unnachgiebig bleiben, befinden sich in ernsthaften Schwierigkeiten. Der Amenlee, der sich bisweilen über mehrere Leben bemüht hat, die Seele dem Abgrund des Wahnsinns oder der Kriminalität zu entreißen, wird weiter fortgeschrittene und erfahrenere Amenlee hinzuziehen, die ihn bei seiner Arbeit unterstützen.

Bei besonders dumpfen und stolzen Individuen, mit denen der zweite Amenlee arbeitet, mag es notwendig werden, dass die höheren Kräfte der Krieger-Engel zum Einsatz kommen. Wenn diese außerordentlich starken Engelwesen die Aura eines Menschen berühren, gleicht es einem Blitzschlag. Erzengel, die mit dem Bösen kämpfen, bedürfen mitunter des Beistands der Iml... Alle Engel-Ordnungen, die sich zusammenschließen, um das Böse auf der Erde zu bezwingen, versammeln sich auf der untersten Ätherebene. Nur eine geringe Anzahl rebellischer Menschen verschließt sich vollkommen für die Annäherungen der Lichtwesen. Bleibt jemand verstockt, wird er aus ihrer Obhut entlassen und vor das letzte Berufungsgericht gebracht, das dem Geist der Gnade und Barmherzigkeit untersteht. Der selbstlose, unsagbar mitfühlende Dienst dieser himmlischen Scharen übersteigt unser Fassungsvermögen. In den seltensten Fällen misslingt es ihrer Liebe, eine Seele zu retten. Die verhältnismäßig wenigen Glücklosen, die sich der destruktiven Evolutionslinie anschließen, haben sich als ungeeignet erwiesen, den menschlichen Weg der freiwilligen Hingabe an den Ewigen Gott zu beschreiten.

Über den *Engeln des Schicksals* erhebt sich die Engel-Ordnung der *Throne*. Diese hehren Intelligenzen sind einzigartig herrliche Gestalten, die in der Bibel symbolisch als *Räder voller Augen* bezeichnet werden. Die meisten *Engel des Schicksals* steigen in diese Reihen auf.

Wir schulden den Lichtwesen, von deren Diensten wir in dieser Welt abhängig sind, großen Dank. Es gibt unvorstellbar viele Engel-Ordnungen, die dem Werk Gottes dienen. Die Engel spiegeln die Liebe Gottes für Seine Schöpfung wider und schenken dem winzigsten wie dem höchsten Lebensaspekt nach ihrem besten Vermögen die gleiche Güte und Beachtung. Sie enttäuschen Gott niemals. Möge Gott gewähren, dass wir im Laufe unseres irdischen Daseins etwas von der Reinheit, Hingabe und Selbstlosigkeit dieser himmlischen Heerscharen lernen.

12
Die Engel der Natur

Die Natur beschenkt die Menschheit stündlich mit dem Zauber ihrer Gaben. Die lichten Wesen der Naturwoge, die sogenannten *Engel der Natur*, die mit der ersten Ausgießung des Schöpferischen Logos in Verbindung stehen, üben einen indirekten Einfluss auf uns aus und bereichern uns. Obwohl für das physische Auge unsichtbar, durchdringen und unterstützen die Naturengel den Planeten mit ihrer Fürsorge. Ihr Wirken lässt sich überall beobachten, denn sie erhalten die Erde grün, ertragreich und schön. Der Wind, das Wetter und die Landschaften richten sich nach ihren Bewegungen. Selbst der Wechsel der Jahreszeiten wird von bestimmten Engelgruppen beeinflusst, die für die vierteljährlichen Veränderungen verantwortlich sind. Ohne die Unterstützung dieser selbstlosen Wesen wäre ein Überleben auf der Erde undenkbar.

Die Bewohner des Deva-Reiches, das sich zum Engelreich entwickelt, kennen nur ein Ziel. Der Wunsch, Gott zu dienen, indem sie Seinen Willen befolgen, motiviert sie. Dies unterscheidet sie vom Menschen, der Willensfreiheit besitzt. Für die winzigste Kreatur bis zum erhabenen Aeon oder Logos gibt es nur den Willen Gottes. Das gesamte Engelreich ist durchwoben von einem Netz augenblicklichen Gehorsams, das den Willen des Höchsten weiterreicht. Durch sein eifriges und freudiges Streben nach Wachstum und seine selbstlosen Bemühungen fördert ein Deva die Weiterentwicklung seines Bewusstseins und seiner Gestalt.

Die *Engel der Zeit* dienen der Evolution dieses Planeten und senden Lichtströme in verschiedene Bereiche. Ihnen unterstehen jene Wesen, die sich den Jahreszeiten widmen, sowie der

Engel, der die Verantwortung für das jeweilige Jahr trägt. Die *Engel des Tages* werden von *den Engeln der Nacht* abgelöst. Diese sammeln die Trümmer menschlicher Gedankenformen und der zerrissenen Atmosphäre des Tages und bemühen sich, sie aufzulösen. Es gibt Engel, welche die Verantwortung für die Vergangenheit tragen, andere sind für die Gegenwart und wieder andere für die Zukunft zuständig. Jedes Jahrhundert hat seine eigenen Engel, und die *Tija* sind für ein ganzes Zeitalter verantwortlich. Die meisten Tija stehen höher als der Rang eines Erzengels und dienen den vier Naturreichen.

In der Naturwoge entwickelt sich das Leben über die vier Elemente – Erde, Luft, Wasser und Feuer. Ihr entstammen die jüngeren Formen, die Naturgeister. Die Deva-Evolutionslinie beschreitend, werden sie schließlich in die Schar der Engel erhoben und dienen einer der vier Hauptwogen.

Bei den jüngsten Formen der Naturgeister handelt es sich um winzige Elementarwesen, die den Planeten durchdringen und buchstäblich allem, was die vier Elementar-Reiche bilden, Leben und Kraft einhauchen. Der in den Essenzen angeregte Intelligenzfunke wurde tätig. Diese faszinierende Schar unsichtbarer Helfer kümmert sich um alles, was in der Natur wächst, um Minerale, die Luft, die wir einatmen, Wassertropfen und Feuerfunken. Die Elementale sind winzige Formen mit wenig Bewusstsein, aber sie strahlen Freude aus.

Alles, für das wir eine Vorliebe hegen, zieht Elementaressenz an, die den Gegenstand umhüllt, gleichgültig ob er groß oder klein ist. Es kann sich um einen Edelstein, eine Skulptur oder einen Teddybären handeln. Dieses Elemental besitzt ein verschwommenes Bewusstsein, das zwischen dem eines Felsen und eines Hundes liegt. Es reagiert eindeutig auf Gefühle der Liebe, Zustimmung oder Anerkennung.

Naturgeister und Engel konzentrieren sich fast ausschließlich auf ihren eigenen Wirkungsbereich. Ein Kontakt mit den Menschen ergibt sich nur rein zufällig. Andererseits nehmen sie unsere respektvolle Beachtung ihres Dienstes anerkennend wahr. Gelegentlich interessiert sich ein Deva für den Menschen, oder seine Talente und Liebhabereien machen ihn neugierig, was ihn zu nahe an dessen Erfahrungswirbel heranführt. Er wird sich inkarnieren, ohne von dem Kindel-Erzengel darauf vorbereitet worden zu sein, wie es beim Menschen der Fall ist. Der Deva betritt die Erde über die Zeremonie der Empfängnis und steht der Welt mit seinem einzigartigen Temperament ahnungslos gegenüber.

Das Reich der Erde

Die jüngsten Natur-Intelligenzen, die sich mit dem Ätherkörper der Erde befassen, sind die *Frankins*. Sie haben eine Größe von zwanzig bis dreißig Zentimetern. Es sind wunderschöne Geschöpfe von kindlichem Aussehen, das weibliche oder männliche Eigenschaften ausdrückt. Die Frankins sind, wie alle Wesen, die einen Ätherkörper tragen, Geburt und Tod ausgesetzt. Im Gegensatz zu den Menschen werden sie jedoch nicht von einer Mutter geboren, sondern von höheren Intelligenzen geformt, die sie aus elementarer ätherischer Essenz gestalten. Sie leben in der Ätherhülle der Erde für ungefähr ein Jahrhundert und tragen die Verantwortung für blühende Pflanzen, Gräser und die niederen pflanzlichen Formen.

Die Aufgabe der Frankins besteht darin, die einfachsten Zellen des Lebens vom ätherischen Plan aus mit Energie zu versorgen. Ihr rhythmisches Atmen übt einen Einfluss auf die Erdoberfläche und bis etwa einen Meter in die Tiefe aus. Sie dienen dem Pflanzenleben, indem sie es durchdringen, stärken und mit Energie versorgen. Dies geschieht nicht mit Händen, sondern durch den Atemrhythmus.

Die nächste Stufe über den Frankins bilden die *Elfen*. Sie sind größer als die Frankins, etwa fünfunddreißig bis fünfzig Zentimeter, und besitzen mehr Energie. Wie bei allen diesen kleinen Wesen vergrößert und verkleinert das beständige Ein- und Ausatmen ihre Körpergröße in jedem Moment. Dieser Prozess verläuft in der Welt der Naturengel langsamer und tiefer als bei den Menschen. Beim Einatmen wird die innere Schönheit eines Elfenwesens für jene, die seine Entwicklung beobachten, sichtbar.

Den Elfen ist die Sorge um größere Pflanzen und Büsche anvertraut, die eine Höhe von vier Metern oder mehr erreichen.

Jedes Mal, wenn sie sich von einem Gewächs ihres Verantwortungsbereichs zum nächsten begeben, wird in der Ätherhülle dieser Pflanze eine Zirkulation angeregt und dadurch das Leben erhalten und gestärkt.

Gnomen sind weiter entwickelt und größer als die Elfen. Sie sind die größten Formen der Erdgeschöpfe. In den Erzählungen für Kinder und im Volksgut werden Wesen aus dieser Gruppe gelegentlich auch „Heinzelmännchen" genannt. Im Gegensatz zu den fantasievollen Vorstellungen mancher Leute tragen Gnomen keine drollige Menschenkleidung, sondern umhüllen sich eher mit etwas, das an Blumen und Blätter erinnert. Sie sprechen sehr auf sorgsame Führung an und sind weiter entwickelt als die intelligentesten Haustiere. Sie leben mehr als dreihundert Jahre. Untereinander geben sie sich Namen und kämpfen mit ihren Freuden, Ängsten und Enttäuschungen in vergleichbarer Weise wie die Menschen.

Gnomen halten sich in der ätherischen Welt in der Nähe von Felsen auf, die oberhalb und unter der Erdkruste liegen. Ihr Ruf, aktiv zu werden, lautet. „Erwachet, erwachet, all ihr schlafenden Formen! Öffnet euch dem Leben!"

Um in engeren Kontakt mit den Naturwesen zu gelangen und von ihnen beachtet zu werden, muss man sich ihren speziellen Arbeitsbereichen zuwenden und ein echtes Interesse daran entwickeln. Zeigen wir unsere Liebe für den Ackerboden und das, was er hervorbringt, für die Felsformationen, für die majestätischen Berge und grünen Wälder, werden uns die himmlischen Hüter der Natur eine fürsorgliche Beachtung schenken. Sollte sich einer der Gnomen für einen Menschen interessieren, mag er ihm seine Reichtümer enthüllen. Erregt ein Stein oder ein Holzstück unsere Aufmerksamkeit, sollten wir uns nach der symbolischen Bedeutung fragen. Bei dem Schatz mag es sich um ein bescheidenes Andenken oder ein Mineralvorkommen von beachtlichem Wert handeln.

Wann immer der Mensch die Ätherkräfte der Natur durch Umweltverschmutzung oder egoistische Angewohnheiten vergiftet, zieht er schwerwiegende karmische Konsequenzen auf sich. Verwandelt er aufgrund seiner Habgier einen vormals hochgeschätzten geweihten Ort in ein Ödland, wird er mit ernsthaften

Auswirkungen rechnen müssen. Diejenigen, die gewaltsam mit der Natur umgehen, finden in einer späteren Inkarnation oftmals den Tod durch Naturgewalten, wie Hurrikane oder Erdbeben. Wer aber die Weisheit und Dankbarkeit des Geistes besitzt, der Natur ehrfurchtsvoll gegenüberzutreten, wird herzerfrischende Loyalität und Achtung finden.

Die nächste Evolutionsstufe über den Gnomen bilden die *Oreaden*. Diesen Intelligenzen obliegt es, das Leben aller großen Pflanzenformen zu fördern. Diese hochgewachsenen, schlanken und wunderschönen Geschöpfe bewegen sich zwischen den Waldpflanzen, senden ihnen Liebe und lassen den Saft in den Bäumen steigen. Ihre nächste Entwicklungsstufe wird die der *Baum-Devas* sein, deren Körperhöhe in etwa der Größe des Baumes entspricht, dem sie Energie zuführen. Sie sorgen für das Wohlergehen der Bäume und segnen sie. Jüngere Devas arbeiten mit Laubbäumen, während sich die fortgeschrittenen Devas um Nadelbäume und immergrüne Pflanzen kümmern.

Bei den Baum-Devas handelt es sich um strahlende Wesen, mit dreieckigen Gesichtern und langen, schmalen Körperzügen. Sie erscheinen als hellgrüne Geschöpfe, mit blitzenden Augen und grenzenloser ätherischer Energie. Menschen, die die Natur lieben, ziehen die Aufmerksamkeit eines Baum-Devas an und werden von ihm vielleicht mit erneuernden Lebenskräften versorgt. Die meisten Devas fühlen sich nicht zur Stadtatmosphäre hingezogen. Sie bevorzugen ländliche und unberührte Gegenden. Dennoch gibt es einige, die für die Bedürfnisse der Bäume in den Städten sorgen. Sie haben sich an den für derartige Orte typischen Lärm und die dort herrschende Geschäftigkeit gewöhnt. Im Zentralpark einer Stadt beobachtete ich einen riesigen Deva. Ein prachtvoller Deodar-Zedernbaum bildete sein Zuhause. Er weilte Tag und Nacht dort und ergoss einen höchst ungewöhnlichen Segensstrom über die Stadt und ihre Bewohner.

Der höchste, älteste und vollkommenste Baum einer Waldgegend bildet das Heim des Deva-Königs. Während der Nacht setzt sich diese hohe Intelligenz mit den anderen Devas in Verbindung und belehrt sie in Bezug auf ihre Tätigkeit, ihren Dienst und ihre Hilfe, die herrliche Natur zu erheben und zu beschützen, damit sie uns erhält und segnet. In Questhaven weilt ein Deva-König im ältesten und größten Eichenbaum. Er besitzt eine majestätische Selbstbeherrschung. Die von ihm ausstrahlende Vitalität stärkt die Ätherkörper aller Bäume in seiner Umgebung.

Der *Geist des Ortes* bildet das Gegenstück zum Deva-König. Dabei handelt es sich um eine Gruppe weiblicher Devas, die eine Heimstatt, ihre Bewohner und den gesamten Besitz geistig erneuert, physisch behütet und segnet. Ein solcher Deva wirkt auf die Mentalkörper derjenigen ein, deren Gedanken der Läuterung und Erneuerung bedürfen, wenn sie ihr Territorium betreten. Die *Engel des Ortes* werden im Laufe ihres Fortschrittes die umfangreicheren Aufgaben eines *Engels der Region* übernehmen und auf einer späteren Entwicklungsstufe die eines *Engels der Nationen*. Die *Engel der Nationen* werden die jüngeren Engel von Ländern und Städten in ihre Dienste einweisen.

Während meines Aufenthaltes in den Redwoods sah ich mit offenen Augen meditierend ein großes Wesen über einer Gruppe von jungen Redwood-Bäumen auftauchen. Größer als alle anderen Devas dieser Gegend, glich es eher einem Engel im Dienste Christi. Seine Haut war von einem rosenfarbenen Weiß, und schwarzes Haar ringelte sich um seinen Kopf. Seine Aura dehnte sich etwa dreißig Meter in alle Richtungen aus. Sein Antlitz war von einer unendlich tiefen Liebe erfüllt. Jeder Baum, jeder Farn, jeder grüne Halm reagierte auf seine strahlend schillernde Emanation und nahm sie auf. Lächelnd glitt diese wundervolle Gestalt von einer Seite zur anderen und segnete alles wachsende Leben. Ich wartete, bis die Wesenheit meinen Augen entschwand. Sie war mehr als ein Deva-König. In meinem Herzen ist sie der *Hüter der Redwoods*.

Über den Baum-Devas stehen in der Engel-Hierarchie die *Allrays*, die *Engel der Gipfel*. Sie lenken ein ganzes Gebiet durch ihren vergeistigten Willen. Sie wählen die höchsten Bergspitzen oder Hügel, von denen aus sie ihren Segen aussenden und ihre lavendel-blauen Kraftströme über die gesamte Region ergießen. Die Allrays halten sich meistens in der Mentalebene auf. Während der Voll- und Neumond-Zeremonie sowie an Weihnachten und Ostern treten sie in die Astralebene der Erd-Aura ein.

Über den Allrays stehen die Meister-Devas, die sogenannten *Allsees*. Ihr Symbol ist das einzelne Auge. Sie wirken von den

Berggipfeln aus. Bei Sonnenuntergang blicken alle Naturengel zu einem Berggipfel oder der höchsten Erhebung der Gegend empor und huldigen Gott in Erwartung seines Segens. Den Ewigen anrufend, sendet der Allsee edelsteinfarbige Strahlen aus, die die verschiedenen Intelligenzen in weitem Umkreis berühren und erneuern.

Über den Allsees erheben sich die *Herren der Berge*, deren größter und höchster Vertreter aus der Region des Mt. Everest wirkt. Diese erhabene Wesenheit ist ein Eingeweihter der Sonne. Über ein Netzwerk segenspendender Vitalenergie stehen die Intelligenzen der hohen Berggipfel telepathisch untereinander und mit dem Herrn des Mt. Everest in enger Verbindung. Die Gipfel bilden ihre Heimat, um von dort aus die Entfaltung allen Lebens in ihrem Einflussbereich zu segnen. Ihr Wirken ändert sich von Gebiet zu Gebiet. Einige arbeiten als Initiatoren oder Lehrer und spornen Naturwesen und Menschen zu größeren Leistungen an. Andere wiederum konzentrieren sich auf die Erneuerung und Heilung.

Die planetarischen Engel dienen den strategischen Orten des Planeten. Einige von ihnen sieht man an unserer internationalen Zeitgrenze, während sich andere um die vier Jahreszeiten kümmern. Manche stehen im Dienst der einzelnen Chakras oder Energiezentren des Planetarischen Logos, wie in Mexiko, am See Patzcuaro, einem kleineren Chakra. Der Mt. Everest ist der wichtigste Ort unseres Planeten. Hier befindet sich das Zentrum der großen planetarischen Wesenheiten, in deren Obhut alle anderen Engel stehen, die dem Planetarischen Logos dienen.

Alle Naturintelligenzen der Erde besitzen Sonneneigenschaften, die es ihnen erlauben, in die verschiedenen Sonnendimensionen zurückzukehren, sobald sie von ihrem Dienst an diesem Planeten freigestellt werden. Das Wirken der in diesem Sonnenkörper beheimateten gewaltigen himmlischen Scharen entzieht sich unserem Verständnis. Die Anweisungen, die der Deva-König in rhythmischen Intervallen aus dem Sonnenzentrum sendet, dienen den fortgeschrittenen Engel-Ordnungen ebenso wie den jüngsten Deva-Formen als auszuführende Richtlinien. Aus seinem Bewusstsein lodert ein gewaltiges Licht in die Engelwelt und durchflutet alle Stufen – ein Vorgang, der weit jenseits unseres Fassungsvermögens liegt.

Das Luftreich

Im Luftreich spielen sich Geburt und Tod hauptsächlich in der Ätherregion ab. Die Form verändert sich, sobald ein Naturwesen seine Arbeit abgeschlossen hat und für die nächste Erfahrung bereit ist. Die jüngsten Geschöpfe des Luftraumes sind die *Erbauer*. Es sind winzig kleine und unterentwickelte Elementarwesen von schillernder Farbe und Schönheit, die es lieben, sich zwischen Blumen und Büschen und nahezu in der gesamten Pflanzenwelt zu bewegen. Sie ähneln Bienen, die Pollen sammeln, doch sie sorgen für den Austausch von Kohlendioxid in Sauerstoff. Je größer die Pflanze, desto mehr *Erbauer* werden angezogen. Sie bewegen sich instinktiv und kennen den Sinn ihrer Aufgabe nicht, die sie dennoch mit fröhlicher Emsigkeit ausüben und dem Atmungsvorgang des Naturreiches dienen.

Den *Erbauern* ist ebenfalls eine Trennung in männlich und weiblich zu eigen. Nach irdischen Maßstäben leben sie ungefähr zehn Jahre. Sie durchwandern ihr Leben in schneller Abfolge. Kaum ist ein Körper vollendet, wird ihnen bereits ein neuer bereitet, der den alten an Form und Farbe übertrifft. Viele märchenhafte Berichte, die uns in den Kinderbüchern über Feen gegeben werden, beziehen sich auf diese Wesen, die in Wirklichkeit wesentlich kleiner sind, als die Menschen sie beschrieben haben. Nachdem sie sechzig oder mehr Wandlungen in der Form eines *Erbauers* durchlebt haben, schreiten sie zur nächsten Stufe ihrer Entwicklung weiter.

Die zweitjüngste Lebensform des Luftreiches wird als *Zephyr* bezeichnet. Dieses Wesen besitzt aktive Intelligenz und markiert den Beginn der Deva-Phase. Im ausgewachsenen Stadium erreicht er die Größe von einem Meter, während seine Schönheit seinesgleichen auf der Erde sucht. Seine Lebensspanne umfasst hundert bis fünfhundert Erdenjahre. Im Laufe seines Reifungsprozesses tritt seine Individualität deutlich hervor.

Ein Zephyr kommt durch freudige, spielerische und anbetende Ekstase seiner Eltern ins Dasein. Überall in der Natur finden wir Dualität, Paare unterschiedlichen Geschlechts. Zephyr-Eltern erschaffen ihre Nachkommen in inspirierter Zusammenarbeit. Diese gemeinsame Schöpfung bildet sich außerhalb ihrer Körper und erinnert eher an die Entstehung eines Eies als an einen menschlichen Embryo. In einem Moment ekstatischer Vereinigung mit den höheren Intelligenzen, die über das Reich der Lüfte wachen, öffnet sich die eiförmige Schöpfung der Eltern, und es entsteigt ihr ein schönes Wesen, kleiner als dreißig Zentimeter, aber insgesamt ein getreues Abbild seiner Schöpfer.

Die Kinderwelt dieser jungen Zephyre gleicht einer Art Schule, in der sie nicht von ihren Eltern, sondern von Schutzengeln behutsam umsorgt und belehrt werden. Mit Hilfe von Spielen und sanften, ruhigen Ermahnungen bereiten sie sie auf zukünftige Erfahrungen vor und helfen ihnen, all die Tätigkeiten freudig zu erwarten, die einmal ihr Arbeitsfeld sein werden. Sie lernen, auf Luftströmen zu reiten und in Willen und Bewusstsein ein Bild des Schöpfers zu tragen, der sie als Luftwesen aushauchte. Sie beobachten Personen, Geschöpfe und Orte, die sie später erneut besuchen wollen. Ist ihre Erinnerung verlässlich und beständig, können sie notwendige klimatische Veränderungen bewirken.

Die jungen Zephyre geben sich ganz der Freude am Reiten auf den Luftströmen hin. Sind sie älter, lernen sie, diese zu beherrschen, sie anzutreiben oder zu zügeln. Sich selbst überlassen, könnten die Luftströme zerstörerisch wirken. Der Hauptdienst eines erwachsenen Zephyrs liegt darin, mächtige Ströme kosmischer oder solarer Strahlung, die unablässig auf die Erde zielen, abzulenken. Um einen schützenden Einfluss auf die physische Welt auszuüben, besonders auf jene Bereiche, die sie lieben gelernt haben und in denen sie sich aufhalten, konzentrieren die Zephyre ihre Bemühungen auf die Ätherebene, um zu starke kosmische Aufladungen, die der Erde schaden könnten, zu normalisieren. Wenn sie diese Energieballungen dämpfen, ändert sich vorübergehend die Farbe ihrer Körper. Manchmal erscheinen sie als schimmernde, glitzernde, kristallartige Wesen oder nehmen einen Saphir-Ton oder eine strahlend gelb-orange Färbung an. Diese überhöhten solaren Energieaufladungen werden an einem sicheren Ort aufgelöst.

Wir sollten uns häufiger die Zephyre ins Gedächtnis rufen, die auf ihre fröhliche und spielerische Art über alle Maßen tätig sind. Ebenso wie das gesamte Engelreich, dienen auch sie in selbstloser Hingabe ihrem Schöpfer.

Über den Zephyren stehen die *Sylphen*, ältere, weisere und fortgeschrittenere Bewohner dieses Reiches. Könnten wir diese Lebensform beobachten, erschienen uns die Sylphen als in der Atmosphäre schwebend. Der Körper dieser Luft-Devas erinnert, in aufrechter Haltung, an Menschen. Ihre Größe schwankt zwischen einem und anderthalb Metern. Sie existieren etwa fünfhundert Jahre lang in ihrem ätherischen Körper. Obwohl sie noch nicht die Stufe der Engel erreicht haben, sind Sylphen weitaus intuitiver als die meisten geistig Suchenden. Auch ihr spontaner, aus tiefem Herzen kommender Gehorsam ihren Vorgesetzten gegenüber unterscheidet sie vom Menschen.

Obwohl wirkungsvoller, ähnelt die Tätigkeit der Sylphen jener der Zephyre. Hunderte von Strahlen, vorwiegend solaren Ursprungs, gelangen in die ätherische Umhüllung der Erdatmosphäre. Sylphen arbeiten mit den von solaren und kosmischen Kräften geschaffenen ätherischen Gegebenheiten. Sie können die Anhäufung solcher Strahlen nicht verhindern, wohl aber ausladende Energieschirme schaffen, die als Schutzschilder wirken und die Kraft der eindringenden Strahlen abschwächen. Dem Bedürfnis eines Baumes, Hügels, Berges oder Dorfes angemessen, bilden die Sylphen in individueller oder gemeinsamer Arbeit wunderschöne Schirme aus ihrer eigenen ätherischen Substanz. Sie verstärken das natürliche Energiefeld, um jeder einzelnen Gegend zweckentsprechenden Segen zu bringen.

Wenn die Luft-Devas die nächst folgende Stufe erreichen, steigen sie zum Engel auf und werden die *Engel der Winde* oder *Cilarae*. Ihre Aufgabe besteht darin, die durch die Erdrotation verursachten Luftströmungen zu bändigen. Dazu gehören die allgemeinen West-, Äquator- und anderen Winde. Da sich Luftströme in ständiger Bewegung befinden, könnte man sie als Flüsse der Lüfte bezeichnen. Je nach ihrer Vorliebe zieht es Cilarae in Bereiche der Atmosphäre, in denen sie als treue Wächter und Hüter der endlosen Luftströme dienen.

Entsprechend ihrer Entwicklung reicht die Größe dieser Wesen in aufrechter Haltung von etwa drei bis dreieinhalb Metern. Aber meistens schwimmen oder treiben sie in den Luftströmen, für die sie die Verantwortung tragen. Mitunter legen sie auf diese Weise drei- bis fünftausend Kilometer zurück, um ein bestimmtes Ziel zu erreichen. Haben sie ihre Aufgabe erfüllt, kehren sie meistens in ihre Heimatregion zurück.

Die Cilarae sind mit den *Murmlo* verwandt, einer Engel-Gruppe, die sich in den Küstenregionen aufhält und das Aufkommen von Stürmen oder den Wechsel des Wetters beeinflusst. Das Wort „murmeln" bezieht sich auf diese Helfer, die sich mit den Meeren und Ozeanen der Lüfte befassen. Wachsam beobachten sie die Bedürfnisse der Erde. Wenn rein natürliche Hilfsmittel nicht ausreichen, um einen Sturm zu entfachen, schaffen sie, wie die Sylphen, gigantische ätherische Formationen, die in jener Welt an physische Wolken erinnern. Diese ätherischen Gebilde verändern den bestehenden Luftdruck, und ein Sturm kann aufkommen. Solange in der Atmosphäre keine negativen oder zerstörerischen Kräfte hervorgerufen werden, sind die Murmlo in der Lage, aufgrund ihrer Kenntnisse hinsichtlich der Luftströme, erwünschte Wetterveränderungen herbeizuführen.

Verwüstungen werden durch die niederen Emotionen und Gedanken der Menschen, ihre Grausamkeit und Perversion hervorgerufen. Zerstörerische Kräfte wenden sich Gegenden zu, in denen sie sich am besten festsetzen können. Solche negativen ätherischen Energien wachsen mit der Zeit so stark an, dass die schwelende Gewalt entschärft werden muss. Wirbelstürme und Orkane bedeuten demnach eine notwendige Freisetzung negativer ätherischer Elemente. In diesen Zeiten wird allem Deva-Leben befohlen, die Gegend zu verlassen. Nur die fortgeschrittenen Engel bleiben zurück, um sich mit den heftigen Wetterverhältnissen auseinanderzusetzen.

Es gibt *Engel der Elemente*, die einem einzigen Element dienen, oder Gruppen, die sich mit mehreren Elementen gleichzeitig befassen. Je höher der Rang, desto komplexer gestaltet sich der Aufgabenbereich. Die *Engel der Elektrizität* gehören zu den planetarischen Intelligenzen und betrachten die Bedürfnisse der Welt von mehreren Ebenen aus. Diese sogenannten *Speeriel* beschäftigen sich mit Magnetismus und den Kräften der Elektrizität. Fehlen der Erde bestimmte Elemente oder die ätherischen oder niederen Astralebenen sind schwer durch Verunreinigungen belastet, werden sie angezogen.

Den *Airwee*, einer fortgeschrittenen Engel-Gruppe, obliegt es, das Wetter zu regeln und über die vorherrschenden atmosphärischen Bedingungen zu entscheiden. Ihnen unterstehen die *Neentel*, die dafür verantwortlich sind, die erforderlichen Bedingungen für das Aufkommen eines Sturmes zu schaffen. Andere Gruppen unter den Airwee sind die *Feeli*, die dafür sorgen, dass Meerwasser verdunstet, sowie die *Delvee*, deren Aufgabe darin besteht, die Vermischung von Luft- und Wasser-Elementen zu überwachen.

Die höchsten Intelligenzen des Luftreiches, die *Tija*, weilen in der Stratosphäre. Die Entwicklungsstufe dieser Wesenheiten maskuliner und femininer Polarität gleicht der von Meistern und Adepten. Ihre Inseln in den Lüften sind endlos. Ihre Heiligtümer mit ihrem ewigen Frieden liegen jenseits menschlichen Vorstellungsvermögens. Alle Entscheidungen hinsichtlich des Klimas, des Regens und der Fruchtbarkeit der Erde werden von den Tija getroffen und unter ihrer Anleitung ausgeführt.

Die Wasserwelt

Von allen vier Naturreichen sind die Wasserwesen, bis sie den Rang eines Engels erklommen haben, die quirligsten, emotionalsten und wandelbarsten Devas. Da Wasser im Gegensatz zum Land den größten Teil der Erde bedeckt, befinden sich auf den ätherischen Ebenen unzählige Wasserwesen. Wegen ihres Ursprungs werden die jüngsten Formen *Meereströpfchen* genannt. Diese Wasser-Elementale sind kaum größer als der Tropfen Wasser, den sie beseelen. Sind sie für spezielle Aufgaben bereit, erheben die Engel des Wasserreiches, die sich mit dem Prinzip der Verdunstung beschäftigen, diese in die Lüfte und führen sie über Regen in die Gebiete, in denen sie benötigt werden. Nach einiger Zeit zieht es die Meereströpfchen in die Nachbarschaft von Quellen, Flüssen und reißenden Strömen; oder sie sickern in die unterirdischen Flüsse und Seen, von denen die Wasserversorgung auf Erden abhängt. Auf dieser Stufe ihrer Evolution besteht ihre Aufgabe darin, es den Elementen zu ermöglichen, sich im Wasser zu lösen.

Ihre nächste Entwicklungsstufe ist die der *Wasserkobolde*, was ein beachtlicher Umwandlungsschritt in Gestalt und Größe bedeutet. Die Kobolde sind etwa zwanzig Zentimeter groß. Sie kennen keinen persönlichen Lebenssinn, obwohl sie zum Zwecke der Evolution auf diesem Planeten eingesetzt werden. Fröhlich bewegen sie sich auf dem Wasser und freuen sich, dass sie dem Meer zustreben.

Im Verlaufe ihres Wachstums gewinnen sie nicht nur an Größe und Stärke, sondern auch ihre umfassenden intuitiven Fähigkeiten und ihre Empfänglichkeit für den herrlichen Tija, der für sie verantwortlich ist, nehmen zu. Über dem Wasserkobold steht die *Meeresnymphe*, die sich im Hinblick auf ihre Intelligenz und Fähigkeit mit den Heinzelmännchen des Erdreiches vergleichen lässt. Ihre Größe beträgt etwa einen halben bis einen dreiviertel Meter. Meeresnymphen verbringen ihre Lebensspanne, indem sie sich auf der Oberfläche des strömenden Wassers bewegen. Über ihnen stehen die *Najaden*, die etwa dreißig Zentimeter größer, intelligenter und erfahrener als erstere sind. Bei den Najaden handelt es sich um die ersten Formen des Wasserreiches, die aus eigener Entscheidung bewusst dienen. Sie erkennen, dass Gewässer gereinigt werden müssen, ein Fluss seine Bestimmung besitzt und der Wille des *Königs des Stromes* bis ins Detail genau ausgeführt werden muss. Der *König des Stromes* ist die am weitesten entwickelte Wesenheit, die für das strömende Wasser verantwortlich ist.

Über den Devas des Wassers stehen die *Nereiden*. Ihre erhabene Schönheit spiegelt die schimmernde Farbenpracht der Wasserwelt wider. Die unterirdischen Gewässer und stillen Seen überwachen weibliche Nereiden. Sie erfüllen ihre Aufgabe, indem sie die unter ihnen stehenden Wesen belehren und segnen. Um lebhaft dahinströmende Flüsse und größere Wasserfälle kümmern sich Nereiden maskuliner Polarität. Nereiden bemühen sich, die Aura des Wassers möglichst stark auszudehnen.

Bevor das Ziel des Aufstiegs zum Engel heraufdämmert, zeichnet sich das Leben im Reich des Wassers durch Reibung, Aufregung, Instabilität und Rivalität aus. Auf der Stufe der Nereiden und darüber hinaus entwickelt sich jedoch eine umfassende und warmherzige Einstellung, wie es bei den Angehörigen der drei anderen Reiche schon auf früheren Stufen natürlich ist.

Jeder Ozean wird von einem außergewöhnlichen Engel regiert, dem *Herrn des Meeres*. Der Pazifische Ozean besitzt eine solche Wesenheit. Sie ist friedliebend, mächtig und von großem Einfluss. In den inneren Welten wird sie *Pericus* genannt. Über den Atlantischen Ozean herrscht ein Wesen vergleichbarer Entwicklung, *Ceranus* genannt. Das Oberhaupt aller Wasserwesen ist ein *Tija* oder Engelprinz, mit Namen *Ceetka*. Gemeinsam mit höheren Engelwesen entscheidet er über das Zusammenströmen von Wassern und Winden, die die notwendigen klimatischen Veränderungen herbeiführen.

Das Feuerreich

Feuerwesen unterhalb der Stufe eines Engels interessieren sich kaum für den Menschen. Die jungen Wesen werden *Salamander* genannt und erreichen eine Größe zwischen zwanzig bis sechzig Zentimetern. Die schmalen Gesichtszüge dieser langen, dünnen Gestalten sind meistens in der Flammenzunge zu sehen. Ihre Augen und ihre temperamentvollen Bewegungen, mit denen sie sich um die Flamme kümmern, strahlen eine lebendige Intensität aus. Sie gehen vollkommen in ihrer einzigen Tätigkeit auf. Sie reinigen die Umgebung von aufgetürmtem Ballast und Schutt, indem sie ihn aufbrauchen und alles Wertlose vernichten.

Die nächste Wachstumsstufe ist der *Flamin*, dessen Größe etwa sechzig bis neunzig Zentimeter beträgt, was von dem Feuer abhängt, in dem er sich befindet. Sie besitzen zwar eine begrenzte Intelligenz, aber noch kein Seelenbewusstsein. Zudem sind sie weder konstruktiv noch zerstörerisch. Menschliche Unachtsamkeit in der Natur lässt sie agieren. Ihre Aufgabe besteht darin, physische und psychische Müllanhäufungen, die zerstörerische Feuer verursachen könnten, aufzulösen, zu säubern und zu klären.

Über den Flamin stehen Intelligenzen, die eng mit den Feuern der Spiritualität verbunden sind und das Leben der Menschen, Engel und anderer Schöpfungsformen lenken, anregen und erneuern. Zu diesen reinen Feuerengeln gehören die *Amfri*, die sich intensiv mit der Menschheit befassen. Sie fördern die geistige Evolution all dessen, das sie berühren.

Diese glühenden, feurigen Geschöpfe sind groß und von unsagbarer Schönheit. Sie suchen unablässig nach Personen, die ein starkes Verlangen verspüren, das Licht zu erreichen. Die Amfri sind Zeugen für die aurischen Feuer, die in kurzen Momenten von den Einzelnen ausgehen. Sie nehmen die Gelegenheit wahr, mit einer Liebe über jene Seelen zu wachen, die der eines Schutzengels ähnelt, indem sie sich bemühen, den Ballast zu reinigen, der das Individuum niederdrückt und es vom Gotteslicht trennt. Ein Amfri, der sich um die Verwandlung der Gefühle kümmert, ist vor allem auf die Läuterung menschlicher Emotionen bedacht. Er ist reine Liebe.

Durchschreitet der Mensch eine Einweihung, nimmt der Amfri, der für die Entfaltung der Seele verantwortlich ist, Kontakt mit einer nächst höheren Wesenheit, den *Firl,* auf. Diese hohen, starken Feuer-Intelligenzen existieren nur in der Kausalwelt und nehmen die elektrische Taufe vor, wobei die kausalen Energien die höheren Körper des Individuums durchdringen, ein Prozess, der zum Zwecke der Einweihung abläuft. Ihre Kräfte kommen zum vollen Einsatz, wenn sich unser ganzes Sein nach Reinheit, Zuverlässigkeit und Treue dem Licht gegenüber sehnt.

Über den Firl stehen die *Pitris*, die in den inneren Welten als *Väter des Feuers* bekannt sind. Diese *Herren des Feuers* sind die begnadeten, erleuchteten Planer der geistigen Pfade, auf denen die Menschen zur bewussten Göttlichkeit geführt werden können. Ihre Hauptfunktion liegt darin, als verbindende Brücken oder planetarische Botschafter unter der direkten Anweisung des Solaren Logos, der höchsten Wesenheit des Feuer-Elementes, in unserem Sonnensystem zu dienen.

Über den Pitris stehen die *Tuma* und *Jophel,* deren Strahlen, die aus der Adonai-Welt hervorbrechen, alle Dimensionen erhellen und erleuchten. Besonders zur Weihnachtszeit wird die Atmosphäre von den Bewohnern des feurigen Reiches durchzogen. Sie tragen zu dem glühenden Eifer und der Ekstase bei, die zu Glücksgefühlen und in voller Ausprägung zur erhabenen Verzückung führen. Diese hohen Lichtfrequenzen erstrahlen durch jene, deren Reinheit weit über die menschliche Vorstellungskraft hinausreicht.

Dem Solaren Logos dient eine Vielzahl von Engelscharen. Die

wunderbaren *Engel des Morgens* und die *Engel des Abends* gestalten die herrlichen Sonnenaufgänge und Sonnenuntergänge immer wieder aufs Neue, um die ewigen, unerschöpflichen Wunder göttlicher Handwerkskunst zu zelebrieren. Die Mittagsstunde ist eine weitere bedeutsame Tageszeit in Bezug auf die Ausstrahlung des Solaren Logos und seiner himmlischen Diener. Diese Engelscharen segnen unsere Erde und überprüfen uns liebevoll. Wenn die Sonnenengel ihre Aufgabe als Solare Archi und Aeonen abgeschlossen haben, schreiten sie voran, um als galaktische und später als kosmische Helfer zu dienen.

Tier-Engel

Wenn wir an die Natur denken, kommt uns auch das Tierreich in den Sinn. Dieser Teil der Natur entfaltet sich unter der „Woge der Quelle des Lebens“ und wird oft als *Gruppengeist* bezeichnet. Die *Aqui*-Engel tragen die Verantwortung für die Tierevolution, indem sie die Geschöpfe in einer neuen physischen Form zurückschicken, bis sie die Stufe der Domestizierung erreicht haben. Bei höher entwickelten Tieren muss der Zeitpunkt der irdischen Inkarnationen genau bestimmt werden. Daher sind sie seltener. Für Tiere wie Pferde, Affen, Elefanten, Hunde und Katzen können Jahre vergehen, ehe sie zur Erde zurückkehren.

Die Gruppe der Aqui umfasst zwei Tätigkeitsbereiche, den der *Folatel* und den der *Budiel*. Die Aufgabe der Folatel besteht darin, für das physische Wohl der Tiere zu sorgen. Sie beeinflussen das Tier mittels Frequenzen, die in den höheren Welten als *Menton-Wellen* bekannt sind. Diese Mentalbänder ersetzen den noch unentwickelten Mentalkörper der Tiere. Die Geschöpfe müssen durch den Willen und die Intelligenz höher entwickelter Wesen gelenkt werden, die sich darum bemühen, den Erfordernissen der Natur auf intelligente Weise nachzukommen. Mit Hilfe der Menton-Wellen beeinflusst der Folatel das Tier dahingehend, dass es Futter und Unterschlupf findet, Nachkommen zeugt und für sich zu sorgen weiß, wenn Gefahr droht.

Die Engel bedienen sich bestimmter Laute, um ihre Schutzbefohlenen zu führen. Ich erinnere mich an den Ruf eines Folatel, in dessen Obhut die Tiere eines Waldes standen, mit dem er zwei Rehe in Sicherheit lockte. Diese hatten den Ruf vernommen und eilten in die Richtung, aus der er ertönt war.

Der Folatel empfindet tiefe Liebe für die Kreaturen, beschützt sie und führt sie zu einem besseren Zuhause. Im Laufe der Jahre fanden viele Tiere ihren Weg zu uns, die der Pflege und Obhut bedurften. Nahm einer von unserer Gruppe das kleine Geschöpf auf, erschien ein segnendes Lächeln auf dem Antlitz des Engels, der es zu uns geführt hatte.

Jüngere Folatel, die sich um die Meeressäuger und Nagetiere kümmern, werden auf die Stufe eines Engels vorbereitet. Weiter fortgeschrittene Folatel entwickeln mit der Zeit eine Vorliebe für die Arbeit mit einer bestimmten Tierrasse und tragen zur rascheren Entwicklung von Tieren bei, wie etwa Schakalen, Kojoten, Füchsen, Wölfen und Hunden.

Die Budiel-Engel sind für den Fortschritt und das Wachstum der individuellen Aspekte des Tieres verantwortlich. Diese Funktion gleicht jenen der *Engel des Schicksals*, die die Menschen lenken. Budiel-Engel achten besonders auf Zeichen beginnender Individualität, die sich bemerkbar machen, bevor die Stufe eines Haustieres erreicht wird. Solche individuellen Züge werden von den Engeln umsorgt und gestärkt, um in ihren Schutzbefohlenen Eigenschaften zu kultivieren, die sie über ihre Instinkte erheben.

Ein Aqui-Engel (Folatel oder Budiel) trägt die Verantwortung für Hunderte von Tieren. Je weiter fortgeschritten der Engel, umso ausgedehnter wird sein Einflussbereich und desto unmittelbarer sein Zugang zu seinen Schutzbefohlenen. Mit dem Tod eines Tieres werden die *Permanenten Atome* seiner Vehikel in einem Nukleus aufbewahrt und erneut aktiviert, wenn die nächste Inkarnation ansteht. In jedem Leben wird das Tier auf einer höheren Bewusstseins- und Körperebene tätig sein. Wurde die letzte Inkarnation eines hoch entwickelten Tieres erreicht, wird sich dieses seiner im Laufe der Zeit erarbeiteten Fähigkeiten bewusst sein. Der Aqui-Engel übergibt ihn dann der Obhut der *Engel des Schicksals*, die Veränderungen in der Zusammenstellung der *Permanenten Atome* vornehmen. Diese fließen zur Aufbewahrung in individuelle Muster ein, bis ein Planet für den Eintritt in die nächste Lebenswoge der Entfaltung vorbereitet wurde. Nach

Abschluss ihres irdischen Daseins werden die Geschöpfe als einfache männliche und weibliche Formen den Planeten Jupiter bewohnen. Mit diesem Übergang verändert sich der Verantwortungsbereich der Engel, die mit Tieren arbeiten, dahingehend, dass sie höhere Pflichten übernehmen, die den Aufgaben der *Engel des Schicksals* im Rahmen der Menschenevolution ähneln.

Für die Entwicklung der Fische und Vögel sind zwei Deva-Gruppen zuständig. Den jüngeren Devas, den *Pentee*, obliegt die Ordnung der festen Gewohnheiten und zyklischen Erfahrungen der Fische. Die andere Gruppe setzt sich aus den höher entwickelten *Twan*-Devas zusammen. Diese überwachen die Evolution von Arten innerhalb des Wasser-Elementes. Zu ihren Aufgaben gehört es, den Evolutionsprozess aller Formen in ihrem Verantwortungsbereich zu führen.

In ähnlicher Weise unterstützen zwei Deva-Gruppen die Entwicklung geflügelter Geschöpfe. Die Arbeit der *Seezal* entspricht jener der Pentee. Ihnen obliegt es, bestimmte Muster, wie Fortpflanzung und Vogelzug, festzusetzen. Erfüllen sie diese Aufgabe gewissenhaft, fördern sie ihren eigenen Entwicklungsprozess. Die zweite Deva-Gruppe sind die *Twilvee.* Sie entscheiden darüber, wie viele Leben ein Vogel in einer Vogelfamilie benötigt und kümmern sich um die inneren und äußeren Aspekte der Vogelentwicklung. Beide, die Seezal und die Twilvee, verrichten ihre Aufgaben unter Aufsicht der Aqui-Engel, die alle Bereiche der Fische, Vögel und Säugetiere lenken.

Die Natur ist die Wiege, aus der neue Generationen himmlischer Helfer hervorgehen. Wären wir in der Lage, die Vielfalt der Formen, von den winzigsten bis zu den erhabensten, zu erkennen, so erfüllte uns unsagbare Freude und tiefe Dankbarkeit für ihren Dienst.

13

Der geistige Aspekt der Sakramente

Im Laufe der Jahrhunderte wurden der Geist und die Macht Gottes den Gläubigen durch Predigten, Sakramente und die Struktur der Kirche nahegebracht. Der Altar steht für den Geist Gottes und wird von ihm durchdrungen. Dabei spielt es keine Rolle, ob die Gemeinde zugegen ist oder nicht. Ein Platz in unserem Heim, welcher der Göttlichen Gegenwart geweiht ist, erfüllt denselben Zweck. Er strahlt das Gotteslicht aus. Auch unsere Seele wird zum Altar, den der innewohnende ewige Geist umhüllt.

Die Bibel ruht gewöhnlich auf dem Altar und deutet darauf hin, dass das Wort Gottes und Seine Allmacht gegenwärtig sind. Die innere Bibel ist unser erleuchtetes Bewusstsein und die Erkenntnis.

Altarkerzen symbolisieren das Christuslicht, das in die Welt hinausstrahlt. Brennende Kerzen in einer Kirche deuten die Gegenwart des Christus-Geistes an. Glückliche, selbstlose und mutige Gedanken und Taten bilden unseren leuchtenden Beitrag zur Herrlichkeit Christi.

In einigen Kirchen brennt ein ewiges Licht, ein Symbol für die Allgegenwart des Gottesgeistes. Das immerwährende Leben jedes Gottesgeschöpfes kann mit der niemals verlöschenden Altarflamme verglichen werden. Der Weihrauch, der die Kirche durchzieht, versinnbildlicht die Gabe der Diener Christi.

Der Kirchenvorraum lässt uns eine Weile innehalten und über den mystischen Aspekt des Geschehens nachsinnen. Er dient ebenfalls dazu, uns nach dem Gottesdienst auf die Rückkehr in die Welt vorzubereiten. Alles in der Kirche besitzt seine Bedeutung, und wir sollten jedes Element tiefer zu verstehen suchen.

Das Christentum enthält zahlreiche erhebende und läuternde

Symbole. Eine Kirche ist eine Anbetungsstätte. Unsere Körper sollen zu Gott geweihten Tempeln werden. Aus symbolischer Sicht betrachtet, entspricht alles an diesem Ort unseren inneren Attributen. Der Altar ist unser höheres Selbst, umhüllt von den Heerscharen des Lebendigen Gottes. Das mittlere Kirchenschiff repräsentiert die übrigen Körper, die der Gotteskraft bedürfen. Hinter jedem Symbol verbirgt sich die Göttliche Gegenwart. Wir müssen uns auf das in ihnen enthaltene lebendige Licht einschwingen.

Die einzelnen Sakramente dienen dazu, ein wesentliches Ereignis in unserem Leben zu heiligen. Die dem Christen geläufigsten Riten sind Taufe, Kommunion und Konfirmation, Eheschließung und die Beerdigung. Ihre esoterische Bedeutung zu kennen, erleichtert es, bewusst daran teilzunehmen und sie auf tieferer Ebene zu erfahren. In den Sakramenten findet eine Vereinigung des Göttlichen Geistes, der auf die inneren Zentren und höheren Körper einwirkt, mit dem Individuum statt. Die eigene Vorbereitung fördert die Aufnahmebereitschaft für die heiligen Gotteskräfte.

Diese Momente der Hingabe wirken erneuernd. Sie bieten die Gelegenheit zur mystischen Einstimmung auf Gott, besiegeln ein Versprechen und dienen als Brennpunkt für die Göttliche Ausstrahlung. Die Riten tragen zur Stärkung und Anregung des spirituellen Charakters des Teilnehmenden bei und üben selbst auf die Zeugen der Zeremonie einen erhebenden Einfluss aus.

Die Taufe

Die schlichte Taufzeremonie bringt eine gewaltige Kraft hervor. Jesus betonte ihre Bedeutung, als er sagte: *Wahrlich, wahrlich, ich sage dir: Wenn jemand nicht aus Wasser und Geist geboren wird, kann er nicht in das Reich Gottes kommen* (Joh. 3,5). Die Taufe versinnbildlicht die Aufnahme der Seele in das Reich Gottes. Am Pfingstfest ermahnte Petrus seine Zuhörer: *Tut Buße, und jeder von euch lasse sich taufen auf den Namen Jesu Christi zur Vergebung seiner Sünden, so werdet ihr die Gabe des heiligen Geistes empfangen* (Apg. 2,38).

Das Leben des Neugeborenen muss mit einer Verknüpfung der inneren und äußeren Welt beginnen, was durch das Sakrament der Taufe geschieht. Die Namengebung bedeutet, die erneute Ankunft der Seele auf der Erde zu begrüßen.

Zuvor sollten die Eltern zwei spirituelle Paten wählen, Personen, die sie schätzen und lieben. Diese übernehmen die Schirmherrschaft des Kindes, bis es erwachsen ist.

Die Taufe umfasst zwei Aspekte, die Namengebung des Kindes und seine Weihe an den Geist Gottes. Der Name sollte bedacht gewählt werden, damit seine Intonation eine spezifische Eigenschaft ausstrahlt. Die Hingabe des Kindes an die schützende Liebe Gottes verbindet alle seine Körper mit der immanenten Quelle. Die spirituelle Wirkung des Ritus selbst besteht darin, die Kontrolle der Seele über ihre neu erschaffene physische Form zu festigen. Durch den Willen des *Engels der Gegenwart Christi*, der unsichtbar den Gottesdienst leitet, wird ein permanenter Magnetstrahl erzeugt, der die Seele und alle ihre Träger mit dem allgegenwärtigen Geist Gottes vereinigt.

In der Bibel heißt es: *Am Anfang war das Wort, und das Wort war bei Gott, und das Wort war Gott* (Joh. 1,1). Bei der Namengebung wird eine starke elektrische Kausalkraft freigesetzt, die alle Körper der Seele zum Schwingen bringt, sobald der Name auf geistiger Ebene ertönt. Das Gottes-Selbst, der geistige Stern in uns, strahlt auf, und sein Widerschein berührt den äußersten Bewusstseinsrand. Die Taufe besitzt einen großen spirituellen Wert, da sie die Bedeutung dieses neuen Lebens und die damit verbundenen neuen Möglichkeiten erkennen und schätzen lässt.

Die Erwachsenentaufe übt auf denjenigen, der ihre tiefere Bedeutung erkennt, eine stark belebende Wirkung aus. Jeder Mensch sollte getauft werden, da er dadurch seine Bereitschaft bekundet, sich stärker auf die Gegenwart Gottes einzulassen. Dieser Schritt, der zur Vergeistigung seines Lebens beiträgt, muss sorgfältig bedacht werden. Nur wenn er glaubt, sein Leben als Sohn oder Tochter Gottes leben zu können, sollte er sich diesem Ritus unterziehen. Die Segnung des Wassers lädt es mit starker elektrischer Energie auf, deren reinigende und anregende Wirkung dem Täufling seine geistige Wiedergeburt in wunderbarer Weise bewusst werden lässt.

Während der Zeremonie überträgt der *Engel der Gegenwart Christi* dem Seelenkörper den Göttlichen Segen, der sich wie ein Schutzschild, der das Böse abwehrt, über das Individuum wölbt und die Ausrichtung der Körper festigt. Mit den Worten: „Im Namen der lebendigen Kraft des Vater-Mutter-Gottes, des Christus und des Hl. Geistes taufe ich dich auf den Namen ___," strömen die geistigen Kräfte in die Aura des Täuflings. Mit der Intonation des Namens bricht ein leuchtendes blau-rotes Licht hervor, das die Aura durchstrahlt und dort verbleibt. Nachdem der Kandidat in die Reihen jener aufgenommen wurde, die Gott bewusst anbeten, hat sich sein aurisches Feld merklich erweitert. Das geweihte und erneuerte Selbst muss von nun an dem Werk Christi durch selbstvergessenen Dienst hingegeben werden.

Der getaufte Mensch findet stärkeren Zugang zu den geistigen Kräften, die sich durch den Gottesdienst und die Weihe des Lebens an die Liebe Gottes um den Täufling sammeln. Die Christus-Kräfte vermögen wir niemals zu erschaffen, aber wir können uns auf sie einschwingen, wenn wir unser Bewusstsein mit Christus verbinden.

Kommunion

Das Sakrament der Kommunion, das unsere Sehnsucht nach der Vereinigung mit Gott zum Ausdruck bringt, wird wohl am häufigsten gespendet. Wir sollten diese Gelegenheit dankbar wahrnehmen. Jesus brach das Brot, damit sich die Menschheit an das himmlische Manna, die Wahrheit des Herrn, erinnere. Mit den Worten: „Tut dies zu meinem Andenken", fügte er der allgemeinen Nahrungsaufnahme einen geistigen Aspekt hinzu. Sie kann zum Weiheakt werden, der den christlichen Lebensimpuls des Andächtigen fördert.

Die Kirchen vollziehen die Kommunion in eher mystischem Sinne. Der Vorgang erinnert an die glorreiche Gegenwart, die Brot und Wein ein mystisches Element verleiht, das unser Inneres wachrüttelt und uns inniger mit dem Christus-Geist vereinigt. Die eingeschlossenen Lichtpartikel durchgeistigen und erleuchten den Empfänger. Um dieses heilige Sakrament würdig zu empfangen, sollten wir Vertrauen, Selbstlosigkeit, Liebe und Selbstbeherrschung praktizieren. Die Gnade der *Läuterung* erreicht uns nur dann über dieses Sakrament, wenn wir uns sorgfältig darauf vorbereitet haben, Gott auf dem mystischen Pfad der Eucharistie zu begegnen.

In Questhaven wird die Hl. Kommunion während des Oster-Retreats am Karfreitagabend zelebriert. Die Teilnehmer sollten sich bereits einige Wochen zuvor vorbereiten, um ihre Aufnahmefähigkeit für diesen Gottesdienst zu erhöhen. Vor der Zeremonie werden Brot und Traubensaft mit den Worten gesegnet: *Mit dem Empfang dieses Brotes, oh Christus, möge uns dein Lebensgeist durchströmen, der uns innerlich stärkt. Dieser Saft symbolisiert Deinen Einfluss, den wir aufnehmen und leben. Amen.*

Ein *Engel der Gegenwart Christi* beseelt während der gesamten Zeremonie die Aura der Anwesenden. Durch Ihn wirkt der Christus-Geist auf den Priester/die Priesterin und die Gemeinde ein. Das geweihte Brot versinnbildlicht die lebenspendende Kraft Gottes und Seine immerwährende Fürsorge. Der Saft symbolisiert die lebenspendenden Kräfte Christi, die durch den Körper fließen. Dieses mystische Geschehen verleiht dem innewohnenden Christus Ausdruck und veranlasst das höhere Selbst, sein Licht, seine Botschaft und seinen Frieden auf die unter ihm liegenden Körper auszustrahlen. Bei entsprechender Vorbereitung bedeutet die Kommunion eine Bewusstseinserweiterung und symbolisiert den vierten Einweihungsgrad. Auf den höheren Ebenen bedeutet dies die Bereitschaft, durch Christus die Bürde Seines Werkes verantwortungsbewusst auf sich zu nehmen.

Die Eheschließung

Das Sakrament der Ehe erfreut sich besonderer Beliebtheit. Es symbolisiert die Erfüllung des schönsten Traumes auf Erden. Es wäre gut, bereits von Kindheit an Eigenschaften zu entwickeln, die es ermöglichen, dem Partner liebevoll und fürsorglich zur Seite zu stehen. Ein Paar sollte vor der Hochzeit seine Ideale, seine persönlichen Vorlieben und jene Charakterzüge niederschreiben, die das Verständnis des Partners verlangen, und diese Punkte an Hochzeitstagen oder wann auch immer erforderlich besprechen.

Bei der Trauungszeremonie handelt es sich um ein machtvolles Geschehen, hervorgerufen durch die Schönheit und Intention des Ritus selbst. Zwei Seelen, die karmisch oder auf Seelenebene miteinander verbunden sind, betreten den Pfad gemeinsamen Wachstums. Die durch die geistige Verschmelzung zweier Individuen erzeugte Energie und Leuchtkraft bleibt selbst dem Beobachter nicht verborgen. Der Ehering, das äußere Zeichen der Vereinigung, versinnbildlicht den inneren Gehalt der Ehe, das gemeinsame Streben nach Einheit.

Während das Paar seine Versprechen ablegt, strahlen ihre Seelen in weißem Feuer auf. Bei den Worten des Priesters: „Segne, oh Gott, diesen Ring", umschlingt ein leuchtendes Band die Hände des Paares.

Das Kernstück der Zeremonie bildet die feierliche Erklärung des Gelübdes. Die Auren der Brautleute dehnen sich aus. Ihre Farben vermischen sich auf Seelenebene miteinander. *Ein Engel der Gegenwart Christi*, der die Frequenzen des Christus-Geistes lenkt, besiegelt ihr Gelöbnis. In dem Augenblick, in dem der Priester das Paar im Namen des Vaters, des Sohnes und des Hl. Geistes als Eheleute zusammenführt, entsendet jene erhabene Gegenwart einen leuchtenden Strahl, der die Brautleute auf Seelenebene miteinander vereint. Die Kindel- und Schutzengel des Paares sind ebenfalls zugegen und fügen dieser Verbindung ihre Kraft und ihren Segen hinzu. Das Hochzeitspaar sollte sich bewusst sein, dass es seine Gelübde im Lichte Gottes ablegt.

Ein vor Gott gegebenes Versprechen zu brechen, wiegt schwer. Im Gegensatz zu Verbindungen auf Seelenebene, erweisen sich karmische Ehen als weniger glücklich und zufriedenstellend. Viele Widrigkeiten beruhen auf einem Mangel an Selbstbeherrschung und selbstloser Liebe. In solchen Fällen ist es besser, eine harmonische Beziehung mit seinem Partner aufzubauen als sich in flüchtige Liebesabenteuer zu stürzen. Das geistige Gesetz erlaubt eine Trennung nur in beidseitigem Einvernehmen der Partner, die Partnerschaft zu lösen und Freunde zu bleiben, was zum Zerfall der Magnetbänder führt, die sie vereinten.

Die Ehe spiegelt unseren Bewusstseinszustand und unsere Entwicklungsstufe wider. Eine harmonische, liebevolle und kameradschaftliche Beziehung erfordert Selbstüberwindung und Idealismus. „Was Gott verbunden hat, soll der Mensch nicht trennen!"

Gedenkfeier zum Übergang in die Geistige Welt

Der Übergang eines Menschen in die jenseitige Welt wird mit einem Gedenkgottesdienst gewürdigt, dem der Verstorbene beiwohnt. Vom Altarraum aus beobachtet er die Anwesenden und lauscht den Worten. Die Engelwesen, die entscheidend dazu beitrugen, diese Seele in das Erdendasein zu führen und ihren Entwicklungsweg begleiteten, stehen hinter ihm. Neben dem Kindel-Engel und dem Schutzengel sind außerdem der Meister, der die Schirmherrschaft übernahm, oder eine andere einflussreiche Seele, die ihr geistige Unterstützung gewährte, anwesend.

Der Geistliche sollte einen kurzen Überblick über das Leben, die Ideale, Hoffnungen und Erfolge des Verstorbenen geben. Während des letzten Gebetes führt der *Engel des Todes* die Seele an einen Ort in den inneren Welten, an dem sie erwachen wird.

Sobald sich das Individuum, losgelöst von seiner irdischen Hülle, frei bewegt, müssen wir uns bemühen, an sein und nicht an unser Wohlergehen zu denken. Nur wenige Menschen wissen, wie sie ihren von den irdischen Fesseln befreiten Lieben helfen können. Das bevorstehende Leben in der Ätherwelt verlangt Haltung, Mut und Vertrauen vonseiten der heimgekehrten Seele. Sie nimmt die Emotionen und Gedanken der noch in ihrer physischen Form weilenden Verwandten und Freunde bewusst wahr. Ihre Trauer lastet schwer auf dem Individuum, das nicht mehr zurückzukehren vermag, um sie zu trösten und ihnen von seiner Freude und seiner Begeisterung über dieses neue, ungetrübte Leben zu berichten. Ihr Kummer hält es zurück, dem Licht entgegenzustreben.

Da beim Tod nur die physische Form zerfällt, lebt der innere Mensch auf einer höheren Seinsebene aktiv weiter. Bei der Gedenkfeier handelt es sich nicht um einen Trauergottesdienst. Wir sollten uns über das Glück, die wiedererlangte Gesundheit und Kraft des Heimgegangenen selbstlos freuen und in der Gedenkrede der Erkenntnis Raum geben, dass er lebt.

Mit dieser Zeremonie bringen wir unser Vertrauen in ein ewiges Leben, eine Wiedervereinigung und fortwährende Gemeinschaft mit unseren Lieben zum Ausdruck. Sie sollte dazu beitragen, den „Verwandelten“ selbstlos und vertrauensvoll in die Lichtwelten ziehen zu lassen. Die Betonung muss auf Freude, Lobpreis, Fortschritt und Sieg liegen. In den jenseitigen Welten erwarten die heimgekehrte Seele neue Aufgaben, und nichts sollte die Erfüllung ihrer Sehnsucht hinauszögern.

Lichtfeier

Zur Zeit der Wintersonnenwende ehren wir in Questhaven die Ankunft Christi mit einem dreitägigen Retreat. Eingeleitet wird es am Freitagabend mit einem Lichtgottesdienst. Ehrfürchtig entzünden wir die Kerzen am Altar und bitten, dass sich die Erwartung, das Wunder und die erhabene Schönheit der Geburt Christi wiederholen mögen. Auf diese Weise bekräftigen wir unseren Glauben an die Allgegenwart Christi und den uns einhüllenden Christus-Geist. Wir erneuern unser Versprechen, in seinem Sinne zu leben und sein Anliegen in unseren täglichen Bemühungen umzusetzen.

Mit der Lichtzeremonie wollen wir unserer Überzeugung Ausdruck verleihen, dass Christus wahrhaftig das Licht der Welt ist, was eine geistige Erneuerung in uns bewirkt. Wir entfachen die Göttliche Flamme in uns, die unsere höheren Körper, Energien und unser Bewusstsein aufleuchten lässt. Das Christuslicht erneuert alle, die sich ihm öffnen, und verzehrt in seinem Feuer die negativen menschlichen Eigenschaften.

Gott ist Licht. Von dem Gottes-Licht in uns heißt es in der Bibel: *Und das Licht scheint in der Finsternis, und die Finsternis hat es nicht angenommen* (Joh. 1,5). Spürt ein Suchender den Hauch des Göttlichen Geistes, der ihn umweht, trägt die Erde einen weiteren Lichtbotschafter.

Die Weihehandlung

Die Weihehandlung stellt sich nicht immer als Sakrament dar. Ungeachtet der Klassifikation, wird die feierliche Segnung eines Hauses, eines neuen Gebäudes, einer neuen Arbeit und dergleichen zum Brennpunkt belebender Einflüsse. Jeder Neuanfang sollte in einer Weise eingeleitet werden, die geistige Führung, Schutz und Erfolg gewährleistet.

Während des Weihevorgangs durchdringt ein archetypisches Gedankenbild das Objekt. Ein *Engel der Gegenwart Christi* nutzt die geistigen Kräfte der positiv eingestellten Anwesenden, um eine dauerhafte Ätherhülle zu schaffen, die das Objekt, den Ort oder das Unternehmen ummantelt. In diesen Lichtschleier wird ein alchemistisches leuchtendes Element gesenkt, das negative Einflüsse läutert und fortwährend positive Energien einfließen lässt. Bei einem neuen Haus eignet sich der Grundstein als ein solch pulsierendes Zentrum. Solange das Gebäude steht, wird der Archetypus ununterbrochen kraftvoll und helfend aufblitzen.

Am Eingang zum Hoover Damm, in Nevada, steht ein Monument mit einer Gedenkinschrift. Auf beiden Seiten erheben sich riesige geflügelte Bronzefiguren, die auf innerer Ebene von zwei erhabenen Engeln bewacht werden. Aus spiritueller Sicht gleicht dieses Gebäude einem schlichten, aber eindrucksvollen Tempel, einem Tempel für Pioniere.

Vor jeder Weihezeremonie lege man sich auf das Ideal fest, das man verkörpert sehen möchte, und teile es in schriftlicher Form dem Priester mit, damit er es in seine Ansprache und in das Ritual einfließen lassen kann. Eine Kopie des Weihevorgangs sollte ihren Platz an einem sichtbaren Ort im Heim des Betreffenden finden und in regelmäßigen Abständen überdacht werden.

Das Leben selbst ist ein Sakrament. Wir stehen unablässig vor dem Angesicht des Allerhöchsten. In der heiligen Kommunion wird uns die Wahrheit zuteil. Bitten wir darum, empfangen wir die belebende Essenz. Das Leben kann kostbar und heilig sein, geben wir uns dem Vater hin.

Jeder geistig Strebende, der ein Sakrament empfängt, muss dem Gottesdienst seine gesamte Aufmerksamkeit schenken. Die vereinte Offenheit und Aufnahme einer liebevollen Gemeinde ist äußerst wertvoll. Die Sakramente ermöglichen es uns, den idealen oder archetypischen Kräften entgegenzustreben, die zu innerem Wachstum beitragen. Wir sollten ihre erneuernden Energien erkennen und eine engere mystische Verbundenheit mit der Gegenwart Gottes spüren.

Die geistige Entwicklung eines Individuums erfordert drei Aspekte: Die Anbetung, die Anwendung geistiger Prinzipien im Alltag und das regelmäßige Studium. Nahezu jeder Christ empfindet das Bedürfnis nach symbolischen Riten. Neben den täglichen Meditationen bedarf es der Sakramente, die der Anregung dienen, das höchste Lebensziel zu erreichen.

14

Festtage

Festtage sind von entscheidender Bedeutung. Sie gleichen einem Rosenkranz: „Jede Perle ein Gebet, jedes Fest eine Zwiesprache." Sie bewirken die Freisetzung geistiger Kräfte, welche die Ufer menschlichen Bewusstseins normalerweise nicht erreichen. An diesen Tagen durchdringen reinigende Lichtströme die Aura der Welt und verbinden den Menschen mit neuen Leitgedanken. Sieben Hauptfeste ergießen ihren Segen immer wieder über die Menschheit: Der Sonntag, Geburtstage, Neujahr, Ostern, Volkstrauertag, Erntedank und Weihnachten. Michaeli, das Fest der Engel, wird ebenfalls gefeiert. Sobald wir uns der Erhabenheit, Farbe, Musik und himmlischen Schwingungen der Festtage, die spezifische Kräfte ausstrahlen, bewusst werden, erkennen wir ihre Bedeutung und Unterschiede. Sie bedürfen sorgsamer innerer und äußerer Vorbereitung, um die hohen Schwingungen geistiger Erneuerung aufnehmen zu können. Einige ihrer spirituellen Aspekte zu kennen, bietet die Möglichkeit, uns auf bestimmte Frequenzen einzustimmen, sie zu nutzen und diese Feste freudiger und ehrfürchtiger zu feiern.

Der Sonntag

Viele Menschen begrüßen den Sonntag, weil er sie vom Druck des Alltags befreit. Für den geistig ausgerichteten Menschen besitzt er einen höheren Wert.

Die Christen feiern diesen ersten Tag der Woche in Erinnerung an die Auferstehung des Herrn. Jesus wird als das „Licht der Welt" bezeichnet. Daher sollte der Sonnen-Tag der Tag Christi sein, der den Bedürfnissen der Gläubigen mit schöpferischen Energien entgegenkommt. Die sonntägliche Atmosphäre eines Gotteshauses ist einmalig. Sie erfüllt uns mit geistiger Lebendigkeit und Kraft.

Der Sonntag bildet den Höhepunkt der Woche und gehört Gott. Den spirituell ernsthaft suchenden Menschen verlangt es nach einer engeren Verbindung mit dem Höchsten Geist. Wir können diesen ersten Tag der Woche friedvoll gestalten und uns still von den üblichen Angewohnheiten und Gedanken zurückziehen. Wären wir in der Lage, die lichtdurchflutete Andachtsstätte zu sehen, würden wir keine Gelegenheit versäumen, dem Gottesdienst beizuwohnen und seine Herrlichkeit in den Alltag hineinzutragen. Wenn wir die Sonntage heilig halten, wird sich dies in den nachfolgenden Tagen bemerkbar machen. Das Gotteslicht strahlt in unsere Herzen und erfüllt die Gemeinde mit großer Freude. Die Aufgabe der Engel besteht darin, die Atmosphäre und Aura der Menschen zu reinigen. Begleitet von Gesang und Musik, steigen sie zur Erde herab. Wenn wir am Sonntagmorgen zeitig zur Kirche kommen, können wir mit ihnen Zwiesprache halten und ihren Segen empfangen. Wir sollten uns vor Augen führen, was uns als Kirchgänger erwartet, und uns für die Energie und die Kraft des lebendigen Lichtes öffnen.

Unsere Seelen bedürfen der göttlichen Nahrung und Erneuerung. Ungeachtet vergangener Erfahrungen, die uns dem Gottesdienst entfremdeten, sehnt sich die Seele nach dem Haus Gottes, das den inneren Tempel symbolisiert. Die Atmosphäre gleicht jener, die unser höheres Selbst, unsere Seele, kennt. Die Kirche ist das Zuhause unseres höheren Selbst und eine Schule, die uns lehrt, den Weg zu Gott zu finden. Die gemeinsame Verehrung übersteigt die individuelle Anbetung und lässt uns an ihrer Kraft teilhaben.

Jene, die den Gottesdienst lustlos und unvorbereitet besuchen, besitzen eine graue und in sich zusammengezogene Aura. Während sie das Geschehen verfolgen und langsam darauf reagieren, dehnt sich ihre Aura allmählich aus und beginnt, farbig zu schimmern. Die geistig vorbereiteten, aufmerksamen Zuhörer gewinnen jedoch reichlich an überirdischen Kräften. Die Gruppen-Aura, die sich wie eine mit Symbolen angefüllte Wolke über die Anwesenden wölbt, kann sehr anregend, farbenfroh und einflussreich sein.

An einem Sonntag bauschen sich überall weiße Lichtgebilde auf, deren sanfte Schwingungen entspannend, heilend und erhebend wirken. Sie dienen dazu, Zugang zu Energiequellen zu finden, die nur durch Dankbarkeit, Gebet und Hingabe erreichbar sind. Die Anwesenheit Gottes ermöglicht eine Heilung. Aufrichtigen Gemütes an den Ewigen Geist zu denken, wirkt erfrischend – Bewusstsein, Geist und Körper werden gesegnet. Wir sollten danach streben, uns über unsere weltlichen Sorgen zu erheben und den Frieden geistigen Bewusstseins anzustreben. Gewisse allgemeine und individuelle Erfahrungen ermöglichen es uns, bestimmte Bewusstseinshöhen zu erklimmen. Selbst denjenigen, die dem Weg Christi hingebungsvoll zu folgen glauben, widerfahren solche geistigen Höhepunkte nur selten. Eine gewissenhafte Vorbereitung und sorgfältige Aufmerksamkeit lassen sie zum Segen gereichen.

Geburtstage

Geburtstage sind mehr als irdische Meilensteine. Sie dienen als Erinnerung und als Herausforderung in Bezug auf die Zielsetzung dieser Inkarnation. Dieses persönliche Sakrament sollte spirituell genutzt werden, um sich erneut zu verpflichten und sein Leben bedeutungsvoller zu gestalten. Geburtstage sollten möglichst in einer Atmosphäre des Friedens und der Schönheit verlaufen. Diejenigen, die an diesem Tag nicht ihrer Alltagsarbeit nachgehen müssen und ihn in den Bergen verbringen können, um zu beten und zu meditieren, dürfen sich glücklich schätzen. In einer derartigen Umgebung lassen sich die reflektierten Impressionen der Seele leichter auffangen. Geburtstage bieten eine wundervolle Gelegenheit, um Gott und Christus zu bitten, uns mit einem besseren Plan für das neue Lebensjahr zu inspirieren.

In einem Geburtstags-Tagebuch kann man nützliches und inspirierendes Material zusammentragen und Erfahrungen, bestandene Prüfungen und verwirklichte Ideale notieren. Die Geburtstags-Meditation muss sich auf unsere Selbst-Korrektur, tiefere Hingabe und Verbesserungsarbeit konzentrieren. Unsere spirituelle Suche ehrlich zu hinterfragen, mag aufschlussreiche Einblicke gewähren. Dazu gehören Fragen nach dem geistigen Wachstum und möglichen Fortschritten.

An diesem Tag unterzieht sich die Aura eines Menschen zahlreichen Transformationen. Wir treten vor den *Engel des Schicksals*. Dieser überprüft, ob wir, gemäß unserem Gelübde für diese Inkarnation, Fortschritte machen. Unser Schutzengel und unser Meister schenken uns ihren Segen. Es ist eine gute Gelegenheit, sich unserem höheren Selbst zu verpflichten und unsere weitere Selbstentfaltung zu planen. Die Grundnote dieses Tages lautet – *erneute Hingabe*. Geburtstage strahlen hell orangefarbene Energien aus.

Neujahr

Neujahr besitzt eine gewaltige esoterische Bedeutung. Es handelt sich um den Geburtstag des Planetarischen Logos, der am weitesten fortgeschrittenen Intelligenz, die unsere Erde umhüllt. Dieser Festtag wird von allen gefeiert, die dem Planeten dienen. Die Sonnenengel, Tuma und Iophel, wirken auf die Energiekräfte, die sich über Weihnachten aufgebaut haben, ein und übertragen sie genau zur Mitternacht auf den Planetarischen Logos. Dem jeweiligen Grundgedanken entsprechend, überfluten in jedem Jahr andere Farbwogen den Planeten. Die Mitternachtsstunde, in der das alte Jahr seinen Abschluss findet und das neue beginnt, sollten wir bewusst erleben. In meditativer Andacht oder in die Nacht hinausschauend, begrüßen wir die Geburt des neuen Jahres und die segnenden Kräfte des Planetarischen Logos. Von der Adonai-Ebene schießt ein leuchtender Blitzstrahl herab, berührt kurz unser Bewusstsein und lässt den Grundgedanken für dieses neue Jahr anklingen. Das gesamte planetarische Leben hat Anteil an dem Segen, den der Planetarische Logos an Seinem Geburtstag empfängt. Er wünscht den Fortschritt der gesamten Menschheit und aller Lebensformen auf dieser Erde. Aus diesem Grund sollten wir in unserem Leben positive, dem Fortschritt dienende Veränderungen vornehmen.

Das Allgemeinwohl der Welt steht im Vordergrund. Wir müssen uns fragen, inwieweit unsere Ideale und Bestrebungen diesem Ziel dienen und auf welche Weise wir die Menschheit bereichern und vergeistigen können. Es ist unsere Pflicht, durch Gebet und persönliche Gelübde zur Verwirklichung beizutragen. Die in dieser Jahreszeit gefassten Vorsätze verbinden sich mit dem Gedanken des Planetarischen Logos. Wir sollten uns jedes Jahr die Verbesserung eines irdischen Aspektes und die Überwindung einer negativen Angewohnheit vornehmen und nicht vor Abschluss des Jahres darüber reden.

Neujahr symbolisiert die Erleuchtung des Menschen. Gewöhnlich beginnt er das Jahr in aufrichtiger Begeisterung. Seine Aura gleich einem Freudenfeuer, das weit in die inneren Welten hineinstrahlt und Engel- und Meisterseelen anzieht, die ein Interesse an seiner Erleuchtung zeigen. Oft verblasst dieser wunderbare Lichtschein, und zu Jahresende ist er nahezu erloschen. Jedes gehaltene Versprechen verleiht der Aura einen gewissen Glanz. Wir können gewiss sein, dass die Lichtwesen die Bemühung und Absicht gesehen, gebilligt und gesegnet haben.

Die Fastenzeit

Die Fastenzeit dient der Selbst-Analyse und der verantwortungsbewussten Bestätigung, das Christus zu Weihnachten gegebene Versprechen einzulösen. In diesen Wochen sollten Lebensregeln und Neujahrsvorsätze bekräftigt oder neue Verpflichtungen im Sinne weiteren Wachstums eingegangen werden. Diese Zeitspanne kann sich lebensverändernd auswirken. Es bedarf einer zufriedenen, konstruktiven Einstellung, um ein solches Vorhaben zu verwirklichen.

Seit der Auferstehung und Himmelfahrt Christi trägt jeder Mensch die Verantwortung für seine eigene Himmelfahrt. Für diejenigen, die Christus lieben und ihm folgen, bietet die Fastenzeit eine Gelegenheit der Hingabe, um auf diese Weise Seine Einflussnahme auf die Menschheit zu verstärken. Vom ersten Tag der Fastenzeit an belebt eine zart-violette Emanation die Atmosphäre, während die erhabenen Seelen in den inneren

Welten der Menschheit durch ihre vereinte Hingabe helfen. Die Fastenzeit dient der gezielten Vorbereitung und Reinigung, damit wir die elektrische Spannung am Ostertag im Augenblick des Sonnenaufgangs zu ertragen vermögen. Unsere aufrichtigen Bemühungen sensibilisieren uns für die hohen geistigen Schwingungen, und Ostern wird zu einer jubelnden inneren Erfahrung werden.

Ostern

Von allen unseren Festtagen entfaltet das Osterfest die stärkste Kraft. An diesem Tag ehren wir jene einzigartige Person, deren Leben zu unserem Leitstern wurde. Es steht als Sinnbild für die größte Leistung, welche die Menschheit durch den Triumph des Jesus von Nazareth zu erreichen vermag. Die Mächte der Finsternis konzentrierten sich auf Jesus, um Seine Mission zu vereiteln. Durch Seinen Sieg stieg er zum Herrn der Welt auf und wurde der Christus-Regent, der Kosmische Christus. Seine Auferstehung und Himmelfahrt waren von großer Bedeutung, damit Seine zahlreichen Leben der Vorbereitung in diesem Christus-Amt gipfeln konnten.

Die dunklen Kräfte wirken als Hemmschuh für die Evolution, um den menschlichen Fortschritt zu verlangsamen. Es gelang ihnen, Seinen Körper zu brechen, aber der Tod Seiner irdischen Hülle wirkte zu ihrer großen Überraschung als reinigendes Feuer in den inneren Reichen. Jede Dimension wurde von einem niemals zuvor gekannten starken, blendenden Licht durchflutet, das Seine Initiation zum Christus unseres Planeten zum Ausdruck brachte. Das Kreuz bedeutete nicht das Ende, sondern den Anfang, denn Christus lebt. Ostern feiert den Sieg des Guten über das Böse. Es lässt uns Seinen Sieg und den zunehmenden Einfluss der Engelscharen erkennen, die Ihn umgeben.

Jedes Osterfest stimmt uns auf die unsichtbaren Kräfte Göttlichen Lebens ein. Die Stunde des Sonnenaufgangs besitzt die höchsten Frequenzen. Die vom Solaren Logos freigesetzten goldenen Strahlen brechen in goldene Tupfen auf, deren archetypische Wirkung und deren Einfluss die Atmosphäre durchziehen.

Der Grundgedanke des Oster-Dramas ist Selbst-Meisterung. Jede vollkommene Seele, bis hin zu dem höchsten Wesen in der Engelwelt, trägt zu diesem Einfluss bei. Die Energien der goldenen Oster-Schwingung sind von solch einem hohen, reinen Ursprung, dass sich viele Menschen ihrer Wirkung nicht bewusst sind.

Es bedarf einer ungeheuren Kraft, mit den inneren Augen zu beobachten, was sich bei Sonnenaufgang ereignet. Auffallend ist der jubelnde Siegesklang der Musik, die anschwillt, bis die erhabene Gestalt Christi auf der Kausalebene erscheint. Seine Strahlkraft gleicht jener der Sonne. Hinter Ihm stehen die Engelprinzen des Morgens, die aus der Sonne kommen und ihre Strahlen über die Erde ergießen.

An diesem Tag sollten wir uns die glorreiche Auferstehung Christi von den Toten ins Gedächtnis rufen. Wir wollen uns mit Ihm erheben. Mögen wir den ichbezogenen Ungeheuern in uns in dieser Zeit der Erneuerung gegenübertreten, die Höhen unseres Bewusstseins erklimmen und unser Seelenlicht erneut von der Sonne der Rechtschaffenheit entfachen lassen. Für den aufrichtig Suchenden birgt Ostern zwei Lektionen. Es lehrt uns die Unvergänglichkeit des Lebens und die Bereitschaft für den Übergang in die inneren Welten, die Erfahrung von Begräbnis und Wiederauferstehung in die Freiheit.

Ostern vermag unserem Leben eine neue Sinnhaftigkeit zu schenken. Wir lernen, unsere eigene göttliche Unsterblichkeit zu erkennen und zu akzeptieren, die Tatsache, dass wir als unfertige Wesen die Verantwortung tragen, unserer Vervollkommnung entgegenzustreben. Christus gab uns ein Beispiel an Mut, Zurückhaltung und Selbstaufopferung, die erforderlich sind, um die Meisterschaft zu erlangen. Das Leid entspricht nicht der Herrlichkeit, die uns erwartet.[4]

Das Frühlingsfest

Das Frühlingsfest beginnt am 1. Mai mit der Weihehandlung der Naturengel, die bis in die Ätherebene herabsteigen, um be-

4 Vgl. dazu: F. A. Newhouse, Das Christuslicht, Grafing 1995

stimmte Aufgaben zu übernehmen. Diese Engel sind die Retter des physischen Erscheinungsbildes unserer Erde, die sie bewusst erneuern, indem sie neue Lebensformen und Aspekte hervorbringen, die den Planeten auf äußerer und innerer Ebene beeinflussen. In dieser Zeit ziehen sich die spirituellen Diener Christi zurück, um sich in den höheren Welten zu stärken und um uns von dort aus ihre Unterstützung und Liebe zuteil werden zu lassen. Das Frühlingsfest signalisiert den Wechsel der Engel-Ordnungen. Der atmosphärische, der Bewusstseins- und der Kräftewandel ist deutlich spürbar. Die Devas bereichern den Planeten mit segenspendenden und erneuernden Energien.

Wir schließen dieses Fest in den Kreis unserer heiligen Festtage mit ein, damit es uns mit seiner besonderen Kraft stärken möge. Es handelt sich um ein Fest der Devas und Engel, das wir gemeinsam mit ihnen feiern können.

Je mehr wir über diese Realitäten wissen, desto eher werden wir in der Lage sein, uns auf ihre Einflussnahme einzuschwingen.

Die himmlischen Wesen, deren Kräfte mit dem Frühlingsfest einzuströmen beginnen, locken uns in die Natur, da wir der Sonnenstrahlen sowohl körperlich als auch geistig bedürfen. Während der Sommermonate können wir von diesen Intelligenzen und ihren Energien aus dem tiefsten Inneren geheilt, gereinigt und erneuert werden.

Das Wesak-Fest

Das Wesak-Fest fällt auf den ersten Vollmond im Mai und gilt als Gedenkfeier der Geburt des Buddha. Von Shambhala strahlt eine ockerfarbene Energie des Friedens aus. Die Aura des Buddha leuchtet in dieser Farbe.

Volkstrauertag

Der Volkstrauertag gilt als Gedenktag der Verstorbenen. Er nahm seinen Ursprung während des Bürgerkrieges in den Vereinigten Staaten, als ein Tag festgesetzt wurde, an dem man der

Soldaten gedachte, die ihr Leben mutig und selbstlos für ihr Land opferten. Heute gedenken wir aller Menschen, die diese Erde verließen, um in die höheren Welten heimzukehren. Dieser Tag bietet uns die Gelegenheit, in unserem Alltag innezuhalten und über die Flüchtigkeit irdischen Daseins nachzusinnen. Wir sollten uns die Namen und Personen ins Gedächtnis rufen, die an unserem Leben teilhatten und nicht mehr unter uns weilen, aber in den Gotteswelten leben. Unsere Liebe und unser Gedenken spannt eine Regenbogenbrücke in die ewigen Gefilde.

Der Volkstrauertag lehrt uns drei Dinge: Das Leben ist ewig, die Liebe ist unsterblich, und es besteht die Notwendigkeit, jeden Tag im Bewusstsein der Herrlichkeit immerwährenden Daseins zu leben. Mit jedem Gebet für unsere Lieben wollen wir uns die inneren Reiche stärker vergegenwärtigen. Jene, die in den höheren Dimensionen weilen, wissen um unsere Aktivitäten. Wogen der Erneuerung, Schönheit und Wunder ergießen sich segnend über die Erde.

An diesem Tag werden die Schleier zwischen den inneren und den äußeren Welten dünner. Denken wir an unsere Lieben, die uns vorausgegangen sind, erschaffen wir Lichtpfade, die zu ihnen führen. Wir sollen nicht um Belehrung bitten oder sogar um irgendeine Bestätigung ihrer ewigen Realität, sondern nur aufmerksam sein. Dieser Tag besitzt eine wunderschöne rosenfarbene Aura, die der Liebe Ausdruck verleiht, wenn wir mit den inneren Welten Verbindung aufnehmen.

Michaeli

Michaeli, das Fest der Engel, trägt seinen Namen zu Ehren des Erzengels Michael und seines heldenmütigen Wirkens. Es wird am 29. September gefeiert und lenkt unsere Aufmerksamkeit auf alle Engel, die Gottes Schöpfung dienen. An diesem Tage gedenken wir einer Ordnung von Wesen, die sich durch tiefe Ehrfurcht, Reinheit und selbstlose Hingabe auszeichnen. Wir wollen mehr über die verschiedenen Engelgruppen und ihren Dienst an der Menschheit erfahren und unsere Dankbarkeit zum Ausdruck bringen. Jedes Jahr beschenken sie uns mit andersfarbigen Emanationen und einem neuen Leitgedanken. Beglückt nehmen sie jede Gelegenheit wahr, unsere Atmosphäre in irgendeiner Weise zu reinigen. Michaeli lässt uns erkennen, dass wir viel häufiger an sie denken sollten, um das, was sie für uns tun, auch nur im Geringsten zu verdienen.

Es gibt mehrere Wege, den Engeln unsere Ehrerbietung zu erweisen. Wir sollten jedes Jahr Michaeli feiern und in unseren Gebeten an sie denken und Gott bitten, ihre Energien und ihre Freuden zu vermehren. Eine weitere Möglichkeit besteht in unserem selbstlosen Handeln, dessen Energie in ihre Kraft einfließen mag, wenn wir Gott darum bitten. Wir sollten häufiger an sie denken und ihnen unsere Liebe und Wertschätzung für ihren Dienst an der Menschheit und an diesem Planeten entgegenbringen.

Erntedank

Das Erntedankfest gehört zu den außergewöhnlichsten spirituellen Festen, die wir feiern. Es ist ein Gnadengeschenk des Herzens. Alles Gute entspringt dem Segen Gottes. Obwohl wir unseren Dank nicht nur an diesem einen Tage äußern, haben unsere Vorfahren weise gehandelt, ihn besonders zu gestalten und in der Gemeinschaft zu begehen, um den Dank des Herzens zum Ausdruck zu bringen. Für viele Menschen bedeutet der Erntedanktag nur eine Gelegenheit zur Familienfeier. Er sollte ein Tag der Besinnung sein, um uns die zahlreichen Gründe ins Gedächtnis zu rufen, für die Liebe Gottes zu danken.

Der Erntedanktag gibt uns Anlass, über zwei Aspekte nachzudenken. Erstens, dass unser Land auf den Glauben an Gott gegründet wurde, dem die tiefempfundene Dankbarkeit gewiss nicht nur an jenem ersten Erntedankfest galt. Zweitens, wir sollten das Leben im Licht erneuter Hingabe und Dankbarkeit betrachten. Mit unseren Dankgebeten bringen wir Gott unsere Anerkennung für seine Gaben zum Ausdruck.

Das Erntedankfest leitet eine Periode der Vorbereitung auf das Weihnachtsfest ein. Vor einer Haupteinweihung, für die Weihnachten symbolisch steht, bedarf es der Erfahrung der Dankbarkeit. Aus diesem Grunde sollte man den Erntedanktag zu schätzen wissen und ihn nutzen, alle jene Dinge zu bedenken, die wir als selbstverständlich erachten, und die Segnungen zählen, die uns aus den inneren Welten durch die lavendelfarbenen Gedankenströme dieses Tages erreichen. Je mehr wir die Dankbarkeit in den Vordergrund unserer Betrachtung stellen, desto stärker wird dieses Lavendelblau unsere Aura durchdringen.

Durch unseren tiefempfundenen Dank wird das Gute gefördert und der Konflikt mit unseren Schwächen weitgehend vermieden werden. Das Gute und das Mitgefühl für das noch nicht Umgewandelte werden überwiegen. Dankgebete wirken anregend auf das spirituelle Bewusstsein, aber *dankbar zu leben*, lässt jeden Tag in Freude erstrahlen.

Weihnachten

Weihnachten ist das verheißungsvollste Ereignis des Jahres. Das Oster-Geschehen entzieht sich dem Verständnis der meisten Menschen. Weihnachten können wir begreifen. Ein bewusster Sohn Gottes stieg zur Erde herab, um uns das Muster unseres Werdens zu offenbaren. Kein anderes religiöses Fest strömt eine solch starke Energie universeller Liebe aus wie der Geburtstag des Christus. Bei diesem Fest handelt es sich um ein hohes und mystisches planetarisches Ereignis. Wir empfinden das Licht und bemühen uns, seine tiefere Bedeutung zu erfassen. Über die fröhlichen Familienzusammenkünfte und die Vorfreude hinaus bedeutet Weihnachten in erster Linie eine Segnung des Planeten. Am Tage der Wintersonnenwende empfängt unsere Erde eine solare Taufe, die vom 22. Dezember bis zum 7. Januar währt. Der göttliche Kraftstrom wird von dem Solaren Logos, dem Planetarischen Logos und allen erhabenen Intelligenzen ausgestrahlt und durch Christus auf unsere Welt gelenkt. Christus, der Hohepriester, lässt diese hohe Schwingung durch jedes einzelne Atom des Globus kreisen. Mächtige Engelherrscher dämpfen den geistigen Energiestrom und leiten ihn abwärts, bis er um Mitternacht des 24. Dezember die physische Erde in mächtigen Wogen erreicht. Die göttliche Liebe durchdringt bei ihrem Abstieg alle

Dimensionen, die eine Reinheit und Schönheit annehmen, die es zu anderen Jahreszeiten nicht gibt. Die Engel nutzen diesen Segensstrom, um die Last der Dunkelheit zu heben, damit wir die göttlichen Energien spüren und aufnehmen können.

Das Weihnachtsfest ist ein Sakrament himmlischer Mächte und glorreicher Gaben. Erfüllt von zarten und reinigenden Schwingungen, sind die Stunden des Weihnachtsfestes einem Stern vergleichbar, der einmal im Jahr erscheint. Weihnachten sollte an zwei Tagen gefeiert werden. Den 24. Dezember nutzen wir, um uns still und ehrfürchtig auf die Mitternachtsstunde und den Empfang ihres besonderen Segens vorzubereiten, während wir den 25. Dezember der Herrlichkeit Christi weihen.

Jedes Jahr führt ER eine wunderbare Prozession um die Erde durch. Sie beginnt in der ersten Stunde des Weihnachtstages in der heiligen Stadt über Jerusalem. Die Teilnehmer dieser festlichen Feier verharren in Wirklichkeit, während die Erde sich dreht. Gleichgültig, wo man sich aufhält, man sieht dieses Abbild stets zur Mitternacht. Christus leitet dieses Geschehen um einer bestimmten Absicht willen. Er lässt eine neue Grundschwingung auf der kausalen, mentalen, astralen und ätherischen Ebene der Erdatmosphäre ertönen und die obersten Bereiche des physischen Planes berühren.

Die Prozession folgt keinem festen Schema und ändert sich, den Erfordernissen jedes Jahres entsprechend. Lichtwogen, Farben, Düfte und Jubelklänge künden von Seiner Ankunft, begleitet von Engelscharen ohne Zahl. Christus erscheint in einem weißen Gewand. Göttliche Freude strahlt aus Seinen Augen und liegt auf Seinem Antlitz, wenn er segnend den Leitgedanken für das kommende Jahr verkündet. Gewöhnlich stehen der Buddha auf der einen Seite und der Mahachohan auf der anderen Seite des Christus. Unmittelbar hinter ihm wird der Sanat Kumara, der *Herr der Welt*, sichtbar, gefolgt von der Schar der mit Gott vereinten Seelen, den Adepten, Meistern, Eingeweihten und Engelscharen. Sie sind gekommen, um Ihn zu ehren, und auch wir sollten teilnehmen.

Wenn Christus in der Prozession vorüberzieht, ist die Gelegenheit gekommen, Ihm unser persönliches Geschenk zu überreichen, das er an die Göttliche Quelle des Christus-Geistes weiterreicht. Die Gedankenform dieses Geschenkes bleibt in unserer Aura erhalten, während wir uns um die Verwirklichung des Ideals bemühen. Nachdem wir unser Geschenk überreicht haben, sollten wir unsere Andacht fortsetzen, indem wir im Schlaf an der Prozession teilnehmen.

Das Weihnachtsmysterium greift tief.[5] Es symbolisiert die Geburt Christi in unserem eigenen Wesen. Es ist die Geburt kosmischen Bewusstseins. Das Leben formt uns zu Kanälen, die Christus-Liebe, Frieden und Vertrauen ausstrahlen. Je inniger wir uns gedanklich mit Ihm verbinden, desto ähnlicher vermögen wir Ihm zu werden. Wenn wir Weihnachten in der richtigen Weise feiern, durchflutet uns sein Licht, und wir kommen Christus näher.

Persönliche und allgemeine Festtage können zu einem wundervollen Geschehen werden, wenn wir ihre innere Bedeutung begreifen. Jedes Jahr bietet Gelegenheiten, uns geistig und gedanklich darauf vorzubereiten, die Segensströme spiritueller Feste zu empfangen. Sie in der richtigen Weise zu begehen, bedeutet eine Erhebung des Bewusstseins und Anregung des Energieflusses.

Die Bedeutung des größten irdischen Festes kann uns jedes Jahr deutlicher bewusst werden, wenn wir uns aufmerksam für die Anzeichen seiner Herrlichkeit öffnen. Unsere Wahrnehmung wird klar und kraftvoll sein, bis wir eines Tages mit Augustinus sprechen können. „Du hast uns für Dich gemacht, und unsere Herzen sind ruhelos, bis sie ruhen in Dir.“

5 Vgl. dazu: F. A. Newhouse, Das Weihnachtsmysterium, Grafing 2001

15
Mysterienschulen

Seit die Menschheit ihren langen, mühsamen Weg zurück zu Gott antrat, hat es stets Lichtträger in ihrer Mitte gegeben, Seelen, die bereits erleuchtet waren. Man entsandte sie in die am weitesten vorangeschrittenen Zivilisationen, um die Menschen zu beraten, zu belehren und ihnen zu helfen, dem animalischen Erbe zu entwachsen und dem Geist spiritueller Zielsetzung bis hin zur Vereinigung mit Gott Ausdruck zu verleihen. In weit zurückliegenden Kulturen, wie Chaldäa, Indien, China, Ägypten oder Persien, leiteten diese Eingeweihten Mysterienschulen, die der spirituellen Erziehung dienten. Das Wissen wurde in Form von Parabeln, Mythen, Symbolen und Mysteriendramen vermittelt, da nicht alle Menschen die reinen Lehren aufzunehmen vermochten.

In allen Schulen bezog sich der Begriff *Mysterium* auf die tiefe innere Wahrheit und besagte nichts Dunkles oder Geheimnisvolles. Er bedeutete lediglich, dass sich eine Gruppe von Individuen nicht mit den oberflächlichen Unterweisungen zufriedengab und tiefer in die Wahrheit eindringen wollte. Solche Schulen entstanden, um Menschen zu erziehen, die eine raschere Entwicklung anstrebten. Sie bedurften einer intensiveren Unterstützung, die ihr Leben trug und lenkte. Die Betonung der Mysterienschulen lag und liegt auf Qualität, nicht auf Quantität. Diese Lehrstätten dienen dem Zweck, den ernsthaft Suchenden zu fördern. Es sollen Individuen geschult werden, die andere auf ihrem geistigen Pfad unterstützen und sie aufklären. Daher dringen sie in die Tiefen der Wahrheitsquelle vor und vereinfachen die Lehren für die Massen.

Zu den Mysterientraditionen der heutigen Zeit, zu denen auch Questhaven zählt, gehören ebenfalls die Theosophen, die Rosenkreuzer sowie alle tiefgreifenden esoterischen Lehren. Die Große Weiße Bruderschaft, die auf den inneren Bewusstseinsebenen weilt, entsandte Repräsentanten, um auf die innere Hierarchie eingestimmte Glaubensrichtungen und Schulen zu gründen, die zur Erhebung und Schulung der Menschen beitragen. Die Kandidaten werden zu diesen tieferen Lehren geführt und im Hinblick auf ihre Glaubwürdigkeit und Demut beobachtet.

Mysterienschulen bieten die Gelegenheit, die geistige Sichtweise zu erweitern, Wissen zu vermehren und charakterliche Integrität und Verlässlichkeit zu erlangen. Dies ist die Zielsetzung einer Weisheitsschule.

Mysterienschulen der Vergangenheit

In den frühen Religionen herrschte die Magie vor. Die Sumerer, Assyrer und Babylonier lebten in ständiger Furcht. Um sich zu schützen, trugen sie Amulette und Talismane aller Art. Ein Großteil ihrer Religion wurde von Mantras und Übungen geprägt, die dazu dienten, das Böse abzuwehren. Neben den Tempeln standen Badehäuser, in denen man die Kranken in sogenanntem *magischen Wasser* badete.

Ägypten verehrte den Sonnengott Ra. Seine Mysterienlehre bezog sich auf den ersten Strahl. Der Glaube an die Unsterblichkeit dominierte alle anderen Aspekte. Hermes Trismegistos lehrte das Licht- oder Feuerprinzip. Er legte die Grundlage für die in den ägyptischen Mysterienschulen vollzogene Einweihung. Seiner Bereitschaft und Entwicklung entsprechend, durchschritt der Novize eine Stufe nach der anderen. Es gab eine Periode der Läuterung und Belehrung, gefolgt von den Prüfungen der jeweiligen Initiation. Die orthodoxen Ägypter vertraten den Glauben an die Rückkehr ihrer Toten, die sich für die höheren Lehren einer inneren Wiedergeburt ihres abgelegten Körpers bedienten.

Die Chinesen glaubten, dass, als die Zeit reif war, fünf göttliche Lehrer erschienen, um der Menschheit den Weg in der physischen Welt zu ebnen. Eine dieser vollkommenen Seelen wurde als *Herr der Zivilisation* bezeichnet. Er signalisierte den Beginn der Kultur. Diese erhabenen Wesen, die sich aus anderen Sphären inkarniert hatten, belehrten die Menschen und überließen sie dann der Obhut initiierter Herrscher, die während des Goldenen Zeitalters in China regierten. Im Laufe der Zeit verweltlichten diese und besaßen keine Verbindung mehr zu den inneren Lehren.

Konfuzius war ein Vertreter des ersten Strahls, dessen Oberhaupt der *Herr der Zivilisation*, der Manu, ist. Er besaß eine ungewöhnliche Sensitivität, war bescheiden, glücklich, weise und selbstbeherrscht. Der mangelnde Edelmut und die charakterliche Zügellosigkeit seiner Zeit beunruhigten ihn. Er vertrat die Ansicht, dass der Mensch eine hohe Stufe der Würde anstreben müsse, um eine bessere Nation zu bilden. Konfuzius lehrte, dass gute Manieren, edelmütiges Handeln, Gerechtigkeit und weise Gesetze ein gütiges Volk bestimmen. Er rief dazu auf, die Ahnen zu respektieren, jene Wesen, die den Weg bereitet hatten. In seinen Augen sollte sich der Mensch Zeit nehmen, seinen Pflichten und rituellen Handlungen nachzugehen, sich seiner Potenziale und seiner Liebe bewusst zu werden. Für ihn war dies ist der Weg. Es war niemals seine Absicht gewesen, seine Lehren zur Religion zu erheben, was aber später geschah. Sein einziger Wunsch bestand darin, dass der Mensch und auch seine Regierungen sich verbesserten. Er trug in großem Maße dazu bei, das menschliche Bewusstsein zu heben.

In Indien gab es sowohl im Hinduismus als auch im Buddhismus Mysterienschulen. Im Hinduismus wurde Brahman als der höchste Gott verehrt. Die zahlreichen anderen Gottheiten dienten als Ausdrucksformen der vielen Gottesaspekte. Die Reinkarnationslehre, das Gesetz von Ursache und Wirkung und der Glaube an ein Leben nach dem Tod waren in dieser Tradition tief verankert und öffneten den Blick für fortgeschrittene Evolutionsstufen. Die Hindus ehren alles Leben, da die Essenz jeder Lebensform, *Atman*, der Geist, ist, der von Brahman kommt. Der Buddhismus betonte die Bedeutung der Loslösung und Unpersönlichkeit. Die täglichen Versprechen lauten: Zuflucht zum Buddha (einem Bewusstseinszustand), zum Dharma (dem Weltgesetz) und zur Sangha (der mystischen Kette, der Brüderlichkeit oder Gemeinschaft) zu nehmen.

Der Ursprung der Mithras-Mysterien liegt in Persien. Mithras war die Gottheit der Wohltätigkeit. Sein Hauptaugenmerk galt der Wahrheit und Integrität. Er lehrte die Unsterblichkeit, und die Anhänger bezeichneten sich als Brüder. Ihre Tempel, die sogenannten Mythräen, waren unterirdisch angelegt oder in Fels gehauen. Nach vorangegangenen Fasten- und Läuterungsperioden unterzog man sich Prüfungen, die Stärke, Glauben und Durchhaltevermögen erforderten. Über sieben Initiationsstufen brachten sie den Kandidaten Mithras näher. Die Bezeichnungen der Grade lauteten: Rabe, Geheimwissenschaft, Krieger, Löwe, Perser, Sonnenbote und Vater.

Der persische Eingeweihte Zoroaster lebte wahrscheinlich etwa zweitausend Jahre vor Christi Geburt. Nach jahrelanger Meditation in der Wildnis wurde er im Alter von dreißig Jahren erleuchtet. Die Natur inspirierte ihn, und er lehrte, allen ihren Elementen mit Ehrfurcht zu begegnen. Das Feuer betrachtete er als Symbol göttlichen Lebens. Da Feuer stets aufwärts steigt, versinnbildlicht es den göttlichen Geist in allen Dingen. Seine Anhänger ließen das Altarfeuer niemals erlöschen. Zarathustra sprach eingehend über den Kampf zwischen Licht und Dunkel. Für ihn gab es drei Stufen spirituellen Lebens: Die Gottesvorstellung, die Annäherung an Gott und das Aufgehen in Gott. In seinen Augen bestand die Hauptaufgabe des Menschen in der Läuterung seiner Gedanken. Dem Tier freundlich gegenüberzutreten, betrachtete er als unerlässlich, da in jeder Kreatur ein von Gott erschaffener Geist lebt. Nach seiner Erleuchtung lehrte Zarathustra siebenundvierzig Jahre. Diese Religion enthält mehr Lehren über die Engel und das Licht als irgendeine andere Mysterienschule.

Die Eleusinischen Mysterien in Griechenland sind die bekannteste Mysterientradition der Vergangenheit. In der Gemeinde von Eleusis gab es Individuen, die sich für die Geheimlehren interessierten. Um in sie eingeführt zu werden, musste sich der Neophyt einer vorbereitenden Läuterungsperiode unterziehen. Man wusste, dass alle sechs Monate andere Intelligenzen die Verantwortung für die Natur übernehmen. Wenn eine Gruppe himmlischer Wesen ihre Arbeit beendet hat, zieht sie sich für sechs Monate zurück, und eine andere Gruppe tritt an ihre Stelle, um ihrerseits ihre Pflichten zu erfüllen. Die Ausgießungen dieser Hierarchien sind völlig unterschiedlicher Natur. In den Eleusinischen Mysterien gab es Geheimriten, die die Sonneninitiation symbolisierten. Hinweise darauf finden sich in ihren Aussagen über die Götter und ihre den Jahreszeiten geweihten Feiern. Im Frühling wurde ein zehntägiges Fest begangen, das still begann und einem Höhepunkt zustrebte. Am siebten Tage fand eine Prozession statt, die am Meer mit einer Taufzeremonie endete. Da man Salz als ein wichtiges Mineral betrachtete, wurde es bei den Ritualen eingesetzt. Im September feierte man das Herbstfest, das angesichts der kargen äußeren Natur die geistige Verinnerlichung ansprach. Ebenso wie beim Frühlingsfest, bemühte sich die Gruppe, eine hohe Bewusstseinsebene aufrechtzuerhalten.

Die Betonung der in Delphi angesiedelten Schule lag auf dem Aspekt der Intuition und der Aufnahme von Urbildern und Verheißungen seitens der Seele oder von anderen, auf physischer Ebene unsichtbaren Intelligenzen. Einige Priesterinnen des Ordens wurden *Pythia* genannt, andere waren Seherinnen. Die Pythia, Oberpriesterin des Python, saß auf einem Dreifuß und atmete die aus einer Grotte aufsteigenden Dämpfe ein, die sie in Trance versetzten. Sie sprach als Orakel.

Die Pythagoreische Schule war die am weitesten fortgeschrittene Mysterienschule Griechenlands und die erste, die Frauen zuließ. Pythagoras hatte bereits den Einweihungsgrad eines Meisters erreicht, als er etwa 530 v. Chr. in Griechenland lebte. Er wurde auf der Insel Samos geboren. Als junger Mann ging er auf Reisen, um in Ägypten, Kleinasien, Afrika und Babylon die Lehren höheren Wissens zu studieren. Vierundzwanzig Jahre lang blieb er seinem Heimatland fern. Bereits auf der Ebene eines Meisters, durchfluteten ihn die Erinnerungen – und er erkannte seine Aufgabe. Er sollte eine Akademie aufbauen, eine große Bruderschaft. Seine erste Schule gründete Pythagoras in Delphi. Wohlhabende Mitarbeiter, die Brüder der Akademie wurden, stellten die Räumlichkeiten zur Verfügung.

Pythagoras war ein außergewöhnlicher Meister, entschlossen und weise, von erhabener Würde und großer Geistesgegenwart. Er ließ sich seine Überlegenheit niemals anmerken, aber besonders diejenigen, die Schuld empfanden, fühlten sich in seiner Gegenwart unbehaglich, denn der Meister besaß eine umfassende Hellsichtigkeit. In seiner Schule lehrte er Naturwissenschaft, Astronomie und Mathematik, die Grundlage für Geometrie und Differenzialrechnung. Er verdeutlichte, dass sich unsere Erde um die Sonne dreht und das Universum sphärischer Natur ist. Er sprach über die spirituelle Bedeutung von Zahlen, Farben und Musik und erklärte, dass Schönheit ein Gleichgewicht darstellt. Wo dieses fehlt, gibt es keine Schönheit. Neben den wissenschaftlichen Aspekten seiner Arbeit leitete er eine Mysterienschule.

Zwei Arten von Schülern wurden zugelassen: Sorgfältig ausgewählte Individuen, Männer und Frauen, die ihr ganzes Leben dort verbrachten, oder verheiratete Personen, die nur zehn Jahre lang unterrichtet wurden. Jeder, der diese Schule besuchte, verheiratet oder alleinstehend, musste fünf Jahre in absolutem Schweigen zubringen. Es war ihm nur erlaubt, vom Meister gestellte Fragen zu beantworten. Nach dieser Bewährungsprobe wurde er zu der sogenannten *Esoterischen Studentengruppe* zugelassen und durfte den Unterweisungen des großen Meisters beiwohnen. Dazu gehörten die Reinkarnationslehre, die Offenbarung höherer Lebensordnungen, die Lehre von der Unsterblichkeit sowie eine spezielle Schulung, die den Kandidaten auf höhere Lehren vorbereitete. Jeder neuen Wachstumsstufe gingen geistige und emotionale Prüfungen voraus, um sicherzustellen, dass der Schüler keine Informationen erhielt, denen er noch nicht gewachsen war. Die dritte Schulungsperiode wurde von nur wenigen erreicht. Auf dieser Stufe betraute man die Schüler individuell und selektiv mit geistigen Aufgaben und Verantwortungen, die Lehre des Meisters zu unterstützen.

Ebenso wie Pythagoras selbst, steuerte jeder finanziell zum Erhalt der Schule bei. Man lebte in der Gemeinschaft, die Frauen auf der einen und die Männer auf der anderen Seite des Anwesens. Die Mahlzeiten wurden niemals gemeinsam eingenommen, wohl aber wurde gemeinsam gebetet. Auch der Unterricht fand in der Gemeinschaft statt. Es wurde eine selbstlose Liebe zwischen den Brüdern und Schwestern erwartet. Pythagoras war kräftig gebaut und hochgewachsen und stand in der Blüte seiner

Jahre, als er die Schule gründete. Seine Unterweisungen folgten einem bestimmten Rhythmus oder Muster. Er hob die Jahreszeiten hervor und achtete auf die Bedeutung der Zahlen. Diese Informationen waren abgestuft. Der Neuling erfuhr die elementaren Prinzipien, während diejenigen, die bereits länger bei ihm waren, die tiefgründigeren Aspekte kennenlernten.

Männer und Frauen studierten gemeinsam Literatur, Musik, Tanz, Drama und Numerologie. Die Frauen wurden in den tieferen Aspekten der Wahrheit unterrichtet, die den Weg zur Erleuchtung wiesen, und dazu angehalten, ihre Intuition zu entwickeln. Die fähigsten unter ihnen wurden von Pythagoras selbst geschult, um ihren sechsten und siebten Sinn zu entfalten. Jeder dankte dem Meister für die Gelegenheit, bei ihm studieren zu dürfen, mit absoluter Loyalität. Die Brüder wurden hinausgeschickt, um Zweigstellen oder kleinere Schulen in anderen Gebieten zu gründen. Überall wirkte sich ihr Einfluss auf führende Persönlichkeiten des Landes aus, was ein politisches Element beinhaltete. Pythagoras schwebte es vor, dass sich die Regierung der Menschen auf den Glauben an Gott, einen hohen moralischen Kodex und absolut selbstlosen Dienst am Volk gründete. Als die aristokratischen Führer der Stadtstaaten sich mit jenen Brüdern in Verbindung setzten, stellte sich heraus, dass einige unter ihnen eine solche Selbstsucht an den Tag legten, dass sie sich als unwürdig erwiesen, Schüler des Meisters zu werden. Diese zurückgewiesenen Anwärter entwickelten sich zu Feinden und setzten die Schule in Delphi in Brand.

Der Meister beschloss, nach Italien zu gehen und in Crotona eine zweite Schule zu erbauen, denn dort war eine griechische Kolonie ansässig. Er fühlte, dass ihm dieser Ort größere Freiheit gewährte. Theoklea, die er im Alter von sechzig Jahren heiratete, war eine seiner Schülerinnen. Sie war außergewöhnlich gebildet und in jeder Hinsicht reif genug, um die Gemahlin dieser fortgeschrittenen Seele zu sein. Gemeinsam leisteten sie eine ungeheure Arbeit. Die zweite Schule des Pythagoras wurde ebenso wie seine erste von Feinden zerstört, die sich darüber ärgerten, dass einige seiner Schüler Einfluss in den Regierungen der Stadtstaaten gewannen.

Die Pythagoreer waren berühmt für ihre Charakterbildung,

ihre Heiligkeit und ihr Wissen. Leben, nicht lernen, lautete das Bekenntnis dieser Gruppe. Zu den bekannten Aussagen des Pythagoras gehören: *Anzufangen, ist die halbe Vollendung* oder *Verlasse die bekannten Wege und wandele einsame Pfade.*

Viele Lehren großer Seelen, die sich fünfhundert oder sechshundert Jahre vor Jesus von Nazareth inkarnierten, wurden vernichtet, wie die des Zoroaster, des Buddha oder des Sokrates, die ihre Lehre mündlich verkündeten. Für Sokrates galt jede Menschenansammlung als Akademie, gleichgültig ob es sich um Marktplätze, Gymnasien, Straßen oder Festsäle handelte. Dieser Weise sprach bescheiden die Wahrheit und besaß die Fähigkeit, die Menschen mit ihren eigenen Vorurteilen und ihrer Ignoranz zu verblüffen. Die einzige Lehre, die in ihrer Reinheit erhalten blieb, ist die des Konfuzius. Er hat inzwischen die Stufe eines vollkommenen Meisters erreicht, der seinem älteren Bruder, dem Christus, eine tiefe Verehrung entgegenbringt.

Die in Palästina ansässigen *Essener* bildeten eine andere Mysterienschule. Bei dieser jüdischen Gruppe handelte es sich um einen rein mystischen Orden, der strikte Askese und Geheimhaltung praktizierte. In ihre Gemeinschaft wurden ausschließlich Männer aufgenommen. Sie führten ein Gemeinschaftsleben, in dem alles geteilt wurde und niemand etwas besaß. Waren das Schuhwerk oder das Gewand verschlissen, erhielt der Betreffende Ersatz. Sauberkeit und strikte Moral waren die Regel. Johannes der Täufer verbrachte mehrere Jahre in ihrer Gemeinschaft. Joseph nahm an einigen ihrer Treffen teil, trat aber niemals in ihren Orden ein.

Zur Zeit Jesu gab es nur etwa viertausend Essener. Sie hätten Jesus gerne bei sich aufgenommen, doch musste dieser frei sein, um der Menschheit seine Botschaft zu verkünden.

Jesus lehrte eine äußere und eine innere Gruppe. Die äußere Gruppe setzte sich aus all jenen zusammen, die kamen, um ihn zu hören. Die innere Gruppe bestand aus etwa siebzig Männern und Frauen. Seine Botschaft war einzigartig. Mit dieser inneren Gruppe traf er sich inoffiziell und offenbarte ihr die verborgenen Tiefen seiner Lehre, die er den Massen vorenthielt. Sie mussten warten, bis sie bereit waren, die esoterische Botschaft Christi aufzunehmen. Die Siebzig, die der inneren Mysterienschule Jesu angehörten, haben sich zu unterschiedlichen Zeiten reinkarniert, um jene, die ihnen zuhörten, an die wahre Aufgabe des Christus zu erinnern.

In der Zeit Christi bildete sich innerhalb des Sanhedrins eine Gruppe, deren Mitglieder eine spezielle Form der Kabbala studierten. Der Talmud der Juden stellt ebenfalls eine Sammlung innerer Lehren dar.

Viele der früheren Essener reinkarnierten sich als Quäker. Wie die Essener, leisteten sie niemals einen Eid oder erhoben die Hand zum Gruß. Viele der strengen Praktiken der Essener finden sich bei den Quäkern wieder.

Das Freimaurertum begann als Mysterienschule von Adepten des Rosenkreuzer-Ordens, einer hermetische Bruderschaft, deren Schriften mystischen Ursprungs sind. Als im Laufe der Jahre immer mehr Leute dem Orden beitraten, nahmen die Lehren rituellen und symbolischen Charakter an.

Entschleierte Mysterien

Obgleich viele Gottesgegner es versucht haben, kann die Wahrheit niemals zerstört werden. Die uralten Wahrheiten erfahren eine neue, genauere und tiefere Auslegung, da wir eine umfassendere Sichtweise der göttlichen Mysterien besitzen als jemals zuvor. In der Vergangenheit wurden nur wenige Studenten als würdig erachtet, in die Mysterienschulen aufgenommen zu werden. Heute ist es nicht erlaubt, die Lehren zu verschlüsseln oder geheimzuhalten. Die Mysterienschulen stehen allen offen, die sich dafür interessieren. Sie ziehen jedoch keine Menschen an, die nicht vorbereitet sind, denn die Erwartungen und Forderungen finden keinen Anklang. Wenn die Menschen bereit sind, werden sie von weither kommen, um der Wahrheit zu lauschen.

In dieser Zeit werden die Mysterien allgemein bekannt werden, da wir jetzt die Wahrheiten berühren, die Pythagoras, Quetzalcoatl, Christus, Sokrates und all die Titanen unserer Evolution sprachlich zum Ausdruck gebracht haben. Die Wahrheiten, die sie lehrten, donnern heute mit Macht auf uns herab. „Wie oben, so unten." Darin liegt die ungeheure Offenbarung, dass es in den höheren Regionen unseres Seins Gesetze gibt, die uns selbst in unserer physischen Welt berühren. Das Gesetz des Ausgleichs regiert unseren Geist, wie das Gesetz der Auswirkung uns in der äußeren Welt in jedem Augenblick beeinflusst.

Die alte Mysterienlehre besagt: „Wenn die zwei eins werden", was darauf hinweist, dass die Zeit kommen wird, in der beide Seelenaspekte, der negative und positive Pol unseres Seins, zu jener androgynen Einheit verschmelzen, aus der wir hervorgingen. Irgendwo gibt es für jeden von uns das mathematisch genaue Gegenstück, mit dem wir uns am Ende der Evolution vereinen werden.

Pythagoras lehrte, dass der Mensch seine physische Sensibilität verfeinern muss: „Das Äußere muss wie das Innere sein." Wir sind aufgerufen, unsere Gefühle und Gedanken bis zu jenem Grad zu verfeinern, dass wir in Bezug auf unsere Nahrung und unsere Zeit weise Entscheidungen treffen, damit das *Licht* unser Sein durchstrahlt. Es wird die Zeit kommen, in der der innewohnende Gottesfunken die Herrschaft übernimmt – und dann wird es nur noch ein einziges Gesetz geben.

Im Laufe unserer geistigen Entwicklung weiten und vertiefen sich die Dinge. Der Schüler auf dem Pfad liebt die edle Kunst und bemüht sich um eine umfassendere Akzeptanz, da aus höheren Ebenen zunehmend mehr von ihm verlangt wird, sein Gleichgewicht zu finden und sich stärker für den göttlichen Geist zu öffnen. In jeder Mysterienschule gibt es zahlreiche Entwicklungsstufen und Entfaltungsphasen, die von der ersten Erkenntnis bis zur Erleuchtung reichen. Jeder einzelne Schritt dieser wundervollen Reise zu Gott birgt Abenteuer und Schönheit und wird von Gleichgesinnten und unsichtbaren Intelligenzen begleitet. Wir freuen uns über alle Glaubensrichtungen, die der geistigen Stärkung des inneren Menschen dienen.

16

Numerologie

Unsere Vorfahren glaubten an die tiefere Bedeutung der Zahlen. Die Chaldäer, Ägypter, Hebräer und besonders die Griechen fesselte der tiefere Sinn der Mathematik. Die Hebräer ordneten jedem der zweiundzwanzig Buchstaben ihres Alphabets eine Zahl zu. Ihr Hauptinteresse galt den Zahlen Eins bis Zweiundzwanzig. Sie glaubten, dass die Zahlen Sieben, Elf, Zwölf und Zweiundzwanzig heiliger und mystischer Natur sind.

Pythagoras lehrte ein anderes Zahlenkonzept. Für ihn basierte alles auf einem numerischen Äquivalent, welches der Bedeutung der göttlichen Absicht Ausdruck verleiht. Er legte großen Wert auf Zahlen, die in seinen Augen die Musik, den Rhythmus der Jahreszeiten, der Wochentage und dergleichen beeinflussen. Seiner Ansicht nach baut sich alles Leben auf Zahlenschwingungen auf. Jede einzelne Zahl besitzt ihre eigene Bedeutung. Er lehrte eine Mathematik, auf die sich selbst die heutige Geometrie weitgehend stützt.

Pythagoras vertrat die Ansicht, dass im Leben des äußeren Menschen drei Dinge wichtig sind, um sich für eine geistige Schulung zu eignen: Gymnastik, Musik und das Zahlenstudium. Die Gymnastik kräftigt den Körper, die Musik heilt ihn und die Wissenschaft der Zahlen bereitet den Geist darauf vor, sich mit den höheren Sphären zu befassen und mit Gott und Seiner Hierarchie in Verbindung zu treten. Viele Lehren des Pythagoras sind verschollen, aber diejenigen, die seinerzeit seine Schule besuchten, erinnern sich teilweise daran.

In Delphi und später in Crotona lehrte Pythagoras, dass sich Zahlen auf die praktische, intellektuelle und geistige Entwicklung auswirken. Die einstelligen Zahlen beziehen sich auf den

Erdenmenschen. Aus diesem Grund sind die Zahlen Null bis Neun von großer Bedeutung für uns. Ebenso wie unser siebenfältiges Sein nur als unser physischer Körper in Erscheinung tritt, schwingen wir in unserem Erdenleben vorwiegend mit einer einzigen Zahl in Einklang. Unsere Kenntnisse über die spirituelle Bedeutung von Zahlen verdanken wir in erster Linie diesem großen Meister. Wären wir in der Lage, sie entsprechend einzusetzen, könnte ihre Symbolkraft unser Leben richtungsweisend beeinflussen.

In unserem praktischen Alltag sehen wir uns fortwährend Zahlen gegenüber, denn sie bestimmen unseren Kalender. Obwohl die Wissenschaft auf Zahlen basiert, bedenken wir nicht ihren geistigen Hintergrund. Es ist wichtig, dass wir uns eingehender damit befassen und erkennen, in welchem Zusammenhang wir mit ihnen stehen und was sie durch uns auszusagen haben. Es gibt nichts im Himmel und auf der Erde, das keine tiefere Bedeutung besitzt.

Das Pythagoreische Dreieck hilft uns, unsere Geburtszahl zu errechnen, die wichtigste Zahl für unser Leben, die der Beachtung bedarf. Sie birgt die Lektion und den Grund für unsere Inkarnation. Vor unserer Geburt hat der Kindel-Engel bei der Planung des Lebensmusters den Leitgedanken, der maßgeblich zu den erforderlichen Lebenserfahrungen beiträgt, und seine numerische Bedeutung mit uns besprochen. Ebenso wie unsere Seele aus einem bestimmten Grund das Land und die Eltern für die jeweilige Inkarnation aussucht, wählt sie das Geburtsdatum, um von seinen spezifischen Schwingungen zu profitieren.

Zur Bestimmung der Geburtszahl zeichne ein mit der Spitze nach unten weisendes Dreieck, dessen nach oben weisende Grundlinie dein Geburtsdatum bildet (beispielsweise).

10. 5. 1909

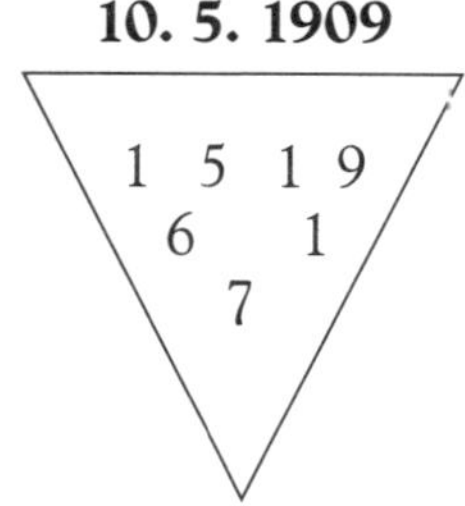

Bilde die Zahlensumme des Geburtstages und die des Geburtsmonats und setze beide Ziffern in die linke obere Ecke des Dreiecks. Setze die Summe der beiden ersten Zahlen des Geburtsjahres und die der beiden letzten Zahlen in die rechte obere Ecke. Reduziere die Zahlen auf eine Stelle, indem du auf der linken Seite Tag und Monat und auf der rechten Seite das Jahr addierst. Schließlich bilde die Summe dieser Zahlen und reduziere sie auf eine Stelle. Die sich daraus ergebende Zahl bringt deine *Lebensaufgabe* zum Ausdruck.

Achte darauf, wie oft die einzelnen Zahlen in deinem Dreieck auftauchen. Jede einzelne wirkt sich in verschiedenen Lebensphasen aus. Die Zahlen des Geburtsdatums geben Aufschluss über das, was man sich in dieser Inkarnation vorgenommen hat, was man zum Ausdruck bringen und lernen möchte. Die größte Bedeutung besitzt die einstellige Zahl an der Spitze des umgekehrten Dreiecks. Die nicht darin erscheinenden Ziffern weisen entweder auf das hin, was in der Vergangenheit bereits erreicht wurde oder mit größerer Wahrscheinlichkeit auf die noch zu entwickelnden Eigenschaften. Diesen Zahlen sollte man besondere Aufmerksamkeit schenken, da sie karmischer Natur sind und unsere Prüfungen bestimmen.

Zahlenbedeutung

Nach Pythagoras wirkt die Zahl **Null** als Türöffner. Eine Null in Zehn, Zwanzig bis hin zu Hundert bedeutet den Eintritt in eine andere Dimension, in einen höheren Bewusstseinszustand. Diese sich auf Gott beziehende Zahl ist die Zahl der Vollendung. Die Null steht für ein Samenkorn, das, obwohl scheinbar schlummernd, die Fähigkeit besitzt, neues Leben hervorzubringen. Wir sollten sie beachten. Um unseren Platz und unsere Aufgabe in dieser Inkarnation zu verstehen, muss unsere Aufmerksamkeit den einstelligen Zahlen gelten.

Die Zahl **Eins** weist darauf hin, dass Gott für Seine gesamte Schöpfung sorgt. Der Begriff *Vorsehung* bezieht sich auf Seine Liebe und Fürsorge und Seine Einflussnahme auf unser Leben. Diese wunderbare Zahl symbolisiert Schöpfung und Manifestation – die Einheit mit dem innewohnenden Gottesfunken. In erster Linie aber steht sie für die Gnade Gottes. Personen mit dieser Lebenszahl sollten achtgeben, das Gute, das ihnen widerfährt, nicht als Selbstverständlichkeit zu betrachten. Eins ist die Zahl von Führerschaft, Geschäft und Unternehmen sowie des Pionier- und Forschergeistes. Sollte das Geburtsdreieck keine Eins enthalten, besteht die Lektion in diesem Leben darin, selbstständig zu entscheiden und für seinen Platz in der Welt zu kämpfen. Bekannte Persönlichkeiten unter dieser Zahl sind: George Washington, Napoleon Bonaparte und Enrico Caruso.

Die Zahl **Zwei** bedeutet, die physische Verkörperung mutig zu meistern, ausgedrückt mit dem Begriff *praktische Durchführbarkeit*. Die Zwei symbolisiert Fleiß, Mühe, Arbeit und die Notwendigkeit, praxisbezogen zu sein. Diese Zahl weist auf eine Kluft zwischen Monade und Persönlichkeit hin. Der mental bedingte negative Aspekt äußert sich in Furcht und Skepsis, was beachtet werden sollte. Für Menschen mit der Lebenszahl Zwei ist es wichtig, in Harmonie und Frieden für- und miteinander zu arbeiten. Es zeichnet sie Diplomatie, Wissen und analytische Fähigkeit aus, was mit der Zeit zu Weisheit führt. Fehlt die Zwei im Lebensdreieck, wird das Leben die Person in Situationen zwingen, die große Geduld und Beachtung von Einzelheiten verlangen. Edgar Allen Poe und Robert Louis Stevenson standen unter der Zahl Zwei.

Drei ist die Zahl der *Kreativität*. Sie steht für Spontaneität, künstlerisches Talent und Schönheit. Zeigt sie sich im Lebensdreieck, können wir uns glücklich schätzen, denn sie fördert den Aspekt der Inspiration in uns. Jemand mit der Lebenszahl Drei ist sehr vielseitig veranlagt. Die Entscheidung fällt ihm schwer, in welcher Kunstform er seinen einströmenden Ideen und Gedanken Ausdruck verleihen soll. Alles bezieht sich auf das Herz oder den emotionalen Lebensaspekt, aber niemals in tragischer Weise. Menschen mit der Schicksalszahl Drei müssen sich in erster Linie um die Entwicklung ihrer Konzentrationsfähigkeit und Entschlusskraft bemühen. Spirituell gesehen, steht die Drei für die heilige Trinität. Fehlt diese Zahl im Lebensdreieck bedarf es der dramatischen Ausdruckskraft, um sich ins rechte Licht zu rücken. Königin Viktoria, Ethel Barrymore und John Philip Sousa fielen unter die Drei.

Jede Zahl besitzt eine negative und eine positive Seite. Der negative Aspekt der **Vier** ist Ehrgeiz, der positive *Zielstrebigkeit*. Unter dieser Zahl zu stehen, erweist sich als schwierig, weil sie Pflichterfüllung und Karma bedeutet. Pythagoras schätzte die Vier und bezeichnete sie als Schlüsselträger, da sie sich widerstandsfähig und positiv zeigt. Die von dieser Zahl bestimmten Menschen entwickeln gewaltigen Ehrgeiz, wenn sie unter dem Druck ihres Egos stehen. Ihr ungeheures Verlangen treibt sie zum Handeln. Motiviert sie eine intuitive Zielstrebigkeit, verfolgen sie ihre gesteckten Ziele mit großer Ausdauer. Die Zahl Vier wird durch den Würfel versinnbildlicht, ein Zeichen für eine praktische, dynamische und entschlossene Vorgehensweise, die zum Erfolg führt. Fehlt die Vier, muss von Grund auf neu begonnen und sorgfältig und geduldig aufgebaut werden. Mark Twain, Douglas McArthur, Dwight Eisenhower und Francis Bacon standen unter der Zahl Vier.

Fünf ist die Zahl der *Liebe*. Sie bezieht sich auf Freunde, Familie, Zuneigung, Romanze und Elternschaft – die Fähigkeit, persönliche Beziehungen liebevoll zu gestalten. Personen, in deren Pythagoreischem Dreieck diese Zahl fehlt, müssen ihre Zuneigungsfähigkeit entwickeln. Die Fünf bezieht sich auf die fünf Sinne von Körper und Emotionen, wie sinnliche Liebe oder Liebe zum Essen. Menschen mit der Lebenszahl Fünf sind gewöhnlich gütig und bis zu einem gewissen Grad spirituell motiviert. Die negative Seite dieser Zahl zeigt sich in einer besitzergreifenden und festklammernden Art, die nicht gewillt ist, über Familie und äußeren Glanz hinauszugehen. Diese Zahl steht für Licht und wird durch den fünfzackigen Stern symbolisiert. Ohne eine Fünf im Lebensdreieck wird das Leben die Person Situationen gegenüberstellen, die Verständnis für die Welt und die Mitmenschen fordern. Abraham Lincoln, Benjamin Franklin und Thomas Jefferson standen unter der Zahl Fünf.

Pythagoras bezeichnete die Zahl **Sechs** als *Menschheit* oder *universellen Einfluss*. Sie bezieht sich auf die reinste Ausdrucksform selbstloser Liebe, die Fürsorge für die gesamte Gottesschöpfung. Die Sechs beinhaltet Unterscheidungsvermögen, Sympathie, Mitgefühl, Loyalität, Aufrichtigkeit und Hingabe. Menschen, die von ihr bestimmt werden, sehnen sich danach, Irrtümer zu überwinden. Sie geben sich nicht mit konventionellem Konformismus zufrieden und wirken Falschheit entgegen. Aus ihren Reihen gehen starke Vertreter des Humanitätsgedankens hervor, die einen kämpferischen Geist besitzen und zur Selbstaufopferung fähig sind. Jemand, der unter dieser Zahl geboren wurde, zeigt ein allgemeines Interesse am Wachstum und Fortschritt jedes Individuums. Fehlt jedoch die Zahl Fünf in ihrem Pythagoreischen Dreieck, wird es ihnen schwerfallen, in einer engen Beziehung Zuneigung zum Ausdruck zu bringen. Das *Siegel Salomons* symbolisiert diese Zahl. Weist das Dreieck keine Sechs auf, bedeutet dies, dass der Betreffende Verantwortung in einer Beziehung übernehmen, andere unterstützen und für sie sorgen muss. Beispiele für die Zahl Sechs sind: Jeanne d´Arc, Theodore Roosevelt und Woodrow Wilson.

Sieben ist die Zahl der *Spiritualität,* die im Laufe zahlreicher Leben errungen wurde. Die meisten Menschen, die unter ihrem Einfluss stehen, sind sich ihres geistigen Hungers bewusst. Diese Zahl steht für Disziplin, Herausforderung, Intuition, Mystik und das von Gott und Christus ausgesandte Licht. Ein weit auf dem geistigen Pfad vorangeschrittener Mensch wird sich um tiefere Erkenntnis, Höherentwicklung und Charakterbildung bemühen. Der negative Aspekt der Sieben besteht in der Tendenz, zu stark in den inneren Welten zu leben und den irdischen Aspekt seines Daseins zu vernachlässigen. Die Erde schwingt in Einklang mit der Zahl Sieben, die auf viele Dinge einen ungeheuren Einfluss ausübt. Es gibt sieben Wochentage, sieben Noten auf der Musikskala und sieben Lebensstrahlen. Wir besitzen sieben Körper und sieben Haupt-Chakras. Die Bibel bezieht sich wiederholt auf die Sieben. Die jüdische Kultur betrachtet diese Zahl als heilig. Ihr Symbol ist die Lyra mit ihren sieben Saiten. Fehlt die Sieben im Pythagoreischen Dreieck, wird das Leben fortwährend Gelegenheit bieten, Furcht durch Vertrauen zu ersetzen und zwischen Materiellem und Spirituellem zu unterscheiden. James Russell Lowell und Henry Ward Beecher stehen als Beispiel für die Sieben.

Für die Griechen war die **Acht** eine allmächtige Zahl. Sie besaßen ein Sprichwort, das Pythagoras zu zitieren pflegte: „Alle Dinge sind acht", was bedeutete, dass alles, was sich verwirklicht, den Segen der Acht trägt. Matthäus spricht von acht Glückseligkeiten. Acht mag man als Zeit der Regeneration betrachten, wie die Sieben als die Anzahl der Schöpfungstage. Acht ist die Zahl der *Ausdauer und des Erfolges.*

Individuen unter der Zahl Acht erreichen gewöhnlich alles, was sie anstreben, und sind vielseitig begabt. Sie besitzen zahlreiche innere Werte sowie eine Fülle an Kenntnissen, Talenten und Reichtümern, um sie weiterzugeben. Andererseits dürfen sie sich nicht auf ihren Lorbeeren ausruhen, um keine Niederlage zu erleben, und müssen ihre Begabungen fortwährend nutzen. Starrsinn ist ein niedriger Aspekt der Acht, die durch zwei übereinanderliegende Kreise symbolisiert wird. Fehlt die Acht im Lebensdreieck, muss man seine eigenen Angelegenheiten weise zu regeln wissen. Einige bekannte Persönlichkeiten unter der Acht sind U.S. Grant, Arthur Cromwell, Brigham Young und Rudyard Kipling.

Nach Pythagoras ist die **Neun** die Zahl des hohen Eingeweihten, die er durch die offene, die gebende Hand symbolisierte. Fortgeschrittene Menschen unter der Zahl Neun zeichnet eine solch große Selbstlosigkeit aus, dass sie dazu neigen, sich völlig zu verausgaben. Sie sind die Märtyrer und stillen Wohltäter der Menschheit. Neun ist die Zahl *objektiven Bewusstseins*, das heißt, des logischen Denkens, der Analyse, der Deduktion und Zusammenfassung. Neun ist auch die Zahl der *Initiation, des Mysteriums* und der *Vervollkommnung.* Die Pythagoreische Schule schwang in Einklang mit der Grundnote Neun. Einige Aspekte der Neun erschweren es, sie als Lebenszahl zu bezeichnen, da unter ihr gewöhnlich angehäufte karmische Schulden in einem einzigen Leben abgetragen werden, was mitunter Leiden und Tod bedeutet. Andererseits übt die Neun einen ungeheuren Einfluss auf das Individuum aus, nicht zu versagen. Sie stärkt die Vision, den Weitblick, das Mitgefühl und die Selbsthingabe. Fehlt die Neun, wird das Leben den Menschen so lange erschüttern, bis er erwacht. John D. Rockefeller, Robert E. Lee und Aaron Burr sind Beispiele für die Lebenszahl Neun.

Die Bibel spricht von der Zahl 666, die sich auf den Satan bezieht. Drei Zahlen weisen auf die Mentalwelt hin. Drei mal sechs ergibt achtzehn, beziehungsweise neun. Neun bedeutet also auch Prüfung.

Obwohl auf einstellige Zahlen reduziert werden soll, setzte Pythagoras die **Zehn** mit einem *hohen Grad an Erfindungsgabe* oder *abstraktem logischen Denken* gleich. Ergibt die Summe der Zahlen unseres Pythagoreischen Dreiecks eine Zehn, schreiben wir eine kleine Null hinter die eins, was besagt, dass wir in Einklang mit den inneren Sphären schwingen, da zehn der vierten Dimension angehört. Sie kennzeichnet den Gipfel des Bemühens und die Möglichkeit neuer Bewusstseinsebenen. Zehn bezieht sich auf die Vorstellungsgabe, besonders auf wissenschaftlichem Gebiet, verbunden mit hohen irdischen Prinzipien. Der Meister lehrte, dass ein Zehner-Jahr eine neue Bewusstseinsdimension berührt, die intuitiv erfasst wird. Wenn wir in den vorangegangenen Jahren unser Bestes gegeben haben, wird das Zehner-Jahr schöpferisch und erfüllend sein.

Das Wassermann-Zeitalter steht unter der Zahl Elf. Elf bedeutet *fortwährendes Werden*. Elf bezieht sich auf einen unvollendeten Zustand, aber eine sich stets erneuernde Schöpfungskraft. Die Zahl Zweiundzwanzig wurde von Pythagoras hoch geschätzt, da sie die Tendenz zur Meisterschaft offenbart. Zweistellige Zahlen sind nicht von dieser Welt. Jemand, der unter dieser Zahl geboren wurde, muss sie also auf Vier reduzieren.

Sinn und Zweck der Zahlen

Der Pythagoreischen Lehre zufolge unterstützen Zahlen die praktische, intellektuelle und spirituelle Entwicklung. Pythagoras bevorzugte die ungeraden Ziffern eins, drei, fünf, sieben und neun, da sie einen positiven Einfluss ausüben. Sie stehen mit dem Feuer-, Luft- und Erdreich in Zusammenhang. Die geraden Ziffern zwei, vier, sechs und acht betrachtete er aufgrund der Dualität elektrischer Ströme als negativ. Sie reagieren auf das Wasserreich und sind emotional ausgerichtet. Ihre Einflussnahme auf die unter ihnen geborenen Personen wirkt sich stärker aus als die der ungeraden Zahlen.

Mit Hilfe des Pythagoreischen Dreiecks lässt sich die numerische Schwingung des bevorstehenden Tages, des neuen Jahres oder des Lebensalters bestimmen. Kennt man die Bedeutung der

Zahl, kann man in Einklang mit ihr leben. Die Zahl Neun bedeutet einerseits Erleuchtung und andererseits Prüfung, weshalb man sich auf den von ihr bestimmten Tag oder das unter ihr stehende Jahr im Gebet vorbereiten soll.

Pythagoras lehnte den Aberglauben ab und achtete sorgsam darauf, dass die Suche nach Wahrheit niemals aus Neugier geschah. Kein echter Meister findet Gefallen an Kristallkugeln, spiritistischen Sitzungen, Pendeln oder einem Medium. Seine numerischen Studien waren nur für den ernsthaft suchenden Schüler gedacht. Verwende Zahlen niemals in abergläubischem Sinne oder werde ihr Sklave. Sie sind Werkzeuge, keine Lehrer.

Eine andere Möglichkeit, etwas über sich in Erfahrung zu bringen, besteht darin, seinen Namen numerisch zu untersuchen. Zu diesem Zweck ordnet man den Buchstaben A bis I die Zahlen eins bis neun zu, wiederholt die Abfolge für die sechsundzwanzig Buchstaben des Alphabets und endet mit der Zahl acht für Z. Wir betrachten unseren ganzen Namen, bilden die Summe der Zahlen und reduzieren sie auf eine einstellige Ziffer. Diese spiegelt wider, was wir in dieser Inkarnation zu erreichen suchen. Die Verwendung des Namens aktiviert seine Einflussnahme.

Neben dem numerischen Gehalt des Namens besitzt jeder Buchstabe eine Schwingung. Die Buchstaben A, K, O, Q, R, U und X sind positiv und schwingen in Einklang mit der Erde. Die zweite Oktave bilden die Buchstaben F, H, I, J, L, M, N, S, W und Y. Sie sind neutral. Die dritte Ebene schwingt in Einklang mit den überirdischen Welten und steht unter himmlischem Einfluss. Sie umfasst die Buchstaben B, C, D, E, G, P, T, V und Z. Im Idealfall sollte am Anfang, in der Mitte und am Ende des Namens ein dem Himmel zugeordneter Buchstabe stehen, wie in David. Namen sind wichtig. Daher sollte man bei der Wahl auch auf die Silben achten. Einsilbige Namen bedeuten Arbeit, zweisilbige bezeichnen einen Denker, dreisilbige eine schöpferische Person und ein Name mit vier Silben deutet auf Vielseitigkeit. Namen enthalten einen Sinn, nehmen Einfluss und strahlen Frequenzen aus. Es ist wichtig, sie zu verstehen und richtig einzusetzen.

Unseren Geburtsnamen mathematisch zu erfassen, bedeutet, unsere Lektion zu erkennen. Wir sollten sowohl der Namenszahl als auch der Geburtszahl Beachtung schenken. Da Frauen durch ihre Heirat häufig einen anderen Nachnamen annehmen, ändert sich der numerische Grundgedanke und kann mitunter einen höheren Aspekt entfalten. Die Geburtszahl ist unveränderbar und besitzt eine stärkere Gültigkeit. Der Name stellt eine Verbindung zur Welt her, während die Geburtszahl nur einen selbst betrifft.

Wir sollten beide Zahlen addieren und auf eine einzige Ziffer reduzieren. Ist die Geburtszahl höher als die Namenszahl, muss man kämpfen. Im umgekehrten Falle kann man sich glücklich schätzen, da sie stärkend wirkt.

Es ist wichtig, unsere Beziehung zu den Zahlen zu kennen und welche Bedeutung sie durch uns zum Ausdruck bringen wollen. Da Zahlen schwingen, können wir uns somit besser auf ihre Einflussnahme einstellen, was uns beim Kauf eines Hauses oder der Unterzeichnung eines Dokumentes zugute kommt. Jedes wichtige Ereignis in unserem Leben sollte aus numerischer Sicht betrachtet werden.

Um den Anwendungsbereich von Zahlen zu erweitern, addieren wir alle uns wichtigen Nummern, wie Telefonnummer, Hausnummer und dergleichen, und reduzieren die Summe auf eine einstellige Ziffer. Diese durchzieht unsere Persönlichkeit am häufigsten, wenn wir uns mit weltlichen Dingen auseinandersetzen. Sie mag uns die erforderliche Unterstützung bieten oder wir erkennen, dass wir angesichts ihrer Frequenzen unser inneres Bewusstsein festigen müssen.

Geburtstage eigenen sich besonders gut dazu, das Pythagoreische Dreieck zu studieren. Wir tragen die Verantwortung für die Entwicklung jeder einzelnen Zahl. Das Gleiche gilt für den Neujahrstag. Jede Erkenntnis wirkt bereichernd, anregend und herausfordernd, die Meisterschaft anzustreben.

In der Bibel heißt es: *Lehre uns, unsere Tage zu zählen und unser Herz der Weisheit zu verschreiben*. Segne die Zahlen. Verwende sie weise und ehrfürchtig. Werde dir ihrer in zunehmendem Maße bewusst, dann werden sie zu deinen Freunden.

17

Lebenszyklen und astrologische Zeichen

Die Menschheit blickt auf einen langen, langsamen Weg geistiger Entwicklung zurück, der seinen Anfang in der ersten Ursache, der höchsten Lebensquelle, nahm. Die Schöpfung erfolgte in zyklischen Wogen. Dieses *Gesetz der Periodizität* beeinflusst und beflügelt unsere Entwicklung und fördert unseren geistigen Fortschritt, wenn wir in Einklang mit ihm leben.

Es gibt Zyklen, deren Kraftströme zu bestimmten Zeiten und in unterschiedlicher Weise Einfluss auf uns ausüben. Zu ihnen gehören die vier Jahreszeiten. Diese Kraftströme unterscheiden sich voneinander, da sie auf die Grundnote der jeweiligen Engel-Gruppe eingestimmt sind und spezifische Arbeiten anregen. Wir kennen den Kreislauf von Geburt und Tod sowie den Tageszyklus, der vierundzwanzig Stunden umfasst. Es gibt den Jahreszyklus und den Zyklus, der mit unserem Geburtstag beginnt. Beide sind heilige Zeiten.

Alle sieben Jahre bestimmt ein neuer Einfluss unser Wachstum. Die ersten sieben Jahre unseres Lebens gelten der körperlichen Entwicklung. Zwischen dem 7. und 14. Lebensjahr wird der Ätherkörper ausgebildet und in der darauffolgenden siebenjährigen Phase der Astralkörper. Vom 21. bis zum 28. Lebensjahr liegt die Betonung auf dem Mentalkörper. Es folgt der Zyklus der Liebe, Familie und zwischenmenschlichen Beziehungen, gefolgt von sieben Jahren, die auf die Menschheit eingestimmt sind. Im Alter von neunundvierzig Jahren beginnt eine spirituelle Einflussnahme. Die nächsten sieben Jahre sind dem Erfolgsstreben gewidmet, gefolgt von einem Überblick über die wirklichen Werte, die erreicht wurden. Diese Zyklen können sich bei dem Einzelnen etwas verschieben, was davon abhängt, ob das Individuum seinen nächsten Zyklus langsamer anfängt oder ob es sich um eine ältere, reifere Seele handelt. Seelenbewusstsein kann erst erreicht werden, wenn das Individuum erleuchtet ist. Das Gesetz der Periodizität bezieht sich auf den inneren und den äußeren Menschen.

Auf äußerer Ebene beobachten wir den immer wiederkehrenden Zyklus von Ebbe und Flut, der die Tier- und Vogelwelt beeinflusst und ihre Migration bestimmt. Es gibt wiederkehrende Zyklen, wie den Jahreszeitenwechsel sowie kalendarische Ereignisse, und es gibt regelmäßige Zyklen, die unser äußeres Leben betreffen, wie Geburtstage und Erfahrungen, die der 24-stündige Rhythmus mit sich bringt. Es gibt dazu alternierende Phasen, wie Tag und Nacht.

Die zyklische Gesetzmäßigkeit bietet eine Fülle von Gelegenheiten. Betrachten wir unseren Alltag, werden wir günstige und ungünstige Phasen erkennen, die in regelmäßigen Abständen auftreten. Die positiven Rhythmen verleihen unserem Verlangen nach Selbst-Korrektur, Selbst-Ausdruck und Selbst-Überwindung Aufschwung. Solche geistigen Höhen und die „Dunkle Nacht der Seele“ bilden ein natürliches Auf und Ab. In dem Wissen, dass solche Tiefphasen zyklisch auftreten, sollte man auf seine geistigen Reserven zurückgreifen und diese Prüfungszeiten möglichst fruchtbar gestalten. Nur in der Kausalwelt herrscht kein Energiegefälle. Unterhalb dieser Ebene schwingen erfrischende und stimulierende Energiewellen, gefolgt von einer vergleichbaren Periode, in der man die entschwindende Vision und Hingabe halten möchte. Da es sich um natürliche Rhythmen handelt, sollte man mit den einströmenden Kräften arbeiten.

Es gibt sieben Jahresrhythmen, beginnend mit dem Geburtstag, die alle zweiundfünfzig Tage wechseln. Es handelt sich dabei um die Phase der *Aufnahme*, des *Handelns*, der *Vorstellung*, des *Fortschritts*, der *Kultivierung*, der *Prüfung* und der *Erholung*. Die vierte und fünfte Periode wirken anspornend, da man dazu neigt, verbessernde Veränderungen in seiner Verhaltensweise vorzunehmen, die erhebend wirken. Der Phase der Prüfung folgt eine Zeit der Erholung, die sich oft schwierig gestaltet, da nichts zu geschehen scheint. Unserem Geburtstag geht eine anstrengende Zeit voraus. Dankbar begrüßen wir die Veränderung, die sich mit diesem Tag einstellt und in eine rascher voranschreitende und lichterfülltere Periode führt.

Bei allen Erfahrungen müssen Gott und das Erwachen unserer inneren Göttlichkeit im Vordergrund stehen. Die Trennung von der Göttlichen Quelle zwang uns dazu, die irdische Pilgerreise anzutreten und bewusst zu Gott zurückzukehren. Wenn es uns gelingt, im heiligen Jetzt jeden einzelnen Tages zu leben, gilt unsere geballte Aufmerksamkeit diesen vierundzwanzig Stunden, um ihren hohen Wert zu erkennen. Liebevoll konzentrieren wir uns darauf, in welcher Weise wir sie in Einklang mit dem Göttlichen nutzen können.

Wir müssen uns unserer Stärken und Schwächen bewusst sein und uns den Tag vom Morgen bis zum Abend vor Augen führen. Jede Stunde bietet die Möglichkeit, die Gedanken und Angewohnheiten zu läutern und Versuchungen zu überwinden.

Unser Karma bildet einen wiederkehrenden Zyklus, der uns mit unseren Prüfungen konfrontiert. Wir sollten uns bemühen, ihnen auf einer höheren Ebene zu begegnen, bis sie schließlich verblassen und sich das Gesetz der Wiederkehr erübrigt. Die vier Jahreszeiten senden gewaltige Kraftströme unterschiedlicher Art und Farbe aus. Der Frühling bringt ein zartes Grün, das Anfang Sommer in einen dunklen Farbton übergeht. Der Herbst leuchtet in einer satten Aprikosenfarbe, die sich gegen Ende orange färbt. Um die Zeit des Erntedankfestes beginnt der Winter mit einem rosa und blauen Leuchten, dessen Intensität sich bis Weihnachten verstärkt und einen Hauch von Purpur und Türkis annimmt. Dann verblasst die Farbe allmählich. Der Winter zeigt sich in einem Weiß, durchzogen von einem reinen Blau und einem Türkis. Die Farben der kosmischen Energiestrahlen, die diesen Planeten berühren, sind nicht in unserem Farbspektrum enthalten.

Der Rhythmus der Tierkreiszeichen

Der Ursprung der Astrologie liegt bei den Chaldäern. Die chinesische, römische und ägyptische Kultur befasste sich ebenfalls mit dieser Lehre. Die jüdischen und islamischen Weisen erstellten individuelle Horoskope, um das Lebensmuster einer Person herauszuarbeiten. Die Astrologie besitzt bereits seit Jahrtausenden ihren Stellenwert im Glauben der Menschheit. Sie kann Aufschluss geben über uns selbst, unsere Familie und unsere Freunde.

Die Jakobsleiter der Evolution umfasst zahlreiche Stufen, von denen jede einzelne ihre eigenen Einblicke gewährt. Der Haupt- und Nebenstrahl, die Geburtszahl und die Namenszahl werfen Licht auf unsere inneren Ziele, die wir anstreben. Das Tierkreiszeichen erhellt unsere karmische Disposition. Es gibt viele Strömungen, die uns erkennen lassen, wo wir im gegenwärtigen Zeitpunkt unserer Entwicklung stehen.

Das Sonnenzeichen, unter dem wir geboren wurden, strahlt eine gewaltige archetypische Kraft aus, auf die einige unserer Eigenschaften zurückzuführen sind. Es deutet auf die Gesamtpersönlichkeit, weniger auf die Individualität des höheren Selbst hin. Unsere Seele wird nicht von dem Einfluss seiner Konstellation berührt. Wir werden unter demjenigen Zeichen geboren, das wir benötigen, um bestimmte Eigenschaften zu entwickeln, die erforderlich sind, unser jeweiliges Lebensziel zu erreichen. Wir durchlaufen die einzelnen Zeichen nicht in ihrer gegebenen Reihenfolge. Gegebenenfalls unterliegen wir ihm mehrere Leben, bis wir den erforderlichen Fortschritt geschafft haben. Der durch die Geburtsstunde bestimmte Aszendent ist maßgeblich an der Formung unserer Persönlichkeit beteiligt.

Im Laufe eines Jahres unterstehen wir alle dem Einfluss der zwölf Sonnenzeichen. Jedes von ihnen besitzt einen höheren und einen niedrigen Aspekt. Sie zu kennen, ermöglicht es uns, in Einklang mit der höheren Oktave zu schwingen und die niedrigen Frequenzen unseres eigenen Zeichens zu überwinden. Die vollständige Entwicklung der Menschheit erfordert eine Differenzierung der einzelnen Tierkreiszeichen.

Es gibt zwölf Sonnenzeichen. Jakob hatte zwölf Söhne. Zwölf Jünger folgten unserem Herrn. Die Zahl *Zwölf* bedeutet Vollendung. Die Sonnenzeichen unterteilen sich in drei Gruppen: kardinal, fest und beweglich. Widder, Krebs, Waage und Steinbock fallen unter die erste, Stier, Löwe, Skorpion und Wassermann unter die zweite und Zwillinge, Jungfrau, Schütze und Fische unter die dritte Gruppe.

Widder

Widder, das erste Tierkreiszeichen, übt seinen Einfluss vom 21. März bis zum 20. April aus. Bisweilen müssen wir uns unter einem Zeichen wie dem des Widders inkarnieren, um Furchtlosigkeit, Tapferkeit und Wagemut zu lernen. Die erste Herausforderung des Herkules bestand darin, sich widersprechende Instinkte zu überwinden. Sein Initiator beauftragte ihn, die Menschen fressenden Pferde des Diomedes einzufangen, was zunächst nicht vollständig gelang. Impulsives, irregeleitetes Vorgehen führt niemals zum endgültigen Sieg.

Widder-Geborene sind energisch und entschlossen. Sie können sich in sich selbst vertiefen und resolut vorgehen, wenn es sich um ihre eigenen Belange handelt. Andererseits verfolgen sie ihre Ziele mit ungeheurem Eifer und großer Selbstaufgabe. Sie sind furchtlos und geradeheraus. Täuschungsmanöver sind ihnen fremd. Die Leidenschaften der niedrigen Natur, wie Eigenwille, Impulsivität, Verwegenheit, Unbesonnenheit und Begierde, vermag nur eine fortgeschrittene Seele zu überwinden. Diese oft feurigen Individuen sind leicht irritiert und erregt. Einige legen eine geradezu kindliche Verantwortungslosigkeit an den Tag und halten niemals Wort. Arturo Toscanini war ein klassischer Widder-Typ.

Widder-Menschen sollten sich immer wieder vor Augen führen, dass nichts so wichtig ist, um ihren Überschwang zu rechtfertigen. Sie müssen ihr inneres Gleichgewicht finden. Der Extremismus und die Dominanz dieses Zeichens bedürfen der ständigen Kontrolle und Umwandlung. Thomas Jefferson gehörte zu den höher entwickelten Widder-Typen, die kreativ und selbstbeherrscht sind. Es zeichnen sie Vorsicht, Rücksichtnahme und Geduld, klare Gedankengänge, Weisheit und geistiges Durchhaltevermögen aus. Der Widder wird vom Mars regiert, und die unter diesem Zeichen geborenen Menschen sind von einem starken Pioniergeist und dem Wunsch erfüllt, zu handeln, zu dienen und zu führen.

Stier

Das zweite Tierkreiszeichen, der **Stier**, übt seinen Einfluss vom 21. April bis 20. Mai aus. In einigen Fällen wird der Mensch aufgrund seiner Natur unter dieses Zeichen gezogen. Höher entwickelte Seelen bedürfen der bodenständigen, festigenden Erd-Energie. Der Stier besitzt eine starke Verarbeitungskraft, die sich bei dem fortgeschrittenen Stier-Typus auf die geistige Ebene übertragen lässt. Stier-Menschen sind kontaktfreudig, liebevoll und loyal, freundlich, arbeitsam und künstlerisch veranlagt. Sie sind Familienmenschen und gute Eltern. Sie können sehr willensstark sein. Sind sie bedrückt, sollten sie singen, um ihre von Gott gesegnete Kehle zu befreien und ihre Aura zu harmonisieren.

Der unentwickelte Stier-Typ neigt zur Sinnenhaftigkeit. Er liebt den Komfort und Luxus und gibt sich dem Genuss und der Trägheit hin. Diese Menschen können starrsinnig, aufgebracht und geldgierig sein. Für einige ist das Gefühl der Sicherheit von außerordentlicher Bedeutung, das im Laufe ihrer Entwicklung durch Gottvertrauen ersetzt werden muss. Selbstaufgabe besitzt eine wesentliche Schlüsselfunktion. Der höher entwickelte Stier-Geborene ist selbstlos und geduldig und erfreut sich an allem, das Würde und Harmonie ausstrahlt, sowie an verdientem Erfolg. Zu diesen Individuen gehörten Shakespeare, Königin Viktoria und Florence Nightingale.

Zwillinge

Das dritte Tierkreiszeichen, **Zwillinge**, währt vom 21. Mai bis zum 21. Juni. Dieses Luftzeichen verleiht dem unter ihm geborenen Individuum einen mentalen Impuls, was sich in einem klugen Verstand niederschlägt. Diese Menschen besitzen unterschiedliche Interessen, handwerkliches Geschick und einen aktiven Idealismus. Sie haben einen natürlichen Sinn für Humor, reisen gerne, sind herzlich und mitteilsam. Sie sollten sich zum Ausdruck bringen können, sei es verbal oder in einer Führungsrolle. Oft werden sie von Minderwertigkeitsgefühlen gequält. Sie müssen ihren Wert erkennen und einen gesunden Selbstrespekt entwickeln.

Dieses Zeichen ist auf Dualität angelegt. Junge Seelen neigen zur Unbeständigkeit, Launenhaftigkeit, Leichtgläubigkeit und List. Ihre Ruhelosigkeit erschwert ihr Konzentrationsvermögen, da sie nicht bei einer Sache verweilen können. Anderen gegenüber sind sie oft sehr kritisch und voller Tatendrang. Der fortgeschrittene Zwillings-Typ ist peinlich genau, anpassungsfähig und selbstlos. Harriet Beecher Stowe, deren Schriften im Bürgerkrieg eine entscheidende Stimme besaßen, sei als Beispiel genannt.

Krebs

Das vierte Tierkreiszeichen, **Krebs**, übt seinen Einfluss vom 22. Juni bis 22. Juli aus. Die unter diesem Zeichen geborenen Personen sind in der Regel äußerst sensitiv, begabt, beharrlich und loyal. Obwohl sie sanft und freundlich erscheinen mögen, besitzen sie eine große Stärke. Es handelt sich um ein Wasser-Zeichen, das die Gefühle regiert. Wasser wirkt lösend, aber es bedarf einiger Zeit, was für dieses Zeichen typisch ist. Von Natur aus opferbereit, halten sie sich oft bewusst bescheiden im Hintergrund. Sie sind einfühlsam und fürsorglich und Freunden gegenüber voller Zuneigung und manchmal sogar überschwänglich.

Sie scheinen Leid anzuziehen, was ihre Fähigkeit stärkt, Frustration, Traurigkeit oder Krankheit zu ertragen. In den niederen Krebs-Typen fördert dies eher die Veranlagung zum Martyrium. Sie müssen darauf achten, die negativen Aspekte dieses Zeichens, die sie zu peinlicher Genauigkeit, Verdrossenheit und besitzergreifender Fürsorge verleiten, umzuwandeln. Sie neigen dazu, sich allzu stark um ihre Lieben zu sorgen. Eltern fällt es schwer, Nein zu sagen. Der Krebs-Geborene muss seine Emotionen beherrschen und nicht zulassen, dass ihn Angst, Sorge und Unruhe von der spirituellen Verwirklichung ablenken.

Der höher entwickelte Krebs-Typ kann intuitiv, prophetisch und visionär sein. Er besitzt die einzigartige Fähigkeit, die Evolutionsleiter in mutigen Glaubenssprüngen mit einer Selbstaufopferung zu erklimmen, die auf andere inspirierend wirkt. William Blake, Henry Thoreau, Hermann Hesse, Helen Keller und Anne Morrow Lindbergh sind einige Beispiele der Krebs-Geborenen.

Löwe

Die Sonne selbst regiert das fünfte Zeichen des Tierkreises, den **Löwen,** vom 23. Juli bis 23. August. Die unter ihm geborenen Individuen besitzen eine ungeheure Vitalität und einen gewissen Adel, was ihnen ein starkes Selbstwertgefühl verleiht. Sie treten gewöhnlich entschlossen auf, wissen, was sie wollen und bemühen sich darum, es zu erreichen. Sie sind selbstbewusst, stark, großzügig, warmherzig und liebevoll und übernehmen gerne die Führungsrolle. Sie lieben die kultivierten und vornehmen Seiten des Lebens. Sie sind selten objektiv. Ihr Auftreten ist emotional gefärbt und mit einem Hang zum Drama. Der fortgeschrittene Löwe-Typ besitzt die Fähigkeit, sich einer Sache vollständig hinzugeben, da der Einfluss des Sonnenzeichens ihn Verantwortung übernehmen lässt. Seine Kreativität äußert sich vielseitig. Er kann ausgesprochen couragiert und wagemutig auftreten, ist freundlich und selbstlos und strahlt eine mitreißende und erhebende Freude aus.

Alle diese Menschen sollten eine größere Bescheidenheit und Flexibilität anstreben, sich mit dem zweiten Platz zufriedengeben und nicht immer im Rampenlicht stehen wollen. Der unentwickelte Löwe-Typ bemüht sich um Anerkennung, Führerschaft und Prestige. Er kann egoistisch und herrschsüchtig sein. Diese Menschen lieben es zu dramatisieren und lehnen jede Autorität ab. Ihr Sinn für Wettstreit und Rivalität macht sie unbeliebt. Wenn ein solcher Mensch sein Machtstreben und das Verlangen nach Erfüllung seiner Wünsche entsprechend vergeistigt, wird sich eine Zufriedenheit einstellen, die es wert ist. Löwe-Geborene, die das spirituelle Licht erkennen, beschreiten den geistigen Pfad mit erstaunlicher Leichtigkeit. Beispiele für dieses Zeichen sind: Napoleon, H. P. Blavatsky, Mussolini, C. G. Jung und Henry Ford, der zu den fortgeschrittenen Individuen gehörte.

Jungfrau

Die **Jungfrau**, das sechste Zeichen des Tierkreises – vom 24. August bis 22. September – entzieht sich weitgehend dem Verständnis. Einige Experten scheinen zu glauben, dass es vom Vulkan, einem Planeten nahe der Sonne, regiert wird. Die unter ihm Geborenen sind gewöhnlich unerschütterlich, loyal, ehrlich, beliebt und von einer außergewöhnlichen Integrität. Sie geben sich eher unpersönlich und binden sich selten. Die Familie steht für sie an erster Stelle, aber außerhalb dieser engen Beziehung betrachten sie den anderen Menschen mit einer gewissen Zurückhaltung und Kritik. Sie sind praktisch veranlagt, äußerst genau, intelligent, obwohl bisweilen engstirnig. Sie lieben das Detail. Dieses Zeichen wirkt auf den Mentalbereich ein, was die unter ihm geborenen Individuen unaufhörlich zu Fragen anregt. Von ihren Mitmenschen wollen sie stets mehr erfahren, als sie von sich selbst preisgeben. Sie bemühen sich, für sie Unangenehmes und Störendes zu umgehen. Sie sind weniger kreativ als konstruktiv, ordentlich, effizient und geben hervorragende Planer und Designer ab.

Der Jungfrau-Typ sollte seinen Horizont durch Lesen und Reisen erweitern und sich darum bemühen, alle seine Mitmenschen zu lieben, nicht nur seine engsten Verwandten. Sie müssen ihre Gedanken und ihre Gefühle von der Sorge um ihre eigenen Angelegenheiten befreien. Aufgrund ihres Stolzes fällt es jüngeren Seelen schwer, ihre Fehler einzugestehen. Ihre analytische und kritische Veranlagung führt zu Prüfungen, die auf mentaler, emotionaler oder physischer Ebene Leid für die Betroffenen mit sich bringt. Mangelnde Wertschätzung und Ausdrucksfähigkeit sind für den nicht fortgeschrittenen Jungfrau-Menschen ebenfalls typisch. Wird Gott zum Mittelpunkt ihres Lebens, ändern sich ihre Motive, was ihr Wachstum in erstaunlicher Weise fördert. Die positiven Seiten dieses Zeichens sind: Stille Würde, Fleiß, Verlässlichkeit, Aufrichtigkeit und hohe Ideale. H. G. Wells, Leo Tolstoi und Goethe sind einige Beispiele für dieses Zeichen.

Waage

Die **Waage**, das siebte Tierkreiszeichen – vom 23. September bis 22. Oktober – wird durch die Waage symbolisiert, was darauf hindeutet, dass der unter ihrem Einfluss stehende Mensch zwischen Herz und Verstand abwägt. Seine Hauptanliegen sind Liebe und Gerechtigkeit. In seinen Augen verhält er sich fair in einer Auseinandersetzung, übersieht aber, dass er keine Entscheidung trifft und der Wirklichkeit entflieht. Seine Unschlüssigkeit und sein Wunsch, neutral zu bleiben, können äußerst anstrengend sein. Der Waage-Mensch besitzt ein sanftes, mildes Wesen. Liebe und Zuneigung bedeuten ihm viel, da dieses Sonnenzeichen von der Venus regiert wird. Ihr starkes Begehren kann in extreme Sinnlichkeit münden. Häufig zeigt sich die Tendenz, anderen gefallen zu wollen, um auf diese Weise Liebe und Anerkennung zu gewinnen. Sie verstehen es, sich in Szene zu setzten und dem Selbstmitleid hinzugeben. Sie fürchten Schmerz. Waage-Menschen müssen kritisches Urteilsvermögen, Konzentrationsfähigkeit, Entschlusskraft, Furchtlosigkeit und Mut entwickeln.

Das fortgeschrittene Waage-Individuum lebt in innerer Harmonie und dem Gleichgewicht zwischen Herz und Verstand. Gewöhnlich schätzen diese Menschen die Künste und lieben es zu singen. Aufgrund ihres persönlichen Magnetismus gelingt es ihnen, andere zu überreden, ohne dass sich diese dessen bewusst werden. Sie sind diplomatisch, taktvoll und gütig und wirken auf ihre Mitmenschen ermutigend. Mahatma Gandhi ist ein wunderbares Beispiel für diesen höher entwickelten Waage-Typ.

Skorpion

Der **Skorpion**, das achte Zeichen des Tierkreises – vom 23. Oktober bis 22. November – zeigt sich geheimnisvoll und unberechenbar. Es besitzt zwei Symbole, den Skorpion, das Spinnentier, das sticht und vergiftet, und den Adler oder Phönix. Skorpion-Geborene besitzen die Fähigkeit, sich aus den Niederungen der Sinnenlust zu hohen Bewusstseinsebenen zu erheben. Aufgrund ihrer drängenden Begierde, ihrem starken Eigenwillen und heftigen Verlangen sehen sich die meisten Skorpion-Menschen harten Prüfungen gegenüber. Nur Mut und Selbstdisziplin reißen sie aus den Abgründen und lassen sie auf Adlers Schwingen emporsteigen und die erneuernde Kraft verwirklichen.

Der Skorpion-Typ ist stark, kühn und entschlossen. Oberflächlichkeit gibt es nicht bei ihm. Er ist ein Kämpfer, der sich fortwährend auf dem Schlachtfeld der niedrigen Natur bewegt. Er neigt zur Geheimnistuerei und Launenhaftigkeit. Der starke Wille dient der jungen Seele als selbstsüchtiges, ungezähmtes Verlangen, während die fortgeschrittene Seele diesen als heilende und konstruktive Kraft einsetzt. Es zeichnen sie Durchhaltevermögen, Würde und Treue aus. Da der Skorpion mit dem Tod und den inneren Welten in Zusammenhang steht, besteht eine natürliche Verbindung zur Esoterik. Bekannte Vertreter dieses Zeichens sind Theodore Roosevelt, Jonas Salk, Billy Graham, Martin Luther und Robert Louis Stevenson.

Schütze

Das Symbol des Zeichens **Schütze** – 23. November bis 21. Dezember – ist ein Zentaur, der den Pfeil auf dem gespannten Bogen in den Himmel richtet. Intelligenz und Idealismus sind Merkmale dieses Luftzeichens. Der Schütze-Mensch ist fröhlich, herzlich, mitteilsam und wohlwollend. Sein Optimismus wirkt ansteckend. Aufgrund seiner mühsam erworbenen Verdienste in vergangenen Leben hat er sich das karmische Recht erworben, unter dieser Konstellation geboren zu werden.

Es besteht eine starke Resonanz zu den Künsten und vor allem zu den geistigen Welten. Ihr hoher Bewusstseinszustand macht sie zu guten Kontakt-Heilern. Sie besitzen einen starken Gerechtigkeitssinn, Integrität und Freundlichkeit. Die unter diesem Zeichen geborenen Personen reagieren empfindsam auf alles, was hart, hässlich, grob und unausgeglichen ist. Aus diesem Grunde müssen sie in ihrem Verlangen nach Schönheit, Heiterkeit und dem Heiligen achtgeben, sich nicht vor dem Leid ihrer Mitmenschen zu verschließen. Toleranz und Wohlwollen ermöglichen tiefe Gefühle und Bestrebungen zum Wohle anderer. Materialismus, Kritiksucht und selbstsüchtige Beweggründe sind die negativen Aspekte dieses Zeichens, die zum Tragen kommen, bis die Seele Einfluss auf die Persönlichkeit nimmt. Impulsivität, Unwillen und Ungeduld sind Schwachstellen, vor denen sich diese Personen hüten sollen. Paracelsus, Beethoven, Walt Disney und Sir Winston Churchill sind bekannte Beispiele dieses Tierkreiszeichens.

Steinbock

Der **Steinbock** – vom 22. Dezember bis 20. Januar – ist ein bedeutendes und herausragendes Zeichen. Es weist auf die Höhen und birgt in die Tiefe gehende Einwirkungsmöglichkeiten. Das Symbol dieses zehnten Zeichens des Tierkreises ist das Einhorn, jenes legendäre Geschöpf, das den Christus repräsentiert. Die niedrigen Aspekte sind Machtliebe und das Verlangen nach Leistung, Verantwortung und Anerkennung. Der Steinbock-Typ kann in einem Maße ichbezogen und zurückhaltend leben, dass es an Kälte grenzt. Er muss lernen, freundlich zu sein und auf andere zuzugehen. Erst wenn er es zulässt, dass die geistige Wahrheit ihn führt, wird ein solcher Mensch den Verlockungen der irdischen Welt widerstehen und geistige Höhen erklimmen.

Der fortgeschrittene Steinbock-Mensch wirkt als Autorität für andere. Er ist ungeheurer Selbstaufopferung fähig und stellt sich selbst zurück. Er hegt strikte Moralvorstellungen und liebt die Arbeit, der er sich uneingeschränkt hingibt. Er ist aufrichtig, zielgerichtet, verlässlich, selbstdiszipliniert und fähig. Er besitzt Willenskraft und Durchhaltevermögen, was ihm die Fähigkeit verleiht, einen Auftrag zu übernehmen. Wenn diese Menschen unter ihrem karmischen Einfluss lernen, wahre Demut und Ehrfurcht zum Ausdruck zu bringen, erkennen sie die geistige Freude und werden zu „Lichtträgern“. Benjamin Franklin und Albert Schweitzer sind Vertreter dieses Zeichens.

Wassermann

Der **Wassermann**, das elfte Zeichen des Tierkreises – vom 21. Januar bis 19. Februar – gehört zu den verheißungsvollsten. Nur wenige Wassermann-Menschen erfüllen die Erwartungen, die dieses bedeutende Zeichen birgt. Sie sollen die Neuerer sein. Ihre Ideen fordern uns heraus, die Fesseln der Angst zu sprengen. Der fortgeschrittene Wassermann-Geborene findet Zugang zur Seele und liebt die Menschheit. Er ist großzügig, liebt allumfassend, ist hilfreich und idealistisch. Seine Lebendigkeit und sein Magnetismus üben eine anziehende Wirkung aus. Er verfügt über eine bemerkenswerte Treue, Wahrheitsliebe und Beharrlichkeit.

Die weniger entwickelten Wassermänner zeigen sich ungewöhnlich neugierig und unabhängig und reagieren höchst ungeduldig auf die Unentschlossenheit anderer Menschen. Sie sind in der Lage, bis zum Äußersten zu gehen und niemals bereit sich anzupassen. Wenn Wassermann-Geborene erkennen, dass man sie schätzt und versteht und das Umfeld stimmt, entwickeln sie sich aus sich heraus. Emanuel Swedenborg, Abraham Lincoln und Thomas Edison sind Beispiele, die ihrer Zeit weit voraus waren.

Fische

Fische, das zwölfte Zeichen des Tierkreises – vom 20. Februar bis 20. März – ist das geheimnisvollste, weshalb man es auch als die „große Tiefe" bezeichnet hat. Es liegt etwas Verschwommenes, Unbestimmtes in ihm. Für den Fische-Menschen scheint die gesamte Inkarnation eine einzige *offene Schlüsselperiode* zu sein. Wenn ein unter diesem schwierigen Zeichen stehendes Individuum sein Bestes gibt, wird es in seinem nächsten Leben die Früchte ernten. Die positiven Eigenschaften dieses Zeichens sind Geduld, Sympathie, Einfühlungsvermögen, Sanftmut, Anpassungsfähigkeit und Würde. Diese Menschen sehen in allem das Gute und sprühen vor Ideen. Gewöhnlich bringen sie nur wenigen Personen tiefe Liebe entgegen, bekunden aber allen Menschen ihr mitfühlendes und verständnisvolles Interesse. Es fällt ihnen schwer, Zuneigung zu zeigen.

Der niedrige Fische-Typ ist negativ eingestellt, ängstlich und ausschweifend, während der fortgeschrittene Fische-Geborene große Opfer- und Entsagungsbereitschaft, Selbstlosigkeit, Gelassenheit und Leidensfähigkeit zeigt. Ihre Spiritualität und ihre angeborene Weisheit machen sie zu hervorragenden Lehrern. Händel, Rudolf Steiner, George Washington, Elizabeth Barrett Browning und Albert Einstein sind Vertreter des Fische-Menschen.

Astrologische Voraussagen und Horoskope sollten wir mit Zurückhaltung betrachten und den negativen Aspekten nicht allzu große Bedeutung beimessen. Dies könnte zu einer Einschränkung unserer Lebenseinstellung führen und Furcht und Frustration erzeugen. Vernünftiger wäre es, sich den Ausspruch zu Herzen zu nehmen: „Die Sterne treiben voran, aber sie zwingen nicht!" Um ein normales, geistig ausgewogenes Leben zu führen, konzentrieren wir uns auf die positiven Realitäten und Möglichkeiten. Die Energie unserer Liebe und das Vertrauen in diese Ideale werden sie in uns verwirklichen.

18
Die Sprache der Symbole

Seit Anbeginn der Menschheit haben sich große Lehrer, Avatare und hohe Eingeweihte inkarniert, um den Fortschritt der Zivilisation zu fördern. Sie bedienten sich der Parabeln, Mythen, Legenden und Mysterien, da nicht alle Menschen ihre Lehren aufzunehmen vermochten. Die Fortgeschrittenen unter ihnen begriffen diese Sprache, die den Unwissenden bedeutungslos erschien. Auf Felsen, in Höhlen und in uralten Schriften finden wir diese unauslöschliche Symbolkraft. Die Wahrheit offenbart sich uns in den Symbolen, die wir heute sehen und deren tiefere Bedeutung wir mit zunehmender Erleuchtung erkennen werden.

In den meisten Fällen wird uns die Offenbarung in Form von Gleichnissen und Sinnbildern zuteil. Gott spricht zu uns in seiner erhabenen Symbolik.

Der *Baum des Lebens*, den wir in allen heiligen Schriften finden, bezieht sich auf den Menschen, auf seine Wirbelsäule mit den sich verzweigenden Chakras. Damit der Lebenssaft, das göttliche Feuer der *Kundalini*, unsere Wirbelsäule durchströmt und die höheren Chakras öffnet, müssen wir rein, ehrfürchtig und bewusst leben. Die Entfaltung aller Chakras bedeutet, dass unser Lebensbaum stark und gesund ist.

Im Christentum sowie in verschiedenen anderen Weltreligionen verwendete man den Ausdruck *Feuermeer*. Die Fundamentalisten übergingen diesen Begriff, um zu vermeiden, dass er mit dem sogenannten *Fegefeuer* in Zusammenhang gebracht wurde. Aus esoterischer Sicht weist er auf die läuternden karmischen Feuer hin, die Falschheit und Schlacken in uns verbrennen. Lügen oder begangenes Unrecht spiegeln sich in unserer Aura wider, bis wir sie korrigiert haben. Wir können die Flammen der Läuterung entfachen, indem wir Gott um Vergebung bitten und unser Unrecht berichtigen.

Der *Garten Eden*, ein Begriff aus der christlichen Mysterienlehre, bezieht sich auf unsere erste Entwicklungsphase. Außerdem symbolisiert er die siebte Menschheitswoge, das Goldene Zeitalter, das diesen Planeten erreicht, vorausgesetzt wir bereiten uns weise darauf vor und lassen es zu einem Zeitalter der Brüderlichkeit und nicht der Zerstörung werden. Die dritte Bedeutung des Begriffs *Garten Eden* ist individueller Natur und weist auf jenen Zeitpunkt in unserer Entwicklung hin, in dem wir rein, stark und vollkommen sind.

Ein *fünfzackiger Stern* bezieht sich auf den Schutzengel, der stets von blauer Farbe umgeben ist. Sehen wir in der Meditation oder im Traum ein Licht in Form eines Sterns aufblitzen, bedeutet dies eine gedankliche Anweisung oder eine Erkenntnis, die eine hoch entwickelte Intelligenz absichtlich in unsere Aura senkte. Eine *Kerze* symbolisiert einen geringeren Erleuchtungsgrad als ein Stern.

Das *Siegel Salomons* steht als Symbol für die Wahrheit: „Und wenn die beiden eins sein werden.“ Die goldenen Dreiecke versinnbildlichen unsere höheren Körper. Das blaue Dreieck steht für den physischen Körper, für die Gefühle und den Verstand, die zu Gott streben. Im Laufe unserer Entwicklung bemühen sich die Seele, der Adonai und der uns innewohnende Gottesfunken bewusst darum, uns einzuhüllen und zu lenken. In dem Augenblick, in dem diese beiden Dreiecke ein einziges Dreieck bilden, das einem Stern gleicht, bedeutet dies, dass der höchste Aspekt in uns und unsere äußere Dimension miteinander verschmolzen sind. Aus den beiden Dreiecken wurde ein *sechsstrahliger Stern*, ein Symbol der Ganzheit.

Das Symbol der Monade, des innewohnenden Gottesfunken, ist der *siebenstrahlige Stern*. Sich auf diesen hell leuchtenden, unbesiegbaren Seelenfunken einzuschwingen, geschieht durch das Herz-Chakra. Wir können uns den siebenstrahligen Stern über unserem Scheitel-Chakra vorstellen, aus dem ein weißer Lichtstrahl hervorbricht, in das dritte Auge eindringt und es für die Welt Gottes öffnet, auf die wir intuitiv blicken. Wir sehen diesen Lichtstrahl aus unserem Herz-Chakra in unsere kelchförmig erhobenen Arme treten, durch die Wirbelsäule strömen und in unseren Beinen und Füßen kreisen. Die Kraft läutert unser Sein auf allen Ebenen. Erfüllt von dieser spirituellen Energie, strahlen wir die göttliche Liebe ins Universum zurück. Wir bitten, dass die ganze Welt für dieses Licht erwache und Frieden und Freiheit finden möge.

Ein weiteres Symbol für den inneren Gottesfunken ist die *Flamme*. Es heißt, die Flamme des Göttlichen Geistes gleiche in ihrer Reinheit und Vollkommenheit einem funkelnden Diamanten, strahle aber wie ein Stern.

Das *Einhorn* besitzt eine große symbolische Bedeutung. Für das Tierreich repräsentiert es den Christus. In den Mysterienschulen stand es für einen Avatar. In der Mystik befreit es vom Gift des Bösen. Die Kraft des Einhorns weist die Menschheit auf den Aspekt ihrer Vergeistigung hin. Dieses Geschöpf symbolisiert Entwicklung, Christus-Dienst und Christus-Schutz.

Gott schenkt uns Symbole der Wahrheit und geistigen Erfahrung, um umfassendere Erkenntnisse zu vermitteln, als es unsere begrenzte Denkweise vermag.

Der *heilige Gral* versinnbildlicht das spirituelle Leben Christi, die Lebensessenz, die von jenen auf innerer Ebene in die Welt hinausgetragen wird, die wahrhaftig mit Ihm verbunden sind.

Das *Ei* findet vorwiegend an Ostern als Symbol seine Verwendung, um auf den Menschen hinzuweisen, der die Schale, die seine niedere Natur umschließt, aufbrechen muss, um der Lebensessenz Raum zu geben und sich in der Welt zu offenbaren.

Gold steht für Meisterschaft. Wurde in einem Gemälde Gold verwendet, das den Kopf, die Kehle, die Hände oder Füße umgibt, symbolisiert es eine Phase der Selbstüberwindung im Leben eines Individuums. Die *Hände* verweisen auf seine Großzügigkeit und die *Füße* auf die Entfaltung von Weisheit.

Die *Bourbonen-Lilie* bezieht sich auf die inneren Ebenen. Sie symbolisiert Stärke und das Verwurzeltsein im Licht.

In den esoterischen Lehren symbolisierte der *Regenbogen* stets den göttlichen Segen, der sich wie eine Brücke durch alle Existenzebenen bis in die äußerste Dimension ergießt. Die *flammende Sonne* steht für den Einweihungsgrad eines vollkommenen

Meisters. Denken wir an diese Symbole, tragen wir zu unserem eigenen Seelenfeuer und unserer Läuterung bei.

Die Symbolik der Bibel

Die Bibel gleicht einer wertvollen, nur oberflächlich erschlossenen Goldmine. Kostbare Juwelen wurden ihr bereits entnommen, aber in ihren Tiefen schlummert ein ungekannter Reichtum. In diesem heiligen Buch findet der geistig Suchende Unterweisung, Inspiration und Führung.

Die Symbolik dieser Schriften verschlüsselt die inneren Wahrheiten. *Das sind die, welche aus der großen Trübsal kommen und ihre Kleider gewaschen und weiß gemacht haben im Blut des Lammes* (Off. 7,14). Wörtlich genommen, wirken diese Zeilen abstoßend. Aus esoterischer Sicht enthalten sie folgende Bedeutung: *Die, welche aus der großen Trübsal kommen* – diejenigen, die sich entwickelt haben; *ihre Kleider gewaschen* – *Kleider* bedeutet Leben oder Körper und *gewaschen*, denen der Weg gezeigt wurde. *Blut* steht für Lebensstrom und *Lamm* bezeichnet einen Avatar. Die Körper derjenigen, die auf unzählige Erfahrungen zurückblicken, wurden im Feuer des Evolutionsprozesses geläutert, damit das geistige Licht durch sie hindurchleuchte. Der Lebensstrom des göttlichen Boten, dem wir folgen, wies ihnen den Weg.

Ziehe die Schuhe von deinen Füßen; denn die Stätte, worauf du stehst, ist heiliges Land (2. Moses 3,5 und Apg. 7,33). *Schuhe* bedecken, und *Fuß* steht für geistiges Verständnis. Entferne die Schuhe – entledige dich deiner persönlichen Vorstellung von der Wahrheit oder ihrer Auslegung und erhebe dich zu neuen Erkenntnishöhen.

Im 23. Psalm heißt es: *Der Herr ist mein Hirte* – Eine Betätigung unseres inneren Selbst. *Mir wird nichts mangeln* – Die Stürme der Seelenprüfung werden die Festung der Selbstdisziplin nicht erschüttern. Unter der Obhut Christi wird es uns an nichts fehlen. *Auf grünen Auen lässt er mich lagern* – In den fieberhaften Momenten geistigen Erfassens gebietet Er, mental, emotional und physisch Abstand zu wahren. *Zur Ruhestatt am Wasser führt er mich* – Es bedarf der stillen geistigen Reflexion, bevor man sich erneut den aufreibenden Kräften der äußeren Welt stellt. *Er stillt mein Verlangen* – Der Christus erneuert und ermächtigt das spirituelle Selbst, wenn wir aufrichtig darum bitten. *Er leitet mich auf rechtem Pfade um seines Namens willen* – Der Christus inspiriert uns zu rechtem Handeln und zur geistigen Entfaltung nach dem Vorbild des Kosmischen Christus.

Und ob ich schon wanderte im finstern Tal, ich fürchte kein Unglück, denn du bist bei mir – Die Todesangst ist gewöhnlich die letzte Furcht, die es zu überwinden gilt. Wir müssen die Nähe Gottes finden, die uns einhüllt, wo immer wir sind. *Dein Stecken und Stab, der tröstet mich* – Der in den religiösen Schriften verwendete Begriff *Stab* verweist auf die von Gott gegebene Autorität. Der Stab Christi ist Seine Macht, die Ihm der Vater verlieh und mittels derer Er in Menschen und Situationen neue Gotteskräfte einfließen lässt, um sie zu wandeln und zu erheben. Der *Stecken* bedeutet, von der Lehre Christi geführt zu werden. *Du deckst mir den Tisch im Angesicht meiner Feinde* – Diese Aussage besagt zweierlei. Selbst in Anwesenheit jener, die sich als Widersacher betrachten, liegt Segen auf uns. Zweitens, da der Tisch inmitten jener bereitet ist, die uns verachten, sollten wir die Gaben Gottes in Frieden mit ihnen teilen.

Du salbst mein Haupt mit Öl – ist eine Weihehandlung. Es bedarf der Vorbereitung, um Seinen Segen empfangen zu können. *Und schenkst mir den Becher voll ein* – verweist auf die zahlreichen Segnungen, die uns fortwährend zuteil werden, so dass wir sprechen können: *Lauter Glück und Gnade werden mir folgen all meine Tage, und ich werde in des Herrn Hause weilen mein Leben lang.*

Symbole der Natur

Die Natur bietet uns verblüffende Analogien, die eindeutig auf den geistigen Aspekt hinweisen, wenn wir sie in dieser Weise betrachten. Vieles, was in der Natur geschieht, lässt sich auf unsere eigenen Erfahrungen übertragen. Der Morgenstern am hohen Himmel verweist auf den Christus. Wir sprechen davon, unserem Stern zu folgen, und meinen damit, unsere Ideale, unsere höheren Ziele anzustreben. Der Morgen versinnbildlicht die heraufdämmernde Erleuchtung. Er erinnert daran, dass wir symbolisch alle vierundzwanzig Stunden eine neue Inkarnation beginnen. Der Abend steht für Meisterschaft, die Erlangung ihrer höchsten Kräfte.

In der Natur finden sich viele Symbole, die uns lenken und unterweisen. Ehrfurchtsvoll stimmen wir uns auf Gott ein, befreien uns von unseren materiell ausgerichteten Gedanken und klären unser Bewusstsein. In dieser Weise öffnen wir uns für die Natur und ihre universellen Unterweisungen. Mitunter begegnet uns etwas, dessen Bedeutung wir nicht erkennen können, und es bedarf unserer Intuition, während in anderen Fällen die symbolische Bedeutung auf der Hand liegt.

Vielleicht zieht ein Stein oder ein Rindenstück unsere Aufmerksamkeit auf sich, ohne dass wir auf unserem Weg danach gesucht haben. Man sollte darauf achten, wo man den Gegenstand findet. Eine *vertikal* verlaufende Linie in einem Blatt oder einem Holzstück bedeutet Ausrichtung. Eine *horizontale* Linie besagt, dass wir einen bestimmten Punkt erreichten, ohne eine fortwährende Verbindung zu unserem Gottes-Selbst geschaffen zu haben. Ein *dreieckiger* Stein mit der von uns abgewendeten Spitze bedeutet geistiges Streben. Zeigt die Spitze eines dreieckigen Gegenstandes auf die Person, bedeutet dies göttliche Inspiration.

Ein *Kreis* symbolisiert Vollständigkeit. Ein *ovaler* Stein könnte ein Ei bedeuten, aus dem alle Dinge entstehen. Die Natur mag in graphischer Weise darauf hindeuten, dass eine Phase abgeschlossen ist und eine neue beginnt. Ein Stück Holz oder Baumrinde mit einem *Loch* versinnbildlicht das *dritte Auge*, das sich zu entfalten beginnt. Eine Form, die an *Flügel* erinnert, bezieht sich auf zeitlich bedingten Fortschritt. Wichtig ist der symbolische Aspekt eines Gegenstandes, den wir finden und für dessen Deutung das höhere Selbst den Schlüssel liefert. Im Moment der Erkenntnis durchläuft uns ein weißer Feuerstrahl.

Eine *Feder* bezieht sich auf Macht. Form und Farbe sind dabei ausschlaggebend. Ein *Stein* könnte einen Altar oder in der Vergangenheit gewonnene Stärke und Stabilität versinnbildlichen, was von seiner Form abhängt.

Traumsymbolik

Die verdichteten Eindrücke, die wir im Schlaf aufnehmen, prägen sich unserem Verstand fotographisch ein. Aufgrund der begrenzten Möglichkeit des menschlichen Gehirns, höhere Wirklichkeiten zu übermitteln, überträgt ein universeller Symbolkodex eine vereinfachte Version der inneren Unterweisungen. Um ihn entschlüsseln zu können, bedarf es einiger Kenntnisse.

Wasser deutet auf unsere Gefühlswelt hin. Emotionen müssen beherrscht und konstruktiv gelenkt werden. Gefühle und Wünsche können von hoher oder niedriger Natur sein. Von Wasser zu träumen, bezieht sich auf den Bewusstseinszustand des Träumenden. Stilles Wasser versinnbildlicht ein heiteres Gemüt. Ist es aufgewühlt, weist es auf Erregung und Sorge hin. Die jeweilige Farbe trägt zur Analyse bei. Handelt es sich um blaues Wasser, verweist dies auf einen harmonischen Geist. Grün bedeutet Fortschritt und schmutziges Wasser Täuschung oder Schwierigkeiten.

Das Wissen um die Bedeutung der einzelnen Farben erleichtert es uns, das Geschaute zu verstehen. *Gold* symbolisiert Meisterschaft; *Weiß* – Reinheit, Unpersönlichkeit oder Integrität; *Blau* – Hingabe oder Heilkraft; *Hellgrün* – Mitgefühl; *Grün* – Wohlstand; *Orchidee* – Weihe; *Gelb* – Weisheit; *Braun* – Selbstsucht; *Grau* – Selbstmitleid; *Orange* – Mut; *Rot* – Gesundheit oder Leidenschaft; *Schwarz* Hass oder Trauer.

Erst wenn wir die Symbolsprache deuten können, sind wir in der Lage, die Botschaften, die uns übermittelt werden, zu verstehen. Träumen wir zu *fliegen*, steht gewöhnlich der Wunsch dahinter, Einschränkungen und Pflichten zu entfliehen. *Stufen, sich aufwärts windende Straßen* oder *Gebirgspfade hinaufzuklettern*, lässt auf inneres Wachstum oder umfassenderes Verständnis schließen. Höhlen beziehen sich gewöhnlich auf eine Initiation. Ein *Ring* oder *Kreis* versinnbildlicht Ganzheit, und ein *flammendes Ei* symbolisiert zukünftiges Wachstum. Träumen wir von einem *Kreuz*, sollten wir auf seine Farbe achten. Ein dunkelgraues oder schwarzes Kreuz weist auf eine bevorstehende Belastung oder Prüfung hin. Ein weißes Kreuz bedeutet Sieg oder zur Ruhe zu kommen.

Entscheidende Ereignisse, wie Geburt und Tod, enthalten umfassendere Bedeutungen. Man achte auf folgende Symbole:

Berge	Selbstüberwindung oder die Bemühung, sich zu bessern
Wüsten	Passivität, mangelnde Energie
Grüne Blätter	Wohlstand
Fallende Blätter	Herbst oder schwindende Vitalität
Blühende Bäume	Erneuerung
Kahle Bäume	Ein statischer Zustand
Blumenvielfalt	Zahlreiche Möglichkeiten
Weißes Pferd	Zunehmende innere Stärke
Dunkles Pferd	Körpersinne
Fliehendes Pferd	Unkontrollierte Gefühle
Feuer	Individuelle oder kollektive Läuterung
Ein Zuhause	Persönliches Glück
Verkehrsmittel	Veränderungen
Löwe	Stärke

Blauer Vogel	Segnungen und Freuden
Katze	Ein anspruchsvoller oder unpersönlicher Freund
Hund	Ein treuer Freund
Schlangen	Die niedere Natur
Kirche	Hingabe
Brunnen	Erneuerung
Weiße Tauben	Gute Nachrichten
Rosen	Liebe seitens anderer
Edelsteine	Selbstüberwindung
Brief	Neuigkeiten
Hochzeit	Gelübde
Brennende Lampe	Vertrauen
Kopfloser Mensch	Mangel an geistigem Bewusstsein
Geldbörse	Alles, was man schätzt

Viele Symbole erklären sich von selbst. *Eine von innen aufgehende Tür* weist darauf hin, dass der geistige Aspekt den bewussten Aspekt des Verstandes unterweist. *Licht* oder *Feuer* stehen für geistige Inbrunst. Der *Stern* oder die *Mondsichel* symbolisieren das Weibliche und gewaltige *Felsbrocken* Hindernisse auf unserem Weg.

Graphische Symbole, die sich in psychologischen und spirituellen Träumen finden, sind Ausdruck innerer Bewusstseinszustände. Alle Traumdeutungen dienen dazu, den tieferen Sinn zu erfassen. Wir sollten dankbar sein, dass uns unsere Träume unterweisen und uns lehren, in welcher Weise wir unser inneres Leben verbessern können. Sie geben auch Aufschluss darüber, wie gewissenhaft wir arbeiten und ob wir anderen Menschen mit Einfühlungsvermögen und Liebe gegenübertreten.

Mandalas

Wir alle sind auf der geistigen Suche und begrüßen jeden Hinweis aus einer höheren oder äußeren Ebene, den Gott uns zuteil werden lässt. Es sind vor allen Dingen jene Wahrheiten, die unsere Seele uns durch die Kunst, die Metaphorik und den Idealismus offenbart. Wegweiser, die uns mehr über die inneren Werte des ewigen Lebens lehren.

In der Antike betrachtete man Mandalas als Talismane, da man ihnen spirituelle Kraft zuschrieb. Man benutzte sie, um das Böse abzuwehren. Die frühen Eingeweihten bedienten sich ihrer in einer zeremoniellen Art, so dass die Bildersprache des innewohnenden Gottesfunken sich in einer symmetrischen, rhythmischen und mathematischen Weise darstellte. Heute mag das Mandala mit einer Nachricht von unserem Seelenfunken an unseren bewussten Verstand verglichen werden, die wir lesen, anerkennen und in unserem Leben Gestalt annehmen lassen. Sie kann als Muster für eine fruchtbare Meditation dienen.

Hast du jemals darüber nachgedacht, was dein höheres Selbst dir zu sagen versucht? Wortimpressionen aus dieser höheren Ebene werden am besten in der Symbolsprache aufgenommen. Um sie zu entschlüsseln, versetze man sich in einen stillen, meditativen Zustand. Nach einem Gebet zu Gott bitte man in Christi Namen um Unterweisung für den Alltag. Schalte deinen Intellekt aus und lasse deine intuitive Seite sprechen. In dieser Weise wirst du dein Mandala für diese Inkarnation entdecken. Seine Symbole müssen deiner höheren Bewusstseinsebene entspringen.

Es bedarf keiner künstlerischen Fähigkeiten, um ihren geistigen Wert zu begreifen. Bei unseren Träumen und Visionen handelt es sich lediglich um Hinweise auf die Archetypen, die uns beherrschen und unsere Individualität prägen. Das Zentrum des Mandalas besitzt die größte Bedeutung. Es steht für das Wirken des Selbst. Alle anderen Aspekte sollten sich allmählich um diese Mitte anordnen und entfalten.

In den meisten Fällen erweist sich unsere Sprache als unzulänglich, um die Kraft, die von dem Mandala ausgeht, mit Worten auszudrücken. Es kann zur Stärkung des Idealismus und der göttlichen Eingebungen genutzt werden. Während der Meditation sollten wir über die Symbole in unserem Mandala nachsinnen. Wir alle bedürfen der göttlichen Symbolik und sollten diese Sprache Gottes, die oft jenseits von Worten liegt, dankbar mit unserem bewussten Geist aufnehmen.

Die Symbolik dient einem universellen Zweck und ist unvergänglich. Auch ohne die Sprache des anderen Menschen zu kennen, sind wir in der Lage, uns in Sinnbildern zu verständigen. Sie werden die Zeit überdauern, da sie von Wahrheiten sprechen, die zu unserem täglichen Umgang gehören, wenn wir uns für die göttlichen Symbole und ihre Bedeutung öffnen.

FLOWER A. NEWHOUSE

Christus-Bewusstsein und der Weg in die Stille
Flower A. Newhouse
(ISBN 978-3-89427-364-4)

Erstmals liegen mit diesem Buch auch die zahlreichen bisher unveröffentlichten Schriften und Vorträge der großen amerikanischen Mystikerin über das Geheimnis des „Christus-Bewusstseins" vor. Nur wenige große Eingeweihte des 20. Jahrhunderts sind dem Geheimnis des Jesus von Nazareth und dem sich in ihm offenbarenden Christus-Bewusstsein so nahe gekommen wie Flower A. Newhouse. Das Buch stellt eine Perle der mystischen Literatur dar und führt den ernsthaft suchenden Menschen in das Herz des Christus-Mysteriums. Eines der tiefsten Werke der christlichen Mystik. Ein kostbarer Seelenführer auf dem Weg in die Stille!

Das Weihnachtsmysterium
Flower A. Newhouse
(ISBN 978-3-922936-02-2)

Eine wunderbare Darstellung der Durchdringung von geistiger und materieller Welt während der Weihnachtszeit. Nach der Lektüre dieses Buches werden Sie das Weihnachtsfest mit neuer geistiger Tiefe erleben.

Das Christuslicht
Flower A. Newhouse
(ISBN 978-3-922936-21-3)

Ausgehend vom Mysterium der Osterwoche, schenkt die Mystikerin den Schlüssel zum Verständnis von Jesus Christus. Sie enthüllt die Ereignisse von Palästina vor 2000 Jahren.

Lichtwesen
Flower A. Newhouse
(ISBN 978-3-922936-30-5)
80 Seiten

Engel und Devas
Flower A. Newhouse (ISBN 3-922936-17-2)
112 Seiten

Mit dem Heraufdämmern eines neuen Bewusstseins wandelt sich die Ahnung von der Existenz leuchtender Wesen in immer stärkerem Maße zur Gewissheit für viele „Sucher auf dem Pfad". Für sie alle werden diese Bücher von Flower A. Newhouse zu einem beglückenden Wegbegleiter werden, bis zum Erwachen der eigenen geistigen Wahrnehmung. Von Kapitel zu Kapitel wird der Leser vertrauter mit den „Engeln im Dienste Christi", mit den persönlichen „Schutzengeln" oder den „Engeln des Karma". Einzigartig auch die Ausführungen über die „Engel der Gnade", deren wunderbares Wirken ein wenig von der unendlichen Liebe Gottes offenbar werden lässt. Unter der Führung der Engel wirken in allen Lebensbereichen weitere „Lichtwesen", von den schon entwickelten Pflanzen-Devas, den Sylphen und Elfen, bis hin zu den kleinsten Intelligenzen im Wasser-Element. In vielen Jahren beobachtete Flower A. Newhouse die Mannigfaltigkeit der großen und kleinen Naturgeister, schaute ihnen zu bei ihrem unermüdlichen Gestalten und Verschönern des großen Erdgartens. Alles in der Umwelt des Menschen erweist sich als belebt, und göttliche Intelligenz wirkt in herrlicher Vielfalt von Formen und Wesen. Mit freudigem Erstaunen folgt der Leser der Autorin auf ihren Wanderungen durch eine Wunderwelt, die doch nicht fern vom Menschen liegt und deren Wirklichkeit sich ihm mehr und mehr zu erschließen beginnt, indem er selbst zu einem durchlichteten Wesen wird. Die faszinierende Gesamtdarstellung der Engel-Evolution.

Die Engel der Natur
Flower A. Newhouse
(ISBN 978-3-89427-073-5)
Gebunden, mit 30 Abbildungen

Dieses wunderschön illustrierte Buch, das sich mit den Engeln des Pflanzen- und Tierreiches befasst, geht auf jene leuchtenden Wesenheiten ein, die das Leben der „jüngeren Geschwister der Menschen" leiten. Die Illustrationen wurden genau nach den Beschreibungen von Flower A. Newhouse erstellt!

Im Reich der Erzengel
Flower A. Newhouse
(ISBN 3-89427-106-0)
130 Seiten

Eine Zusammenfassung über das majästetische Wirken der Erzengel.

Die sieben Körper des Menschen
Flower A. Newhouse
(ISBN 978-3-89427-144-2)
110 Seiten

Die Thematik der sieben höheren Körper des Menschen gehört zu jenen Themen der spirituellen Literatur, über die bisher relativ wenig veröffentlicht wurde. Dabei zählt das Verständnis von den feinstofflichen Wesensgliedern des Menschen zum Grundlagenwissen. Wer nicht wirklich versteht, was es mit dem Äther- oder Astralkörper auf sich hat, kann im Grunde das Wesen des Menschen nicht umfassend begreifen. Wer das Wesen des Mentalkörpers nicht wirklich versteht, wird niemals wahrhaft lernen, wie die Beherrschung der Gedanken möglich ist. Stephen Isaac stellte aus den Werken von Flower A. Newhouse alles Wissenswerte über die sieben Körper des Menschen zusammen und ermöglicht so eine umfassende Erkenntnis über alle Aspekte des menschlichen Lebens, die von der physischen Hülle bis zum göttlichen Seelenfunken reichen.